EL PROCESO CONTRA VIRGINIA

VIRGINIA

UN ESTUDIO SOBRE EL ORIGEN DE LA *CAUSA LIBERALIS*

El proceso contra Virginia

Un estudio sobre el origen de la *causa liberalis*

Lorna García Gérboles

Atelier
LIBROS JURÍDICOS

Colección: Derecho romano
Director:
José Antonio González Romanillos

Este libro ha sido sometido a un riguroso proceso de revisión por pares.

© 2024 Lorna García Gérboles

© 2024 Atelier
Santa Dorotea 8, 08004 Barcelona
e-mail: editorial@atelierlibros.es
www.atelierlibrosjuridicos.com
Tel. 93 295 45 60

I.S.B.N.: 978-84-10174-39-9
Depósito legal: B 23437-2024

Impresión: Podiprint

ÍNDICE

TABLA DE ABREVIATURAS

AHDE	*Anuario de Historia del Derecho Español.*
ANRW	*Aufstieg und Niedergang der römischen Welt, Geschichte und Kultur Roms im Spiegel der neueren Forschung.*
Ps. Ascon.	*Ps. Asconius.*
Ascon.	*Asconius Pedianus.*
AUPA	*Annali del Seminario Giuridico della Università di Palermo.*
BIDR	*Bulletino dell'Istituto di Diritto Romano Vittorio Scialoja.*
Boet.	*Boethius*
C.	*Codex Iustinianus.*
Cic.	*Cicero.*
CIL	*Corpus Inscriptionum Latinorum.*
Col.	*Collatio legum Mosaicarum et Romanarum.*
Colum.	*Columella.*
C. Th.	*Codex Theodosianus.*
D.	*Digesta Iustiniani Augusti.*
Dio. Ca.	*Dio Cassius.*
Diod.	*Diodorus.*
Dion. Hal.	*Dionysius Halicarnasseus.*
Donat.	*Donatus.*
Ed.	*Edictum.*
Fest.	*Festus.*
Frag. Aug.	*Fragmenta Gai Institutionum Augustodunensia.*
Frag. Vat.	*Fragmenta quae dicuntur Vaticana.*
Gai.	*Gaius, Institutionum commentarii quatuor.*
Gell.	*Gellius.*
I.	*Institutiones Iustiniani.*

Iul. Val.	*Iulius Valerius.*
Iura	*Iura. Rivista internazionale di Diritto romano e antico.*
Labeo	*Labeo. Rassegna di diritto romano.*
Latomus	*Latomus. Revue d'études latines.*
Liv.	*Livius.*
Mart.	*M. Valerius Martialis.*
NNDI	*Novisimo Digesto Italiano.*
Oros.	*Orosianus.*
Plaut.	*Plautus.*
Plin.	*Plinius Maior.*
Plutar.	*Plutarchus.*
Pol.	*Polybius.*
RE	*Realencyclopädie der classischen Altertumswissenschaft.*
REL	*Revue des études latines.*
RHD	*Nouvelle revue historique de droit français et étranger (1877-1921); Revue historique de droit français et étranger (1922-).*
RIDA	*Revue internationale des droits de l'Antiquité*
SDHI	*Studia et Documenta Historiae et Iuris.*
Sen.	*Annaeus Seneca.*
Suet.	*Suetonius.*
Tac.	*Tacitus.*
Tert.	*Tertullianus.*
TR	*Tijdschrift voor Rechtsgeschiedenis. Revue d'histoire du droit. The legal history review.*
Val. Max.	*Valerius Maximus.*
XII Tab.	*Lex XII Tabularum.*
ZGRW	*Zeitschrift für geschichtliche Rechtswissenschaft.*
Zonar.	*Zonaras.*
ZSS	*Zeitschrift der Savigny-Stiftung für Rechtsgeschichte. Romanistische Abteilung.*

INTRODUCCIÓN

La esclavitud es una de las instituciones más presentes en la vida romana fruto de las circunstancias políticas, económicas, sociales, religiosas y jurídicas que tienen lugar a lo largo de su historia. Como toda institución sufre una transformación a lo largo de los siglos que influye en su regulación. En este devenir histórico destaca el tratamiento que se daba a las controversias sobre el *status libertatis* de una persona y su trascendencia ha provocado nuestro interés por profundizar en los diferentes aspectos de una *causa liberalis*. Siguiendo esta línea de investigación, nuestro objetivo se ha centrado en el origen de los procesos de libertad a partir de la información que ofrece un episodio de especial relevancia en los inicios de la época republicana: el proceso contra Virginia, una *causa liberalis* cuya propia existencia se cuestiona, no sólo por la época primigenia en la que se sitúa, sino también por las fuentes que dan testimonio de él. La elección de este objeto de estudio obedece a que el proceso contra Virginia, presenta todavía numerosos puntos oscuros a los que intentaremos arrojar algo de luz.

Tras una primera toma de contacto con las fuentes ya se constata una de las principales dificultades que hay que afrontar: la escasa y fragmentaria información sobre los procesos de libertad en la antigüedad. Los primeros testimonios datan de la época clásica y es en este periodo cuando podemos afirmar que la *causa liberalis* es un procedimiento que dilucida sobre la libertad o esclavitud de una persona, donde el reclamante puede ser el pretendido dueño, en cuyo caso hablamos de *vindicatio in servitutem*, o quien afirma ser libre, en cuyo caso hablamos de *vindicatio in libertatem*. Aquel cuyo *status* se discute debe actuar a través de un *adsertor libertatis* y es un jurado especial el que conoce de la causa, los *decemviri stilitibus iudicandis*. Sin embargo, estas líneas generales propias de la época clásica no están definidas en época antigua y son objeto de continua discusión doctrinal. Nuestro esfuerzo se ha centrado en aclarar, en la medida de lo posible, hasta qué punto podemos hablar de una *causa liberalis* en la República temprana, concretamente cuando se están elaborando las XII Tablas. Para ello, hemos prestado especial atención, por un lado, a uno de los presupuestos de los procesos de libertad, el origen de la esclavitud y su momento de difusión, y, por otro, a uno de los episodios más ilustrativos de esa época, el proceso contra Virginia.

El origen y expansión de la esclavitud ha sido objeto de numerosos debates y muy variadas teorías: desde quienes sitúan su origen y, por consiguiente, el de los procesos de libertad ya en época primigenia hasta quienes no vislumbran su existencia hasta el siglo IV a. C., momento de máxima difusión de la esclavitud como consecuencia de la expansión territorial de Roma. Por otro lado, el proceso contra Virginia, es un valioso testimonio sobre los procesos de libertad (*causae liberales*) en época del segundo decenvirato y un ejemplo de virtud característico de las *matronae et virgines romanae* de la época[1]. Cabe destacar, no sólo la singularidad de este proceso en la época en la que acaece, sino también su relevancia, pues constituye un hito en el devenir de la historia romana que afecta a la realidad política del momento. En los albores de la época republicana cuando se suspenden todas las magistraturas con el objetivo de redactar lo que acabará llamándose Ley de las XII Tablas, el decenviro Apio Claudio, en connivencia con su cliente Marco Claudio, urden un plan para iniciar una *causa liberalis* contra Virginia, una hermosa plebeya.

La propia existencia de este episodio histórico ha sido objeto de numerosas discusiones[2], no sólo porque las narraciones más detalladas son tar-

---

1. Entre las principales aportaciones doctrinales, *vid.* A. SCHMIDT, "Der Prozess um Freiheit der Virginia", en *ZGRW* 14 (1848), pp. 71 ss.; V. PUNTSCHART, *Der Prozess der Verginia*, Wien 1860; R. MASCHKE, *Freiheitsprozess im klassischen Altertum, insbesorende der Prozess um Verginia*, Berlin 1888; G. DE SANCTIS, *Storia dei Romani. La conquista del primato in Italia*, vol. II, Torino 1907, pp. 44 ss.; R. TAUBENSCHLAG, "*Le procès de Virginie, étude historique et juridique*", en *Rozprawy Akademji Umiejetnosci, Wydzial histor. filozof.*, 60 (1917), pp. 118 ss.; C. APPLETON, "Trois épisodes de l'histoire ancienne de Rome; les Sabines, Lucrèce, Virginie", en *RHD* 4.3 (1924), pp. 592 ss.; M. NICOLAU, *Causa liberalis. Étude historique et comparative du procès de liberté dans les législations anciennes*, Paris 1933, espec. pp. 99 ss. y 180 ss.; P. NOAILLES, "Le procès de Virginie", en *REL* 20 (1942), pp. 106 ss. (= *Fas et ius. Études de droit romain*, Paris 1948, pp. 188 ss.); ID., *Du Droit sacré au Droit civil*, París 1949, pp. 177 ss.; J. C. VAN OVEN, "Le procès de Virginie d'après le récit de Tite Live", en *TR* 18 (1950), pp. 159 ss.; G. FRANCIOSI, "Il processo di Virginia", en *LABEO* 7 (1961), pp. 20 ss. (= *Mnemeion S. Solazzi*, Nápoles 1964, pp. 154 ss.); J. CELS-SAINT-HILAIRE, "Virginie, la clientèle et la liberté plébéienne: le sens d'un procès", en *Revue des Études Anciennes*, 93 (1991), n°1-2, pp. 27 ss.; D. FLACH – S. VON DER LAHR, *Die Gesetze der frühen römischen Republik. Text und Kommentar*, Darmsadt 1994, p. 153; E. CANTARELLA, *Pasado próximo. Mujeres romanas de Tácita a Sulpicia*, Madrid 1996, pp. 76 s.; G. RIZZELLI, *Le donne nell'esperienza giuridica di Roma antica*, Lecce 2000, pp. 100 ss., 115 y 261; L. GAGLIARDI «*Decemviri*» e «*centumviri*». *Origini e competenze*, Milano 2002, pp. 17 ss.; S. SCIORTINO, *Studi sulle liti di libertà nel diritto romano*, Torino 2010.

2. La mayor parte de los autores, que han escrito sobre este proceso, lo consideran una *causa liberalis*. Sobre este tema, *vid.* A. SCHMIDT, *Der Prozess um Freiheit der Virginia*, cit., pp. 71 ss.; V. PUNTSCHART, *Prozess der Virginia*, cit., pp. 3 ss.; R. MASCHKE, *Freiheitsprozess im klassischen Altertum*, cit., pp. 46 ss.; C. APPLETON, *Trois épisodes de l'histoire ancienne de Rome*, cit., pp. 592 ss.; M.

días, con todo lo que ello implica, sino también por algunas contradicciones e incongruencias que apreciamos en las mismas. Las principales fuentes de esta historia son los relatos de Tito Livio[3] y Dionisio de Halicarnaso[4], no sin olvidar otras, como las referencias de Cicerón, de Pomponio o de Diodoro Sículo, que también se hacen eco del mismo suceso, si bien no de forma tan pormenorizada[5]. A la vista de todas estas fuentes, la narración de Tito Livio es la más minuciosa y la de Dionisio de Halicarnaso la más extensa. Sus relatos coinciden sustancialmente, lo que hace pensar que Dionisio de Halicarnaso haya recurrido a fuentes comunes[6] e, incluso, haya visto el relato liviano[7]. De hecho, las referencias de Cicerón y Tito Livio[8] sugieren una cierta riqueza en las fuentes consultadas y es probable que ambos autores utilicen algunas en común[9], de modo que las diferencias puedan explicarse por la variedad de informantes que cada uno tiene a su disposición. Es sabido que las aportaciones realizadas por estos historiadores se nutren de historias ejemplificadoras con la intención de mostrar a los ciudadanos comportamientos que deben imitarse o, por el contrario, actitudes que deben ser rechazadas. Sin embargo, también es cierto que las leyendas toman como referencia cierta realidad histórico-jurídica para que puedan ser aceptadas por los lectores. Si además analizamos los diferentes relatos, el de Diodoro

---

NICOLAU, *Causa liberalis*, cit., pp. 176 y 180; P. NOAILLES, *Fas et ius*, cit., pp. 188 y 220; ID., *Du Droit sacré*, cit., pp. 181 s.; G. FRANCIOSI, *Il processo di Virginia*, cit., pp. 24 ss.; A. WATSON, *Rome of the XII Tables. Persons and Property*, New Jersey 1975, p. 168.

   3. Liv. 3.43-48.

   4. Dion. Hal. 11.28-37.

   5. Cic. *de fin.* 2.66; 5.64; *rep.* 2.63; Diod. 12.24.2 s.; Pomponio, *libro singulari Enchiridii*, D. 1.2.2.24. Estos fragmentos son demasiado genéricos y no aportan nada significativo a las narraciones de Tito Livio y Dionisio de Halicarnaso.

   6. Se piensa que Licinio Macer fue una de las fuentes más recientes de Livio. *Vid.* T. MOMMSEN, *Römische Forschungen*, vol. I, Berlin 1864, p. 315.

   7. En opinión de V. PUNTSCHART, *Prozess der Virginia*, cit., p. 90, sería probable por dos circunstancias en particular: en primer lugar, por el hecho de que los primeros 15 libros de Livio se publicaron entre los años 27 y 23 a. C. y muy pronto adquirieron una gran reputación. Dionisio había viajado a Roma en el año 30 a. C. para estudiar la lengua y la historia de los romanos, por lo que pudo publicar su historia ya en el año 9 a. C. En segundo lugar, porque ambos narran los mismos hechos, en el mismo orden, muy a menudo incluso con las mismas expresiones, y también porque las desviaciones de Dionisio de Halicarnaso respecto a Livio son tales que presuponen el relato de este último. Sobre la obra de Dionisio de Halicarnaso, *vid.* también G. C. LEWIS, *An Inquiry into the Credibility of the Early Roman History*, London 1855, pp. 71 ss.; E. GABBA, *Dionigi e la storia di Roma arcaica*, Bari 1996.

   8. Liv. 3.47.5: *uem decreto sermonem praetenderit, forsan aliquem verum auctores antiqui tradiderint: quia nusquam ullum in tanta foeditate decreti veri similem invenio, id quod constat nudum videtur proponendum, decresse vindicias secundum servitutem.* Por su parte, Cic. *rep.* 2.63, refleja también que el asunto de Virginia es relatado en numerosos monumentos literarios: *nota scilicet illa res et celebrata monumentis plurimis litterarum...*

   9. Sobre esta conexión entre relatos, *vid.* C. APPLETON, *Trois épisodes de l'histoire ancienne de Rome*, cit., pp. 596 y 615; J. C. VAN OVEN, *Le procès de Virginie*, cit., p. 168, nt. 1; E. PAIS *Ricerche sulla storia e sul diritto pubblico di Roma*, Serie I, Roma 1915, pp. 56 s.

es el más breve y el más diferente, quizás porque sea el más antiguo de todos. No conoce las reglas elementales del procedimiento romano ni sus detalles técnicos, ni tampoco tiene interés en la historia de Roma que considera un simple accesorio necesario para contar la historia griega[10]. Esto le lleva a hacer un resumen en el que omite, suprime o deforma los detalles jurídicos que pueden ser molestos para el lector. Tampoco presta atención al sentido político del relato y no hace mención ni de la tiranía de los decenviros ni del sufrimiento de los plebeyos durante su mandato. Más extenso es el relato de Dionisio de Halicarnaso, si bien tampoco conoce el procedimiento romano en profundidad, si bien ofrece una exposición detallada del momento histórico-político en el que todo sucede. Por su parte, la narración más fiable parece ser la de Tito Livio, que es quien está más familiarizado con el procedimiento civil romano. Finalmente, disponemos también de otras fuentes que, a veces, contienen datos de gran valor y, en algunos casos, tienen presentes los condicionamientos históricos del ordenamiento jurídico.

No obstante las contradicciones de estas fuentes y la dificultad existente para separar lo real de lo propagandístico, es innegable que podemos extraer información valiosa de las mismas, no sólo del posible desarrollo del proceso de libertad en esta época, sino también de otros datos interesantes, como el relativo a las causas que provocan la caída de los decenviros y la influencia del proceso de Virginia en todo ello. La actitud tiránica del segundo decenvirato, los contratiempos en el extranjero y dos crímenes especialmente graves contra dos oficiales plebeyos influyen, sin duda, en su declive.

Así, como resultado de este planteamiento se ha creído conveniente presentar una estructura interna del trabajo en cuatro capítulos claramente diferenciados con el objeto de entender correctamente este particular proceso y, por tanto, concluir si existió una *causa liberalis* en época antigua.

El primer capítulo, circunscrito a cuestiones previas, toma como punto de partida el ambiente socio-político que impera en los momentos anteriores y coetáneos al proceso de Virginia. Es un momento de confrontación entre patricios y plebeyos que provoca continuos desordenes internos, al mismo tiempo que Roma afronta las guerras con otros pueblos. Además, requieren de una especial atención dos sucesos que acontecen justo antes de la caída de los decenviros: el asesinato de Lucio Sicio y el propio proceso de libertad contra Virginia. Asimismo, plantearemos brevemente el posible carácter le-

---

10. Es comúnmente admitido por la doctrina la confusión y la falta de rigor en el trabajo recopilador de Diodoro. *Vid.*, por ejemplo, las referencias al trabajo de Diodoro de T. MOMMSEN, Die *römische Cronologie bis auf Caesar*, Berlin 1859, p. 125; y de K. W. NITZSCH, *Die römische Annalistik von ihren ersten Anflängen bis auf Valerius Antias*, Berlin 1873, p. 125. En nuestra opinión, estamos, sin duda, ante un resumen escueto y poco profundo de la historia de Virginia, pero que coincide en sus líneas básicas con los relatos de Tito Livio y Dionisio de Halicarnaso: un decenviro intenta apropiarse de una joven mediante un procedimiento injusto, ayudado por un cómplice, y el padre acaba desbaratando su plan al dar muerte a su hija.

gendario de este episodio y finalizaremos este capítulo ofreciendo un breve estudio de los personajes que participan en este episodio, con especial consideración a las figuras del decenviro Apio Claudio y de Virginio, padre de la joven. Conocer a todos sus personajes permitirá al lector adentrarse en profundidad en la historia de Virginia.

El segundo capítulo, limitado a la génesis de la esclavitud y de la *causa liberalis*, abordará los diferentes aspectos que deben tenerse en cuenta para concluir si ya existían los procesos de libertad en la época temprana de Roma.

El tercer capítulo, circunscrito al ámbito procesal, tendrá por objeto analizar el tema principal de este trabajo. Se tratará de concluir si estamos ante una verdadera *causa liberalis* y, para ello, empezaremos desgranando aquellas características propias de una *causa liberalis* para, seguidamente, entrar en la *vindicatio in servitutem* de Virginia. Centraremos nuestro estudio en examinar cómo se articula el procedimiento, quién está legitimado para ser *adsertor libertatis*, cuál es el posible órgano competente para juzgar y las consecuencias jurídicas y políticas que se derivan del resultado de este proceso.

El cuarto y último capítulo, circunscrito al ámbito familiar, analizará el ejercicio del *ius vitae ac necis* con la finalidad de determinar si la muerte de Virginia a manos de su padre podría entenderse como un supuesto ejercicio de este derecho. Para ello, analizaremos sus límites (en concreto, la existencia de una *iusta causa* y de un *iudicium domesticum*) y determinaremos si puede hablarse de un caso de aplicación del *ius vitae ac necis*.

I.
CUESTIONES PREVIAS

I.1. CONTEXTO POLÍTICO

La concepción que los romanos tienen de la *causa liberalis* va adaptándose como resultado de una larga evolución histórica influenciada por circunstancias políticas, sociales y económicas, así como por concepciones morales y creencias religiosas. No procede analizar todas estas circunstancias, si bien hemos creído de especial interés examinar brevemente el contexto político existente en el momento anterior y coetáneo a nuestra trágica historia, con el fin de profundizar en las causas que habrían motivado los sucesos posteriores. En esta línea, resulta imprescindible abordar someramente esa situación socio-política para después ahondar en los dos episodios, inmediatamente anteriores a la caída de los decenviros, que son una clara muestra de la actuación despótica de los mismos: el asesinato de Lucio Sicio y el propio proceso contra Virginia. Únicamente conociendo la trascendencia de ese contexto podremos apreciar correctamente el ambiente que existía en Roma cuando tiene lugar el atropello contra Virginia, así como las causas que, desde tiempos remotos, habrían propiciado la caída de los decenviros.

Nos serviremos, en particular, de los relatos de Tito Livio y Dionisio de Halicarnaso para afrontar esta tarea. Ambos historiadores comparten una visión bastante similar sobre la historia de Roma y su marco institucional, pero difieren significativamente en la extensión y la organización de los temas. La narración de Dionisio es mucho más extensa, seguramente porque quiere proporcionar un contexto cultural y social detallado que ayude a los griegos a entender mejor a los romanos. Por su parte, Livio no busca exponer la historia de Roma de manera exhaustiva, sino que quiere componer una bella narración de las gestas del pueblo romano. Por ello, se conforma con creer en la autoridad de los analistas más antiguos como criterio fundamental[11], lo que provoca que la reconstrucción de los hechos presente, en ciertos casos, algunas incongruencias, anacronismos y repeticiones, motivados por el posicionamiento político e ideológico de quien los narra y por su deseo de poetizar la historia.

Ya sabemos que el episodio de Virginia acontece durante el segundo decenvirato legislativo, en el año 449 a. C.[12]. En las décadas precedentes asistimos a un momento de profundas innovaciones en la historia política de Roma. Tras la caída de la monarquía los patricios han conseguido un dominio absoluto sobre las magistraturas, el Senado, el ejército y los cargos sacerdotales. A esta situación se añade un periodo de crisis económica[13]. El progresivo empobrecimiento del pueblo, como consecuencia, principalmente, del sistema fiscal y del régimen de distribución de tierras, ha provocado que las clases bajas tengan que endeudarse con unos intereses altísimos y con un desenlace extremo en caso de incumplimiento, que conlleva la ejecución personal del deudor (*nexus*) por el acreedor[14]. Todo ello deriva en continuas luchas internas entre patricios y plebeyos que serán una constante en la vida política de Roma en las siguientes décadas. Durante esos años y desde un punto de vista político Roma asiste, por orden cronológico, a la creación del tribunado de la plebe, a la suspensión temporal de las magistraturas ordinarias, a la creación de los *decemviri legibus scribundis* y a la restauración del régimen anterior. Expondremos, a continuación, estos acontecimientos centrándonos en el relato tradicional y, por tanto, sin entrar en

---

11. *Vid.* E. PAIS, *Storia di Roma. Dalle origini all'inizio delle guerre puniche. I. Le fonti – L'età mitica*, Roma 1926, pp. 140 ss.

12. Sobre la cronología del primer decenvirato, *vid.* R. M. OGILVIE, *A commentary on Livy, books I -V*, Oxford 1965, pp. 451 ss.

13. Las fuentes hablan de época de carestía entre el 492-491 y el 449-439 a.C. Liv. 3.32.1 refleja una época de hambre y peste bajo el consulado de Publio Curiacio y Sexto Quintilio. Sobre la economía en época antigua, *vid.* T. FRANK, *Storia economica di Roma dalle origini alla fine della repubblica*, trad. it., Firenze 1924.

14. *Vid.*, por ejemplo, el relato de Liv. 2.23.3-6 sobre la desesperación de un centurión con varias condecoraciones militares hacia el año 495 a. C.: *Obsita erat squalore vestis, foedior corporis habitus pallore ac macie perempti; ad hoc promissa barba et capilli efferaverant speciem oris. Noscitabatur tamen in tanta deformitate, et ordines duxisse aiebant, aliaque militiae decora volgo miserantes eum iactabant; ipse testes honestarum aliquot locis pugnarum cicatrices adverso pectore ostentabat. Sciscitantibus unde ille habitus, unde deformitas, cum circumfusa turba esset prope in contionis modum, Sabino bello ait se militantem, quia propter populationes agri non fructu modo caruerit, sed villa incensa fuerit, direpta omnia, pecora abacta, tributum iniquo suo tempore imperatum, aes alienum fecisse. Id cumulatum usuris primo se agro paterno avitoque exuisse, deinde fortunis aliis; postremo velut tabem pervenisse ad corpus; ductum se ab creditore non in servitium, sed in ergastulum et carnificinam esse.* Mientras servía en la guerra contra los sabinos, sus tierras habían sido incendiadas, sus bienes saqueados y su ganado robado, de modo que cuando le habían reclamado los impuestos había contraído una deuda cuyos intereses le habían llevado a una situación extrema con su acreedor.

los debates historiográficos por no ser de interés para el objeto de este trabajo.

Creemos conveniente remontarnos hasta el momento de creación del tribunado de la plebe. El primer levantamiento de la plebe se sitúa por las fuentes en el año 494 a. C.[15], como consecuencia de la precaria situación que sufren los deudores insolventes frente a sus acreedores[16]. En esos momentos Roma ha afrontado tres conflictos externos significativos: primero, la invasión de los ecuos en el territorio latino, que es repelida por el cónsul Tito Vetusio; segundo, la batalla contra los volscos, donde los romanos, liderados por el cónsul Aulo Verginio, logran una victoria decisiva; y tercero, la derrota de los sabinos por el dictador, Manio Valerio[17].

Tras el triple éxito militar el dictador Manio Valerio propone reformas sobre el tratamiento que debe darse a los deudores insolventes ante el Senado, pero su propuesta es denegada, lo que provoca la indignación de Valerio que dimite como dictador, ganándose el apoyo de la plebe. En ese momento, el senado teme que, si se licencia a los soldados, se reanuden las conspiraciones, de modo que ordena que las legiones partan de la ciudad bajo el pretexto de que los ecuos reanudan las hostilidades.

Liv. 2.31.8-32.1: *Ita trifariam re bello bene gesta, de domesticarum rerum eventu nec patribus nec plebi cura decesserat: tanta cum gratia tum arte praeparaverant feneratores quae non modo plebem, sed ipsum etiam dictatorem frustrarentur. Namque Valerius post Vetusi consulis reditum omnium actionum in senatu primam habuit pro victore populo, rettulitque quid de nexis fieri placeret. Quae cum reiecta relatio esset, … Ita curia egressus dictatura se abdicavit … Timor inde patres incessit ne, si dimissus exercitus foret, rursus coetus occulti coniurationesque fierent. Itaque quamquam per dictatorem dilectus habitus esset, tamen quoniam in consulum verba iurassent sacramento teneri militem rati, per causam renovati ab Aequis belli educi ex urbe legiones iussere. Quo facto maturata est seditio.*

---

15. Es mencionado por Cic. *Brut.* 14.54.1 y narrado por Liv. 2.32. También se recoge en Dion. Hal. 6.39.2; Plutar. *Cor.* 5.1-4; 6.1-4 y 7.1-2.

16. Sobre los agravios irrogados a la plebe, Plutar. *Cor.* 5.1: Ἤδη δὲ καὶ δόξαν αὐτοῦ καὶ δύναμιν ἀπὸ τῆς ἀρετῆς ἐν τῇ πόλει μεγάλην ἔχοντος, βουλὴ τοῖς πλουσίοις ἀμύνουσα πρὸς τὸν δῆμον ἐστασίασε, πολλὰ καὶ δεινὰ πάσχειν ὑπὸ τῶν δανειστῶν δοκοῦντα. Τοὺς μὲν γὰρ κεκτημένους μέτρια, πάντων ἀφῃροῦντο τῶν ὄντων, ἐνεχυρασμοῖς καὶ πράσεσι · τοὺς δὲ παντελῶς ἀπόρους, αὐτοὺς ἀπῆγον, καὶ τὰ σώματα καθείργνυσαν αὐτῶν.

17. Liv. 2.30.8-31.6.

La sublevación largo tiempo contenida estalla y el ejército abandona el campamento, instalándose en la colina de lo que después se llamará monte Sacro[18] con la intención de fundar una nueva ciudad[19].

Liv. 2.32.2: *Et primo agitatum dicitur de consulum caede, ut solverentur sacramento; doctos deinde nullam scelere religionem exsolvi, Sicinio quodam auctore iniussu consulum in Sacrum montem secessisse. Trans Anienem amnem est, tria ab urbe milia passuum.*

Esta situación de inestabilidad política exige una solución, de modo que se inician las negociaciones para alcanzar una reconciliación entre patricios y plebeyos[20]. Se consigue llegar a un acuerdo: la plebe tendrá su propia magistratura[21] —el tribunado de la plebe— que les defenderá de los cónsules y a la que no tendrán acceso los patricios. Son dos las teorías formuladas por Livio sobre el nacimiento del tribunado de la plebe. Por un lado, señala un pacto entre patricios y plebeyos[22]; por otro, recoge la creación del tribunado de la plebe por una *lex sacrata*[23]. Dejando a un lado esta discusión[24], lo importante es que la plebe consigue sus propios magistrados, los cuales gozarán de una prerrogativa importante, la inviolabilidad de su per-

---

18. Parece que existieron versiones diferentes sobre este episodio, pues en una versión de Pisón se dice que la secesión se retira hacia el Aventino y no hacia el monte Sacro: *Ea frequentior fama est quam cuius Piso auctor est, in Aventinum secessionem factam esse* (Liv. 2.32.3).

19. Sobre esta primera secesión de la plebe, Cic. *Brut.* 14.54.1 dice lo siguiente: *Videmus item paucis annis post reges exactos, cum plebes prope ripam Anionis ad tertium miliarium consedisset eumque montem, qui Sacer appellatus est, occupavisset, M. Valerium dictatorem dicendo sedavisse discordias, eique ob eam rem honores amplissumos habitos et eum primum ob eam ipsam causam Maximum esse appellatum.*

20. Se envía como portavoz a Menenio Agripa, hombre apreciado tanto por los patricios como por los plebeyos: *Placuit igitur oratorem ad plebem mitti Menenium Agrippam, facundum virum et quod inde oriundus erat plebi carum* (Liv. 2.32.8). En el relato de Dion. Hal. 6.69.4, los patricios envían diez embajadores con la orden de reconciliar a la plebe con los patricios y conseguir su regreso a la ciudad: φιλίαν τῷ δήμῳ συνθέσθαι πρὸς τοὺς πατρικίους ἄτερ δόλου καὶ ἀπάτης καὶ καταγαγεῖν τοὺς φεύγοντας ἐπὶ τὰ σφέτερα ἐν τάχει. Por su parte, Plutar. *Cor.* 6.2-3, recuerda que el Senado manda una embajada con los senadores más moderados y populares, siendo su portavoz Menenio Agripa: Ταῦτ᾽ ἔδεισεν ἤβου λὴ ,καὶ τοὺς ἐπιεικεῖς μάλιστα καὶ δημοτικοὺς τῶν πρε σβυτέρων , ἐξαπέστειλε . Προηγόρει δὲ Μενήνιος Αγρίπ πας · καὶ πολλὰ μὲν τοῦ δήμου δεόμενος , πολλὰ δ᾽ ὑπὲρ τῆς βουλῆς παρρησιαζόμενος , τελευτῶντι τῷ λόγῳ πε ριῆλθεν εἰς σχῆμα μύθου διαμνημονευόμενον.

21. Gell. *Noct. Att.* 17.21.11 también asocia la creación del tribunado de la plebe con esta primera secesión: *...Romae autem istis ferme temporibus tribunos & aediles tum primum per seditionem sibi plebes creavit.* En esta misma línea, Cic. *rep.* 2.58: *nam cum esset ex aere alieno commota civitas, plebs montem sacrum prius, deinde Aventinum occupavit. ac ne Lycurgi quidem disciplina genuit illos in hominibus Graecis frenos; nam etiam Spartae regnante Theopompo sunt item quinque illi quos ephoros appellant, in Creta autem decem, qui cosmoe vocantur, ut contra consulare imperium tribuni plebis, sic illi contra vim regiam constituti.*

22. Liv. 2.33.1; Dion. Hal. 6.88.

23. Liv. 2.33.3; Dion. Hal. 6.84.

24. Sobre esta cuestión, *vid.* F. STELLA MARANCA, *Il tribunato della plebe dalla Lex Hortensia alla Lex Cornelia*, Lanciano 1901, pp. 22 ss.; E. COSTA, *Storia del diritto romano pubblico*, Firenze 1906, p. 158, nt. 55.

sona[25]. A continuación, se nombran dos tribunos de la plebe, Gayo Licinio y Lucio Albino, quienes, a su vez, eligen a tres colegas entre los que se encuentra Sicinio[26], uno de los promotores de la insurrección.

Liv. 2.33.1-3 : *Agi deinde de concordia coeptum, concessumque in condiciones ut plebi sui magistratus essent sacrosancti quibus auxilii latio aduersus consules esset, neue cui patrum capere eum magistratum liceret. Ita tribuni plebei creati duo, C. Licinius et L. Albinus. Ii tres collegas sibi creauerunt. In his Sicinium fuisse, seditionis auctorem: de duobus, qui fuerint minus conuenit. Sunt qui duos tantum in Sacro monte creatos tribunos esse dicant, ibique sacratam legem latam*[27].

Sin embargo, la situación sólo se calma durante un tiempo. Bajo el consulado de Espurio Casio Vecelino y Próculo Verginio Tricosto Rútilo (486 a. C.) estallan de nuevo los altercados entre patricios y plebeyos como consecuencia del rechazo de una ley agraria propuesta por Espurio Casio, que contempla la distribución del territorio arrebatado a los hérnicos entre los latinos y la plebe romana[28]. Próculo Verginio, con el apoyo de los patricios —especialmente de los terratenientes que se sienten amenazados por esta medida—, se opone a la medida de Casio, argumentando que traerá esclavitud y abrirá camino a la realeza y consigue ganarse al pueblo. Casio intenta recuperar el favor de la plebe devolviendo el dinero cobrado por el trigo de Sicilia, pero sus dádivas son rechazadas. Tras dejar el cargo, Casio es condenado y ejecutado, con dos versiones diferentes sobre su muerte: aquella que recoge que es ejecutado por su padre[29] y otra que afirma que es condenado por los cuestores Cesón Fabio y Lucio Valero[30].

---

25. Dion. Hal. 6.89.2-3 recoge su alcance: βουλῆς ἤκουσι καλῶς ἔχειν ἐδόκει πάντα περὶ ὧν ἀπεστάλησαν· ὁ δὲ Βροῦτος ἐκκλησίαν συναγαγὼν συνεβούλευε τοῖς δημόταις ἱερὰν καὶ ἄσυλον ἀποδεῖξαι τὴν ἀρχὴν νόμῳ τε 3καὶ ὅρκῳ βεβαιώσαντας αὐτῇ τὸ ἀσφαλές. ἐδόκει ταῦτα πᾶσι, καὶ γράφεται πρὸς αὐτοῦ καὶ τῶν συναρχόντων ὅδε ὁ νόμος "Δήμαρχον ἄκοντα, ὥσπερ ἕνα τῶν πολλῶν, μηδεὶς μηδὲν ἀναγκαζέτω δρᾶν, μηδὲ μαστιγούτω μηδ᾽ ἐπιταττέτω μαστιγοῦν ἑτέρῳ μηδ᾽ ἀποκτιννύτω μηδ᾽ ἀποκτείνειν κελευέτω. ἐὰν δέ τις τῶν ἀπηγορευμένων τι ποιήσῃ, ἐξάγιστος ἔστω, καὶ τὰ χρήματα αὐτοῦ Δήμητρος ἱερά, καὶ ὁ κτείνας τινὰ τῶν ταῦτ᾽ 4εἰργασμένων φόνου καθαρὸς ἔστω.".

26. Se puede encontrar una referencia a Sicinio Beluto en Plutar. *Cor.* 7.1-2: Ἐκ τούτου διηλλάγησαν, αἰτησάμενοι παρὰ τῆς βουλῆς, καὶ τυχόντες, ἄνδρας αἱρεῖσθαι πέντε προστάτας τῶν δεομένων βοηθείας, τοὺς νῦν δημάρχους καλουμέ Εἵλοντο δὲ πρώτους, οἷς ἐχρήσαντο καὶ τῆς ἀπὸ στάσεως ἡγεμόσι ,τοὺς περὶ Βροῦτον Ἰούνιον καὶ Σικίν νιον Βέλλουτον. Junto con Lucio Junio, apodado *Brutus*, serán los representantes de la plebe y primeros tribunos de la plebe.

27. *Vid.* también Dion. Hal. 6.89.1.

28. Liv. 2.41.1 especifica que se concluye un tratado con los hérnicos y son anexionadas dos terceras partes de su territorio: *Cum Hernicis foedus ictum; agri partes duae ademptae*.

29. Liv. 2.41.10: *Sunt qui patrem auctorem eius supplicii ferant: eum cognita domi causa verberasse ac necasse peculiumque filii Cereri consecravisse; signum inde factum esse et inscriptum, «ex Cassia familia datum»*.

30. Liv. 2.41.11: *Invenio apud quosdam, idque propius fidem est, a quaestoribus Caesone Fabio et L. Valerio diem dictam perduellionis, damnatumque populi iudicio, dirutas publice aedes. Ea est area ante Telluris aedem*.

En los años siguientes la tensión entre el poder tribunicio y el consular es una constante, así como los conflictos bélicos con otros pueblos. En medio de la creciente incertidumbre, y aprovechando la ausencia de los cónsules, el tribuno Terentilio Harsa[31] propone en el año 462 a. C. la creación de una comisión de cinco miembros con el objetivo de redactar una ley que regule el *imperium* de los cónsules (*quinqueviri legibus de imperio consulari scribendis*):

Liv. 3.9.2-5: C. *Terentilius Harsa tribunus plebis eo anno fuit. Is consulibus absentibus ratus locum tribuniciis actionibus datum, per aliquot dies patrum superbiam ad plebem criminatus, maxime in consulare imperium tamquam nimium nec tolerabile liberae civitati invehebatur: nomine enim tantum minus invidiosum, re ipsa prope atrocius quam regium esse; quippe duos pro uno dominos acceptos, immoderata, infinita potestate, qui soluti atque effrenati ipsi omnes metus legum omniaque supplicia verterent in plebem. Quae ne aeterna illis licentia sit, legem se promulgaturum ut quinque viri creentur legibus de imperio consulari scribendis; quod populus in se ius dederit, eo consulem usurum, non ipsos libidinem ac licentiam suam pro lege habituros.*

Para contrarrestar la autoridad excesiva y autoritaria de los cónsules y evitar que su tiranía sin límites se haga eterna, Terentilio ofrece esta oportunidad a los plebeyos de protegerse de los abusos de poder. Sin embargo, su propuesta se paraliza hasta la llegada de los cónsules. A su regreso el tema es debatido tanto en el senado como en las asambleas populares y finalmente el tribuno abandona su propuesta[32]. Su proyecto se retoma el año siguiente, pero esta vez con el apoyo de todo el colegio de tribunos y durante otra década lucharán para que se lleve a cabo[33].

A lo largo de esos años Roma enfrenta varios desafíos internos y externos, incluyendo conflictos con los ecuos y sabinos, así como problemas de abastecimiento debido a lluvias excesivas y calamidades, como el hambre y la peste.

En el año 457 a. C. —bajo el consulado de Quinto Minucio y Marco Horacio Pulvilio[34]— los tribunos consiguen aumentar su número a diez con el pretexto de que necesitan más representación para proteger debidamente a la plebe.

Liv. 3.30.1-6: *Sequuntur consules Q. Minucius M. Horatius Pulvillus. Cuius initio anni cum foris otium esset, domi seditiones iidem tribuni, eadem lex faciebat; ulteriusque ventum foret —adeo exarserant animis—ni velut*

---

31. T. R. S. BROUGHTON, *The magistrates of the Roman Republic. I. 509 B.C.-10 B.C.*, New York, 1951, p. 36.
32. Su historia completa en Liv. 3.9.1-13 y Dion. Hal. 10.1.5.
33. *Vid.* Liv. 3.24.9 —año 460—; 31.1 —año 455—; 32.7 —año 451—.
34. T. R. S. BROUGHTON, *The Magistrates of the Roman Republic*, cit., p. 41.

dedita opera nocturno impetu Aequorum Corbione amissum praesidium nuntiatum esset. Senatum consules vocant; iubentur subitarium scribere exercitum atque in Algidum ducere. Inde posito legis certamine nova de dilectu contentio orta; vincebaturque consulare imperium tribunicio auxilio cum alius additur terror, Sabinum exercitum praedatum descendisse in agros Romanos, inde ad urbem venire. Is metus perculit ut scribi militem tribuni sinerent, non sine pactione tamen ut quoniam ipsi quinquennium elusi essent paruvmque id plebi praesidium foret, decem deinde tribuni plebis crearentur. Expressit hoc necessitas patribus: id modo excepere ne postea eosdem tribunos viderent. Tribunicia comitia, ne id quoque post bellum ut cetera vanum esset, extemplo habita.

La necesidad de una respuesta rápida y efectiva a la amenaza externa obliga a los cónsules a ceder a las demandas de los tribunos. Un ataque nocturno de los ecuos y la pérdida de la guarnición de Corbión mueve a los cónsules a convocar al senado y alistar un ejército. La situación se complica aún más con la llegada de un ejército sabino que amenaza Roma, lo que lleva a los tribunos a permitir el alistamiento de tropas con la condición de aumentar el número de tribunos de la plebe a diez y con la única condición de que no sean reelegidos los mismos tribunos.

Pocos años después, durante el consulado de Tito Romilio y Gayo Veturio —455 a. C.—[35] y habiendo transcurrido varios años desde la propuesta de Terentilio Harsa, los tribunos de la plebe proponen, de nuevo, crear legisladores conjuntos de plebeyos y patricios para redactar leyes justas, y se envía una legación a Atenas[36] para copiar las leyes de Solón y estudiar las instituciones griegas.

Liv. 3.31.7-8: *Tum abiecta lege quae promulgata consenuerat, tribuni lenius agere cum patribus: finem tandem certaminum facerent. Si plebeiae leges displicerent, at illi communiter legum latores et ex plebe et ex patribus, qui utrisque utilia ferrent quaeque aequandae libertatis essent, sinerent creari. Rem non aspernabantur patres; daturum leges neminem nisi ex pa-*

---

35. T. R. S. BROUGHTON, *The Magistrates of the Roman Republic*, cit., p. 42.

36. La tradición de la legación también se encuentra en Oros. *Adv. Pag.* 2.13.1-2; Zonar. 7.18. Sin embargo, la relación entre las grandes constituciones griegas y las XII Tablas ha sido objeto de atención historiográfica durante mucho tiempo. Sobre esta tema, *vid.* B. G. NIEBUHR, *Römische Geschichte*, vol. III, Berlin 1836, pp. 343 ss.; T. MOMMSEN, *Römische Geschichte*, vol. II, Berlin 1856, p. 256; E. LATTES, *L'ambasciata dei Romani per le XII tavole*, Milano 1884, pp. 10 ss.; O. KARLOWA, *Römische Rechtsgeschichte*, vol. 2, Leipzig 1901, pp. 103 ss.; F. WIEACKER, "Die XII Tafeln in Ihrem Jahrhundert", en *Les origines de la République Romaine. Entretiens sur l'antiquité classique*, 13, Genève 1967, pp. 330 ss.; G. CRIFÒ, "La legge delle XII Tavole. Osservazioni e problema", en *ANRW* 2 (1972), pp. 124 ss.; E. GABBA, *Dionigi e la storia di Roma arcaica*, cit., p. 139; J. G. WOLF, "Die XII Tafeln und die Magna Graecia", en Id., *Recht im frühen Rom. Gesammelte Aufsätze*, Berlin 2015, pp. 9 ss.; D. MONTEVERDI, "Le XII tavole e la questione dell'ambasceria", en *Iura* 66 (2018), pp. 392 ss.; C. CASCIONE, "Il contesto storico della legislazione decemvirale" en M. F. CURSI (a cura di), *XII Tabulae. Testo e comment*, vol. I, Napoli 2018, pp. 3 ss.

tribus aiebant. Cum de legibus conveniret, de latore tantum discreparet, missi legati Athenas Sp. Postumius Albus A. Manlius P. Sulpicius Camerinus, iussique inclitas leges Solonis describere et aliarum Graeciae civitatium instituta mores iuraque noscere[37].

Bajo el consulado de T. Menenio y P. Sestio Capitón[38], la legación regresa con las leyes áticas, y los tribunos presionan para comenzar la redacción de nuevas leyes. Finalmente, se decreta la creación de un decenvirato[39] que asuma el poder durante un año, quedando suspendidas todas las magistraturas y con la condición de que la ley Icilia y demás leyes sagradas no sean abrogadas.

Liv. 3.32.6-7: *Iam redierant legati cum Atticis legibus. Eo intentius instabant tribuni ut tandem scribendarum legum initium fieret. Placet creari decemviros sine provocatione, et ne quis eo anno alius magistratus esset. Admiscerenturne plebeii controversia aliquamdiu fuit; postremo concessum patribus, modo ne lex Icilia de Aventino aliaeque sacratae leges abrogarentur*[40].

El objetivo es redactar por escrito el derecho para que sea accesible a cualquier ciudadano y exista mayor seguridad jurídica para todos[41].

---

37. *Vid.* también Dion. Hal. 10.51.5 y 10.52; Pomponio, *libro singulari Enchiridii*, D. 1.2.2.24.

38. T. R. S. BROUGHTON, *The Magistrates of the Roman Republic*, cit., pp. 44 s.

39. No es objeto de este trabajo analizar la continua discusión doctrinal sobre la autenticidad del decenvirato y de las XII Tablas. En todo caso, predominan los partidarios de la legitimidad de los mismos, sin obviar que algunos datos que ofrecen las fuentes puedan ser invenciones de los narradores. Cabe resaltar que los *fasti* consulares confirman la suspensión de las magistraturas ordinarias entre los años 451 y 450 a. C. Sobre el tema, *vid.* P. F. GIRARD, "L'histoire des XII Tables", en *Mélanges de droit romain. I. Histoire des sources*, Paris 1912, pp. 3 ss. [=*RHD* 26 (1902), pp. 381 ss.]; E. LAMBERT, *L'histoire traditionnelle des XII Tables et les critères d'inauthenticité des traditions en usage dans l'écoles de Mommsen. Annales de l'Université de Lyon. Mélanges Ch. Appleton*, Lyon 1903, pp. 3 ss.; ID., "La question de l'autenticité des Douze Tables et les Annales Maximi", en *RHD* 26 (1902), pp. 149 ss.; T. MOMMSEN, *Gesammelte Schriften*, vol. III, Berlin 1907, pp. 373 ss.; G. DE SANCTIS, *Storia dei Romani*, cit., pp. 45 ss.; E. TÄUBLER, *Untersuchungen zur Geschichte des Decemvirats und der Zwölftafeln*, Berlin 1921, pp. 14 ss.; E. PAIS, *Storia di Roma*, cit., pp. 551 ss.; ID., *Ricerche sulla storia e sul diritto pubblico di Roma*, vol. I, Roma 1915, pp. 1 ss.; L. PARETI, *Storia di Roma e del mondo romano. I. L'Italia e Roma avanti il conflitto con Taranto (1000 C. - 281 av. Cr.)*, Torino 1952, pp. 394 ss.; G. GIANNELLI, *La repubblica romana*, Milano 1955, p. 148; S. SOLAZZI, "La questione dell'autenticità delle Dodici tavole", en *Scritti di diritto romano*, I, Napoli 1955, pp. 83 ss.; P. BONFANTE, *Storia del diritto romano*, vol. II, Milano 1959, pp. 118 ss.; F. WIEACKER, *Die XII Tafeln in Ihrem Jahrhundert*, cit., pp. 293 ss. (esp. 296 ss.); ID., *Römische Rechtsgeschichte*, vo. I, München 1988, pp. 287 ss.; G. CRIFÒ, *La legge delle XII Tavole*, cit., pp. 115 ss.; A. GUARINO, *L'ordinamento giuridico romano*, Napoli 1990, pp. 210 ss.; M. BRETONE, *Storia del diritto romano*, Roma-Bari 1995, pp. 76 ss.; A. CANNATA, *Per una storia della scienza giuridica europea. I. Dalle origini all'opera di Labeone*, Torino 1997, pp. 91 ss.; U. AGNATI, *Leges Duodecim Tabularum. Le tradizioni letteraria e giuridica. Tabulae I-VI*, Cagliari 2002; C. CASCIONE, *Il contesto storico della legislazione decemvirale*, cit., pp. 19 ss.

40. *Vid.* también Dion. Hal. 10.54.

41. Liv. 3.34.1: *Cum promptum hoc ius velut ex oraculo incorruptum pariter ab iis summi infimique ferrent, tum legibus condendis opera dabatur.*

Aunque se discute la inclusión de plebeyos, finalmente se deja en manos de los patricios[42]. Los decenviros nombrados son Apio Claudio, Tito Genucio, Publio Sestio, Lucio Veturio, Gayo Julio, Aulo Manlio, Publio Sulpicio, Publio Curiacio, Tito Romilio y Espurio Postumio[43]. Apio Claudio, que busca el favor de la plebe, preside el colegio. Cada decenviro administra justicia por turnos, llevando los doce fasces el día que le corresponde[44]. Ejercen su poder con equidad y moderación[45] y redactan diez tablas que presentan al pueblo, invitándolo a revisar y sugerir enmiendas para asegurar que las leyes reflejen el consenso general. Tras incorporar las enmiendas, las leyes son aprobadas por los comicios por centurias[46].

Tras su aprobación surge el rumor de que faltan dos tablas para completar el cuerpo legal, lo que lleva a la demanda de elegir decenviros por segunda vez[47]. Se nombra, de nuevo, una comisión de diez hombres[48], esta vez con inclusión de los plebeyos[49]. Este segundo decenvirato está compuesto por: Apio Claudio, Marco Cornelio Maluginense, Marco Sergio, Lucio Minucio, Quinto Fabio Vibulano, Quinto Petelio, Tito Antonio Merenda, Cesón Duilio, Espurio Opio Córnicen y Manio Rabuleyo[50]. Sin embargo, la situación es muy diferente[51] y Apio Claudio abriga ya la intención de transformar el decenvirato en una especie de oligarquía.

---

42. Liv. 3.32.

43. Liv. 3.33.3. Los nombres de los decenviros no concuerdan por completo en otras fuentes. Cfr. Dion. Hal. 10.56.2 y Diod. 12.24.1.

44. Liv. 3.33.8.

45. La tradición es unánime a la hora de destacar la imparcialidad y equidad con la que redactan las leyes e imparten justicia. Cfr. Cic. *rep.* 2.61; Liv. 3.33; Dion. Hal. 10.57.1-2; Tac. *Ann.* 3.27; Gell. *Noct. Att.* 11.18.6 y 17.21.15.

46. Liv. 3.34.1-6.

47. Liv. 3.34.7. Todas las fuentes informan sobre este segundo decenvirato salvo Pomponio, *libro singulari Enchiridii*, D. 1.2.2.24. En contra de la existencia de este segundo decenvirato, E. TÄUBLER, *Untersuchungen zur Geschichte des Decemvirats*, cit., pp. 103 ss.; R. M. OGILVIE, *A commentary on Livy*, cit., pp. 461 ss.; P. C. RANOUIL, *Recherches sur le patriciat (509-366 av. J.-C.)*, Paris 1975, pp. 201 ss.

48. Liv. 3.34-41 y Dion. Hal. 10.57 ss. hablan de tres años decenvirales a diferencia de Diod. 12.23 y 24; Cic. *rep.* 2.61 y 62 ss.; Zonar. 7.18.

49. Quizás fueron tres o cinco plebeyos. Cfr. Liv. 3.35.11; Diod. 12.24.1; Dion. Hal. 10.58.4; Zonar. 7.18. Sobre la posibilidad de que fueran todos patricios, *vid.* C. CASCIONE, *Il contesto storico della legislazione decemvirale* cit., p. 18, nt. 153.

50. Liv. 3.35.11. No obstante, se encuentran variantes en las fuentes. Así, Diod. 12.24.1 enumera los siguientes: Apio Claudio, Marco Cornelio, Lucio Minucio, Gayo Sergio, Quinto Publio, Manio Rabuleyo y Espurio Veturio. Este último no figura en otras listas. *Vid.* T. R. S. BROUGHTON, *The Magistrates of the Roman Republic*, cit., pp. 46-47.

51. En la misma línea se pronuncia Cicerón cuando se refiere al nacimiento del colegio decenviral. Cic. *rep.* 2.61: *Sed aliquot ante annis, cum summa esset auctoritas in senatu populo patiente atque parente, inita ratio est ut et consules et tribuni plebis magistratu se abdicarent, atque ut X viri maxima potestate sine provocatione crearentur, qui et summum imperium haberent et leges scriberent. qui cum X tabulas legum summa aequitate prudentiaque conscripsissent, in annum posterum decemviros alios subrogaverunt, quorum non similiter fides nec iustitia laudata. quo tamen e collegio laus est illa eximia C. Iuli, qui hominem nobilem L. Sestium, cuius in cubiculo ecfossum esse*

Liv. 3.37.4-5: *Iam et processerat pars maior anni et duae tabulae legum ad prioris anni decem tabulas erant adiectae, nec quicquam iam supererat, si eae quoque leges centuriatis comitiis perlatae essent, cur eo magistratu rei publicae opus esset. Exspectabant quam mox consulibus creandis comitia edicerentur; id modo plebes agitabat quonam modo tribuniciam potestatem, munimentum libertati, rem intermissam, repararent; cum interim mentio comitiorum nulla fieri.*

Transcurre la mayor parte del año y ya se han elaborado dos nuevas tablas[52] que, si son aprobadas en los comicios por centurias, ya no habría necesidad de mantener esa magistratura. Sin embargo, los decenviros no mencionan nada sobre la convocatoria de los comicios y la plebe empieza a preocuparse por cómo restablecer el poder tribunicio, que es el baluarte de su libertad, después de su interrupción.

Llega el día de nombrar nuevos magistrados, pero los decenviros deciden mantenerse en el poder.

Liv. 3.38.1: *Idus Maiae venere. Nullis subrogatis magistratibus, privati pro decemviris, neque animis ad imperium inhibendum imminutis neque ad speciem honoris insignibus prodeunt. Id vero regnum haud dubie videri.*

Las intenciones de Apio se hacen evidentes cuando, en mayo del 450 a. C., no se convocan nuevas elecciones, a pesar de que las tablas restantes ya están completadas y solo necesitan la aprobación de la asamblea.

Los *patres* tampoco se dejan engañar. Sin embargo, no se atreven a tomar partido y están divididos, principalmente, porque Apio está enriqueciendo a los jóvenes patricios a costa de la plebe. Sus líderes se encuentran atrapados entre el decenvirato y la plebe, y muchos se retiran a sus haciendas en el campo, pero el enemigo invade el territorio romano y se ven obligados a regresar a la ciudad. Ante el peligro que supone para Roma el levantamiento de los sabinos y los ecuos, Apio reúne al Senado con la intención de declarar la guerra. Al principio, los senadores deciden no asistir, ya que no reconocen el *imperium* de los decenviros tras su año de mandato. Sin embargo, el peligro inminente que amenaza a la ciudad, les obliga a acudir a las asambleas, donde son intimidados por Apio; solo unos pocos de sus detractores aprovechan para plantear la necesidad de restablecer el antiguo

---

se praesente corpus mortuum diceret, cum ipse potestatem summam haberet quod decemvirum unus sine provocatione esset, vades tamen poposcit, quod se legem illam praeclaram neglecturum negaret, quae de capite civis Romani nisi comitiis centuriatis statui vetaret.

52. Cfr. Cic. *rep.* 2.61; Liv. 3.37.4; Dion. Hal. 10.59.1-60.6; Gell. *Noct. Att.* 17.21.15. En cambio, Diod. 12.26.1 atribuye la redacción de las dos últimas tablas a los cónsules del año 449 a. C. Según Livio, son Marco Fabio Vibulano y Postumio Ebucio Helva. *Vid.* T. R. S. BROUGHTON, *The magistrates of the Roman Republic*, cit., p. 54.

sistema de gobierno y restablecer las magistraturas y el tribunado de la plebe[53].

Quienes recogen la historia de este segundo decenvirato coinciden en destacar la actitud despótica y tiránica de este segundo colegio decenviral[54]. Tito Livio informa que los decenviros han suprimido las elecciones, las magistraturas anuales y la *intercessio* de los tribunos de la plebe como garantías de la libertad y la legalidad. Asimismo, recalca que no han dejado ningún rastro de legalidad en la ciudad.

Liv. 3.39.8: *De bello Sabino eos referre, tamquam maius ullum populo Romano bellum sit quam cum iis qui legum ferendarum causa creati nihil iuris in ciuitate reliquerint; qui comitia, qui annuos magistratus, qui uicissitudinem imperitandi, quod unum exaequandae sit libertatis, sustulerint; qui priuati fasces et regium imperium habeant. Fuisse regibus exactis patricios magistratus; creatos postea post secessionem plebis plebeios; cuius illi partis essent, rogitare. Populares? Quid enim eos per populum egisse? Optimates? Qui anno iam prope senatum non habuerint, tunc ita habeant ut de re publica loqui prohibeant? Ne nimium in metu alieno spei ponerent; grauiora quae patiantur uideri iam hominibus quam quae metuant.*

También Dionisio de Halicarnaso hace referencia a las razones que han provocado el odio de los plebeyos a los decenviros y señala, principalmente, tres causas: la continuación del segundo decenvirato sin contar con el pueblo y con el Senado; la expulsión o muerte de los ciudadanos romanos más notables que están en contra de sus actuaciones; y, por último, el robo y saqueo de quienes son contrarios a su régimen de gobierno.

Dion. Hal. 11.2.1: Πρώτη μὲν οὖν ἦν ἡ δόξασα γενέσθαι τοῦ κατὰ τῆς ὀλιγαρχίας μίσους πρόφασις ὅτι συνύφηναν τὴν δευτέραν ἀρχὴν τῇ προτέρᾳ δήμου τε ὑπεριδόντες καὶ βουλῆς καταφρονήσαντες· ἔπειθ᾽ ὅτι τοὺς χαριεστάτους Ῥωμαίων, οἷς οὐ κατὰ γνώμην τὰ πραττόμενα ὑπ᾽ αὐτῶν ἦν, οὓς μὲν ἐξήλαυνον ἐκ τῆς πόλεως αἰτίας ἐπιφέροντες ψευδεῖς καὶ δεινάς, οὓς δὲ ἀπεκτίννυσαν, κατηγόρους τε αὐτοῖς

---

53. Liv. 3.38-41. Por su parte, Dion. Hal. 11.4-22 reúne los discursos que varios de los senadores pronuncian a favor y en contra de los decenviros, mostrándonos una lucha de poder entre los partidarios de los decenviros y sus detractores. Así, los Valerios, con los Horacio a la cabeza, procuran la caída de los decenviros, pero Apio Claudio consigue parar esta propuesta y se inicia la guerra contra los sabinos y los volscos.

54. Dionisio expone claramente las modificaciones que se producen respecto al primer decenvirato. Todos ellos deciden que no ejercitarán la *intercessio* contra la decisión de otro colega; mantendrán el cargo de por vida; gozarán del mismo poder y de los mismos honores; y, en contadas ocasiones, harán uso del voto del Senado o del pueblo. Dion. Hal. 10.59.1-3: Ἐν δὲ τῷ κατόπιν ἔτει παραλαβόντες τὴν ὑπατικὴν ἐξουσίαν οἱ σὺν Ἀππίῳ Κλαυδίῳ δέκα ἄνδρες εἰδὼς μαίας (ἦγον δὲ τοὺς μῆνας κατὰ σελήνην, καὶ συνέπιπτεν εἰς τὰς εἰδοὺς ἡ πανσέληνος), 2πρῶτα μὲν ὅρκια τεμόντες ἀπόρρητα τῷ πλήθε: συνθήκας σφίσιν αὐτοῖς ἔθεντο περὶ μηδενὸς ἀλλήλοις ἐναντιοῦσθαι, ὅ τι δ᾽ ἂν εἷς ἐξ αὐτῶν δικαιώσῃ, τοῦθ᾽ ἅπαντες ἡγεῖσθαι κύριον, τήν τ᾽ ἀρχὴν καθέξειν διὰ βίου καὶ μηδένα παρήσειν ἕτερον ἐπὶ τὰ πράγματα, ἰσότιμοί τε ἅπαντες ἔσεσθαι καὶ τὴν αὐτὴν ἕξειν δυναστείαν, βουλῆς μὲν ἢ δήμου ψηφίσμασι σπανίως καὶ εἰς αὐτὰ τἀναγκαῖα χρώμενοι, τὰ δὲ πλεῖστα ἐπὶ τῆς ἑαυτῶν ἐξουσίας 3ποιοῦντες.

ὑποπέμποντες ἐκ τῶν ἰδίων ἑταίρων καὶ τὰς δίκας ταύτας αὐτοὶ δικάζοντες· μάλιστα δ᾽ ὅτι τοῖς θρασυτάτοις τῶν νέων οὓς εἶχον ἕκαστοι περὶ αὐτοὺς ἐφῆκαν ἄγειν καὶ φέρειν τὰ τῶν ἐναντιουμένων τῇ πολιτείᾳ.

Por su parte, Cicerón describe que los decenviros se mantienen el tercer año en el gobierno sin nombrar sucesores. Añaden dos tablas de leyes injustas, incluyendo una ley que prohíbe el matrimonio entre plebeyos y nobles, así como, de nuevo la obligación del *conubium*[55], cuya desaparición había supuesto uno de los grandes logros y aspiraciones de la plebe.

Cic. *rep.* 2.62-63: *Tertius est annus decemviralis consecutus, cum idem essent nec alios subrogare voluissent. in hoc statu rei publicae, quem dixi iam saepe non posse esse diuturnum, quod non esset in omnis ordines civitatis aequabilis, erat penes principes tota res publica, praepositis X viris nobilissimis, non oppositis tribunis plebis, nullis aliis adiunctis magistratibus, non provocatione ad populum contra necem et verbera relicta. ergo horum ex iniustitia subito exorta est maxima perturbatio et totius commutatio rei publicae; qui duabus tabulis iniquarum legum additis, quibus etiam quae diiunctis populis tribui solent conubia, haec illi ut ne plebei cum patribus essent, inhumanissima lege sanxerunt, quae postea plebiscito Canuleio abrogata est, libidinose[que] omni imperio et acerbe et avare populo praefuerunt...*

En definitiva, todos estos testimonios permiten constatar el ambiente convulso que vive Roma como consecuencia del gobierno despótico del segundo decenvirato.

El descontento se intensifica por dos nuevas injusticias cometidas por los decenviros: el asesinato de Lucio Sicinio y la *causa liberalis* contra Virginia. La muerte de Virginia a manos de su padre provocará la segunda secesión de la plebe[56]. Los plebeyos se trasladan al monte Sacro y deciden no regresar hasta que se atiendan sus exigencias[57], que incluyen la renuncia de los de-

---

55. *Vid.* también Dion. Hal. 10.60.5; Liv. 4.4.5.

56. Pomponio, *libro singulari Enchiridii*, D. 1.2.2.24 también señala la actuación despótica de los decenviros como causa de su disolución y fija el proceso de Virginia como detonante del levantamiento de la plebe: *Et cum placuisset leges quoque ferri, latum est ad populum, uti omnes magistratu se abdicarent, quo decemviri constituti anno uno cum magistratum prorogarent sibi et cum iniuriose tractarent neque vellent deinceps sufficere magistratibus, ut ipsi et factio sua perpetuo rem publicam occupatam retineret: nimia atque aspera dominatione eo rem perduxerant, ut exercitus a re publica secederet. Initium fuisse secessionis dicitur Verginius quidam ... ut norte virginis contumeliam stupri arceret, ac protinus recens a caede madenteque adhuc filiae cruore ad conmilitones confugit. qui universo de Algido, ubi tunc belli gerendi causa legiones erant, relictis ducibus pristinis signa in Aventium transtulerunt, omnisque plebs urbana mox eodem se contulit, populique consensu partim in carcere necati. ita rursus res publica suum statum recepit.*

57. G. DE SANCTIS, *Storia dei Romani*, cit., p. 48, no considera aceptable que una revolución contra los decenviros sea iniciada por la plebe, que ha visto a algunos de los suyos elevados a la magistratura suprema. Asimismo, cree que es contradictorio que los legisladores, especialmente Apio Claudio, sean depuestos por tiranía, mientras que su código permanece en vigor y sirve de base para el desarrollo del derecho.

cenviros, la restauración de la *provocatio ad populum* y el restablecimiento de los poderes de los tribunos de la plebe. Lucio Valerio y Marco Horacio, dos patricios que han mostrado apoyo a la causa plebeya, son enviados a negociar. Las negociaciones resultan fructíferas, los decenviros renuncian y la secesión se levanta. A continuación, Lucio Valerio Potito y Marco Horacio Barbato[58] son elegidos cónsules[59] y publican las leyes decenvirales[60], incluidas las dos últimas, llamadas *tabulae iniquae*[61].

Visto someramente el contexto político anterior y coetáneo, consideramos oportuno pararnos brevemente en los dos últimos episodios que, aunque no pueden concebirse como las causas del levantamiento de la plebe y consiguiente caída del segundo decenvirato, reflejan, en todo caso, la tiranía e injusticia de los actos de los decenviros[62].

El primero de estos episodios[63] se desarrolla en el frente y el protagonista es el soldado Lucio Sicio[64] Dentato. Ciudadano romano, de origen plebeyo, ocupa el cargo de tribuno de la plebe en el 454 a. C. y es militar desde los 17 años[65], recibiendo innumerables condecoraciones[66]. Aulo Gelio señala

---

58. También son autores de las llamadas *leges Valeriae Horatiae* que reconocen el poder tribunicio, la equiparación de los plebiscitos a las leyes y la *provocatio ad populum*. Se conocen como *Lex Valeria Horatia de plebiscitis*, *lex Valeria Horatia de provocatione* y *lex Valeria Horatia de tribunicia potestate*. Estas leyes son consideradas apócrifas por G. DE SANCTIS, *Storia dei Romani*, cit., p. 52.

59. Liv. 2.55.1.

60. Liv. 3.57.10 menciona otra versión que atribuye la publicación a los ediles por orden de los tribunos de la plebe: *Sunt qui iussu tribunorum aediles functos eo ministerio scribant*. Por su parte, Diod. 12.26.1 señala que las dos últimas tablas no son de los decenviros sino de los cónsules.

61. Liv. 3.55.3-4; Dion. Hal. 11.45; Cic. *rep.* 2.54; Cic. *de domo* 17.43.

62. En esta misma línea, Liv. 3.43.1: *Ad clades ab hostibus acceptas duo nefanda facinora decemviri belli domique adiciunt*.

63. *Vid.* Liv. 3.43; Dion. Hal. 10.36-42; 11.25-27; Cic. *rep.* 2.60; Plin. *Nat. Hist.* 7.101-106; Gell. *Noct. Att.* 2.11.2-4.

64. Su gentilicio se presenta de cuatro formas diferentes en las fuentes: *Siccius, Sicinius, Sergius* y *Sitius*. Sobre este personaje, *vid.* M. BLASI, "Lucio Siccio (o Sicinio?) Dentato. L'Achille romano tra memoria e politica", en T.M. Lucchelli – E. Rohr Vio (a cura di), *Viri militares. Rappresentazione e propaganda tra Repubblica e Principato*, Trieste 2015, pp. 1 ss.

65. Su nacimiento puede situarse en el 487 a. C. por la referencia que Dionisio de Halicarnaso hace a su edad de 27 años cuando Roma lucha contra los volscos. *Vid.* Dion. Hal. 10.36.4.

66. Numerosas fuentes recuerdan sus gestas y méritos militares. Así, Gell. *Noct. Att.* 2.11.2-3: *Is pugnasse in hostem dicitur centum et viginti proeliis, cicatricem aversam nullam, adversas quinque et quadraginta tulisse, coronis donatus esse aureis octo, obsidionali una, muralibus tribus, civicis quattuordecim, torquibus tribus et octoginta, armillis plus centum sexaginta, hastis duodeviginti; phaleris item donatus est quinquies viciesque; 3 spolia militaria habuit multiiuga, in his provocatoria pleraque; 4 triumphavit cum imperatoribus suis triumphos novem*. También Val. Max. 3.2.24: *Sed quod ad proeliatorum excellentem fortitudinem adtinet, merito L. Sicci Dentati commemoratio omnia Romana exempla finierit, cuius opera honoresque operum ultra fidem ueri excedere iudicari possent, nisi ea certi auctores, inter quos M. Varro, monumentis suis testata esse uoluissent. quem centies et uicies in aciem descendisse tradunt, eo robore animi atque corporis utentem, ut maiorem semper uictoriae partem traxisse uideretur: sex et xxx spolia ex hoste retulisse, quorum in numero octo fuisse*

que es un soldado, que se gana tal reputación por su gran valentía, que es llamado el "Aquiles romano".

Gell. *Noct. Att.* 2.11.1: *L. Sicinium Dentatum, qui tribunus plebi fuit Sp. Tarpeio A. Aternio consulibus, scriptum est in libris annalibus plus, quam credi debeat, strenuum bellatorem fuisse nomenque ei factum ob ingentem fortitudinem appellatumque esse Achillem Romanum.*

Sin embargo, su popularidad no es suficiente. Como había ocurrido con otros antes, su oposición a los decenviros le lleva a la muerte. Los hechos tienen lugar en el curso de la guerra contra los sabinos en la que Lucio Sicio habría participado como tribuno militar. Tito Livio recoge la razón de su asesinato: alentar la restauración del tribunado y la secesión de la plebe en conversaciones secretas[67].

Liv. 3.43.2: L. *Siccium in Sabinis, per invidiam decemviralem tribunorum creandorum secessionisque mentiones ad volgus militum sermonibus occultis serentem, prospeculatum ad locum castris capiendum mittunt.*

Por ello, se urde un plan para matarle. Es enviado a un reconocimiento y se encarga a los soldados, que le acompañan, matarlo en lugar adecuado. A pesar de que Lucio Sicio ofrece resistencia y mata a varios de sus atacantes, consiguen asesinarle[68]. Al principio todos creen que ha sido una emboscada, pero cuando examinan el lugar y realizan algunas pesquisas, observan que ha sido asesinado por sus propios hombres.

Liv. 3.43.6: *...profecta deinde cohors ad sepeliendos qui ceciderant decemvirorum permissu, postquam nullum spoliatum ibi corpus Sicciumque in medio iacentem armatum omnibus in eum versis corporibus videre, hostium neque corpus ullum nec vestigia abeuntium, profecto ab suis interfectum memorantes rettulere corpus[69].*

La indignación se extiende rápidamente en el campamento y los soldados están decididos a llevar el cuerpo de Sicio de inmediato a Roma. Sin embargo, los decenviros, intentando frenar el levantamiento, se apresuran a organizar un funeral militar a expensas del Estado y Sicio es sepultado en medio

---

<eorum>, *cum quibus inspectante utroque exercitu ex prouocatione dimicasset, xiiii ciues ex media morte raptos seruasse, v et xl uulnera pectore excepisse, tergo cicatricibus uacuo: nouem triumphales imperatorum currus secutum, totius ciuitatis oculos in se numerosa donorum pompa conuertentem: praeferebantur enim aureae coronae octo, ciuicae XIIII, murales III, obsidionalis i, torques LXXXIII, armillae CLX, hastae XVIII, phalerae XXV, ornamenta etiam legioni, nedum militi satis multa.* Por último, Plin. *Nat. Hist.* 7.101-106 proporciona una larga lista de honores militares (*hastae purae* y *torques*).

67. En Dion. Hal. 10.48 se recoge que Lucio Sicio es nombrado tribuno durante el consulado de Espurio Tarpeyo y Aulo Aternio —454 a. C.— y convoca a Tito Romilio para que se presente ante el tribunal del pueblo para defenderse de un delito de ofensa al Estado. Consigue que le multen con diez mil ases por haber atentado contra la vida de los hombres de su cohorte. G. DE SANCTIS, *Storia dei Romani*, cit., p. 46, observa que podríamos estar ante dos versiones de una misma leyenda.

68. Dion. Hal. 11.26 describe con detalle cómo muere Lucio Sicio.

69. Dion. Hal. 11.27.3-5.

de la tristeza de los soldados y del desprestigio profundo y generalizado de los decenviros.

A pesar de que, Lucio Sicio no es el único que ha sido asesinado por orden de los decenviros. Dionisio de Halicarnaso muestra que estos, para mantener su poder, aconsejan a sus colegas en los campamentos que maten a quienes se opongan a ellos[70]. Entonces, ¿por qué indigna tanto a la plebe el asesinato de uno más?

Dion. Hal. 11.25.1-2: Πολλὰ δὲ τοιαῦτα καὶ κατὰ τὴν πόλιν ὑπὸ τῶν περὶ τὸν Ἄππιον ἐγίνετο. τῶν μὲν οὖν ἄλλων καίτοι συχνῶν ἀναιρουμένων ἐλάττων τοῖς πλήθεσι λόγος ἦν, ἑνὸς δ' ἀνδρὸς ἐπιφανεστάτου τῶν δημοτικῶν καὶ πλείστας ἀρετὰς ἐν τοῖς κατὰ πόλεμον ἔργοις ἀποδειξαμένου θάνατος ὠμὸς καὶ ἀνόσιος ἐπιτελεσθεὶς ἐν θατέρῳ τῶν στρατοπέδων ἔνθα οἱ τρεῖς ἡγεμόνες ἦσαν, ἅπαντας ἑτοίμους ἐποίησε πρὸς τὴν ἀπόστασιν τοὺς ἐκεῖ. ἦν δ' ὁ φονευθεὶς Σίκκιος, ὁ τὰς ἑκατὸν εἴκοσι μάχας ἀγωνισάμενος καὶ ἐξ ἁπασῶν ἀριστεῖα λαβών, ὃν ἔφην ἀπολελυμένον ἤδη στρατείας διὰ τὸν χρόνον ἑκούσιον τοῦ πρὸς Αἰκανοὺς συνάρασθαι πολέμου, σπεῖραν ἀνδρῶν ὀκτακοσίων ἐκπεπληρωκότων ἤδη τὰς κατὰ νόμον στρατείας εὐνοίᾳ τῇ πρὸς αὐτὸν ἐπαγόμενον· μεθ' ὧν ἀποσταλεὶς ὑπὸ θατέρου τῶν ὑπάτων ἐπὶ τὸ στρατόπεδον τῶν πολεμίων εἰς πρόδηλον ὄλεθρον, ὡς πᾶσιν ἐδόκει, τοῦ τε χάρακος ἐκράτησε καὶ τῆς ὁλοσχεροῦς νίκης αἴτιος ἐγένετο τοῖς ὑπάτοις.

La respuesta, se encuentra en la fama de la que Lucio Sicio goza entre sus compañeros. Lucio Sicio es icono de valentía e integridad, de modo que no interesa a los decenviros que alguien con esa popularidad hable en su contra. Y es precisamente esa popularidad lo que provoca que su muerte no pase desapercibida como la de muchos otros antes que él y se mantenga en el recuerdo tiempo después.

El segundo abuso de los decenviros tiene lugar en Roma y se dirige contra el *status libertatis* de Virginia[71]. Dado que el objeto de este apartado se centra en conocer el contexto político y adelantar las causas que provocan la caída de los decenviros, sólo procede analizar brevemente los hechos acaecidos. Será más adelante cuando vayamos desgranando todos estos sucesos desde un punto de vista procesal y analizando con detenimiento las consecuencias de este trágico episodio[72].

Virginia, joven plebeya, es hija de Lucio Virginio y está comprometida con el ex tribuno de la plebe Lucio Icilio. El decenviro Apio Claudio Craso se enamora de ella e intenta conquistarla con dinero y halagos. Como no consigue seducirla, urde un plan para satisfacer sus deseos sin comprometerse personalmente. Le pide a su cliente Marco Claudio que afirme que Virginia es una de sus esclavas, aprovechando que su padre está en campa-

---

70. Dion. Hal. 11.24.2.

71. Liv. 3.43-48; Dion. Hal. 11.28-37; Cic. *de fin.* 2.66; 5.64; *rep.* 2.63; Diod. 12.24.2 s.; Pomponio, *libro singulari Enchiridii*, D. 1.2.2.24; Zonar. 7.18; Oros. *Adv. Pag.* 2.13.6.

72. *Vid.* apartado III de este trabajo.

ña militar contra los ecuos (*aequi*) en el monte Álgido. Cuando Virginia acude al foro, Claudio intenta apoderarse de ella y afirma que es hija de una de sus esclavas que fue robada cuando era infante. Ante la indignación de la multitud que le impide coger a Virginia por la fuerza, Claudio decide citar a Virginia ante el magistrado (*vocat puellam in ius*[73]) y presenta la causa ante Apio Claudio. Explicada la historia por Marco Claudio, reclama a Virginia como esclava hasta que pueda probar su esclavitud en juicio. Los defensores de Virginia manifiestan la injusticia de cuestionar la paternidad de un ausente y parecen reclamar el derecho a *vindiciae secundum libertatem*, para evitar el riesgo de que Virginia pierda su reputación. Sin embargo, como Virginia no es *sui iuris*, la *vindicatio in libertatem* sólo puede realizarse por el *paterfamilias* y, si él está ausente, se da preferencia al supuesto amo. Basándose en esta norma, Apio Claudio entiende que la custodia sólo puede entregarse a quien ostenta la *patria potestas* y, dada la ausencia de Virginio, decide que se haga venir al padre y entretanto Marco Claudio pueda llevarse a Virginia, prestando caución de presentarla en juicio a la llegada de Virginio.

En ese momento se presenta su prometido Lucio Icilio, acompañado de Publio Numitorio —tío materno/abuelo de Virginia—, y en su discurso deja claro que no permitirá que Marco Claudio se la lleve. Su intervención no sólo es importante porque impide que Marco se lleve a Virginia sino porque evidencia la clave de la futura sedición del pueblo. Demuestra que el sentir general de los ciudadanos en esos momentos es el de inseguridad, pues han perdido dos de los mecanismos necesarios para la defensa de la libertad: la protección de los tribunos de la plebe y el derecho de apelación.

Continuando con la historia, las cosas no resultan tan fáciles para Apio Claudio que, ante la resistencia de la multitud, de su prometido y de su tío materno, decide postergar su decreto hasta el día siguiente, para que pueda acudir su padre.

Al día siguiente Virginio consigue regresar a Roma, pero Apio Claudio decide ratificar su decreto sin escuchar al padre, lo que provoca un revuelo en el foro que intenta ser aplacado por los lictores. Lucio Virginio consigue que le permitan ir con su hija cerca del templo de la Venus Cloacina y allí la mata para preservar su honor y libertad.

Tras este hecho, Apio Claudio ordena a sus lictores que le traigan, para ser juzgados, a Virginio y a Icilio, pero estos, aprovechando el furor de las masas, consiguen escapar. Virginio llega al campamento que estaba entonces en el monte Vecilio[74] y Lucio Icilio y Publio Numitorio al ejército de la Sabina. Allí todos explican la tragedia acaecida y convencen a los soldados de la

---

73. Liv. 3.44.8.
74. Liv. 3.50.1.

necesidad de garantizar la ley a través del poder tribunicio. Los soldados marchan sobre Roma y acampan sobre el Aventino consiguiendo que los decenviros depongan el poder[75], así como el restablecimiento del poder tribunicio y del derecho de apelación.

Algunos historiadores de época posterior verán en el proceso de Virginia la causa de la disolución de los decenviros. Sin embargo, no parece probable que la injusticia y los agravios que sufre Virginia y su familia provoquen, por sí solos, la abolición del decenvirato. Antes de que entrara en escena Virginia y los romanos abolieran el gobierno de los diez, la actuación de los decenviros ya había sido cuestionada.

I.2. REALIDAD O LEYENDA

Analizado brevemente el contexto político anterior y coetáneo al proceso contra Virginia, pasamos a ocuparnos brevemente de una cuestión ampliamente discutida en doctrina: la autenticidad de su tradición histórica.

Tanto juristas como historiadores han abordado esta cuestión, prevaleciendo, en algunos casos, el escepticismo sobre el valor jurídico e histórico de este relato. Nuestro objetivo no será desgranar cada una de las conjeturas formuladas sobre la veracidad de esta historia[76], sino intentar aclarar una posible confusión entre la historia jurídica y la historia política.

Con esta finalidad abordaremos su posible conexión, por un lado, con la historia de Lucrecia[77], esposa de Tarquinio Colatino y víctima del joven Tarquinio, y, por otro, con la historia de la hermosa doncella de Ardea que fue amada por dos rivales, uno patricio y otro plebeyo.

---

75. Tal como narra Liv. 3.56 ss., Apio Claudio y Espurio Opio se quitan la vida y los restantes decenviros son deportados y sus bienes confiscados.

76. Sobre esta cuestión, *vid.* R. MASCHKE, *Freiheitsprozess im klassischen Altertum*, cit., pp. 43 ss.; E. LAMBERT, *L'histoire traditionnelle des XII Tables*, cit., pp. 44 ss.; E. PAIS, *Ancient Legends of Roman History*, New York 1905, pp. 185 ss.; G. SIGWART, "Römische Fasten und Annalen bei Diodor. Ein Beitrag zur Kritik der älteren republikanischen Verfassungsgeschichte", en *Klio. Beiträge zur Alten Geschichte*, 6 (Jan. 1, 1906), pp. 351 ss.; C. APPLETON, *Trois épisodes de l'histoire ancienne de Rome*, cit., pp. 652 ss.; M. NICOLAU, *Causa liberalis*, cit., pp. 183 ss. ; V. ARANGIO RUIZ, *Storia del diritto romano*, Napoli 1968, pp. 55 ss.; J. C. VAN OVEN, *Le procès de Virginie*, cit., pp. 158 ss.; G. FRANCIOSI, *Il processo di libertà*, cit., pp. 7 s.; ID., *Il processo di Virginia*, cit., pp. 20 ss.; C. F. AMUNATEGUI PERELLO, *Origen de los poderes del paterfamilias. El pater familias y la patria potestas*, Madrid 2009, p. 66.

77. Sobre la historia de Lucrecia, *vid.*, entre otros, Cic. *rep.* 2.46; *de fin.* 2.66; 5.64; *de leg.* 2.10; Liv. 1.57; Dion. Hal. 4.64 ss.; Dio. Cas. 11.13 ss.; Zonar. 7.11.

En primer lugar, hay quienes creen que la historia de Virginia se habría conformado a lo largo del siglo IV a. C. sobre la base de un relato procedente de Ardea[78] y del que da noticia Tito Livio.

En el 444-443 a.C. en Ardea una doncella de origen humilde, famosa por su belleza, es el centro de un conflicto amoroso entre dos jóvenes, uno noble y otro plebeyo. Mientras la madre apoya al joven patricio, los tutores de la doncella son partidarios de su matrimonio con el joven plebeyo. Incapaces de llegar a un acuerdo, recurren a un juez que decide que se cumpla con la voluntad de la madre.

Liv. 4.9.4-6: *Virginem plebeii generis maxime forma notam duo petiere iuvenes, alter virgini genere par, tutoribus fretus, qui et ipsi eiusdem corporis erant, nobilis alter, nulla re praeterquam forma captus. Adiuuabant eum optumatium studia, per quae in domum quoque puellae certamen partium penetravit. Nobilis superior iudicio matris esse, quae quam splendidissimis nuptiis iungi puellam volebat: tutores in ea quoque re partium memores ad suum tendere. Cum res peragi intra parietes nequisset, ventum in ius est. Postulatu audito matris tutorumque, magistratus secundum parentis arbitrium dant ius nuptiarum.*

Sin embargo, la decisión del juez no es respetada y prevalece la fuerza. Los tutores, que no están conformes con esta decisión, sacan a la doncella de su hogar materno con la ayuda de algunos plebeyos, lo que provoca una batalla con los *optimates* que acaba con la expulsión de los plebeyos de la ciudad. La plebe se arma y se retira a una colina, realizando incursiones violentas en las tierras de los nobles y planeando sitiar la ciudad, atrayendo a obreros con la promesa de un botín.

Liv. 4.9.7-10: *Sed vis potentior fuit; namque tutores, inter suae partis homines de iniuria decreti palam in foro contionati, manu facta virginem ex domo matris rapiunt; adversus quos infestior coorta optumatium acies sequitur accensum iniuria iuvenem. Fit proelium atrox. Pulsa plebs, nihil Romanae plebi similis, armata ex urbe profecta, colle quodam capto, in agros optumatium cum ferro ignique excursiones facit; urbem quoque, omni etiam*

---

78. I. DONALDSON, *The Rapes of Lucretia: A Mith and its Transformations*, Nueva York 1982, pp. 6 ss.; E. PAIS, *Ancient Legends of Roman History*, cit., pp. 185 ss. Este autor, p. 196, sostiene que la leyenda de Virginia se origina en la historia de la doncella de Ardea y está conectada con el santuario de Venus Cloacina, lo que sugiere un componente sagrado en ambas historias. El episodio de la doncella de Ardea narra que, aunque sus tutores quieren que se case con un plebeyo, se compromete con un patricio, siguiendo la voluntad de su madre. Este relato es similar a la leyenda de Lavinia, donde su padre, Latino, la entrega a Eneas, mientras que su madre, Amata, prefiere que se case con Turnus. Aunque reconoce variaciones en las historias, entiende que la idea principal se mantiene, de modo que lo que comienza como una leyenda y ceremonia religiosa, se convierte en parte de la historia. Asimismo, entiende que las narraciones de Lucrecia y Virginia son, en realidad, desarrollos posteriores de leyendas vinculadas a los cultos de Ardea, que se trasladan a Roma en la segunda mitad del siglo IV a. C.

expertium ante certaminis multitudine opificum ad spem praedae evocata, obsidere parat; nec ulla species cladesque belli abest, velut contacta civitate rabie duorum iuvenum funestas nuptias ex occasu patriae petentium.

La situación se agrava cuando ambos bandos buscan ayuda externa: los nobles piden ayuda a los romanos y la plebe a los volscos. Los volscos, liderados por Cluilio, llegan primero y fortifican su posición frente a la ciudad. Al enterarse de esto, el cónsul romano Marco Geganio marcha con su ejército y acampa cerca del enemigo, preparándose para el combate.

Liv. 4.9.11-14: *Parum parti utrique domi armorum bellique est visum; optumates Romanos ad auxilium urbis obsessae, plebs ad expugnandam secum Ardeam Volscos excivere. Priores Volsci duce Aequo Cluilio Ardeam venere et moenibus hostium vallum obiecere. Quod ubi Romam est nuntiatum, extemplo M. Geganius consul cum exercitu profectus tria milia passuum ab hoste locum castris cepit, praecipitique iam die curare corpora milites iubet. Quarta deinde vigilia signa profert...*

Los romanos resultan vencedores y el cónsul romano restablece el orden en Árdea, que había sido perturbado por la sedición, ejecutando a los líderes del levantamiento, confiscando sus bienes y devolviéndolos a la ciudad de Ardea.

Liv. 4.10.5-6: *Romanus Ardeae turbatas seditione res principibus eius motus securi percussis bonisque eorum in publicum Ardeatium redactis composuit; demptamque iniuriam iudicii tanto beneficio populi Romani Ardeates credebant; senatui superesse aliquid ad delendum publicae avaritiae monumentum videbatur.*

Por lo que se refiere a la historia de Lucrecia[79], se ha planteado su posible conexión con la historia de Virginia[80]. En este caso, manejamos la referencia que Valerio Máximo hace a ambos episodios, si bien el testimonio más completo sobre Lucrecia se encuentra contemplado en Liv. 1.57 ss.

Val. Max. 6.1.1: *Dux Romanae pudicitiae Lucretia, cuius uirilis animus maligno errore fortunae muliebre corpus sortitus est, a <Sex.> Tarquinio*

---

79.   Vid. C. APPLETON, *Trois épisodes de l'histoire ancienne de Rome*, cit., pp. 193 ss.; A. GUARINO, "Il dossier di Lucrezia", en *Labeo* 5 (1959), pp. 211 ss.; I. DONALDSON, *The Rapes of Lucretia: A Mith and its Transformations*, cit., pp. 6 ss.; A. MASTROCINQUE, "La cacciata di Tarquinio il Superbo: tradizione romana e letteratura greca", en *Athenaeum* 62 (1984), pp. 210 ss.; E. CANTARELLA, *Pasado próximo*, cit., pp. 73 ss.; M. J. BRAVO BOSCH, "El *iudicium domesticum*", en *Revista General de Derecho Romano* 17 (2011), pp. 1 ss.; M. HERRERO MEDINA, "La muerte de Lucrecia: una decisión de índole familiar", en *Anuario da Facultade de Dereito da Universidade da Coruña* 25 (2021), pp. 50 ss.

80.   Sobre el paralelismo historiográfico entre el episodio de Lucrecia y el de Virginia, vid. G. DE SANCTIS, *Storia dei Romani*, cit., p. 48; C. APPLETON, *Trois épisodes de l'histoire ancienne de Rome*, cit., pp. 652 ss.; J. BAYET, *Tite-Live. Histoire romaine, tome III, livre III*, Paris 1969, pp. 154 ss. ; K. MUSTAKALLIO, "Death and Disgrace. Capital Penalties and *Post Mortem* Sanctions in Early Roman Historiography", en *Annales Academiae Scientiarum Fennicae. Dissertationes humanarum litterarum*, 27, Helsinki 1994, p. 67.

regis Superbi filio per uim stuprum pati coacta, cum grauissimis uerbis iniu-
riam suam in concilio necessariorum deplorasset, ferro se, quod ueste tectum
adtulerat, interemit causamque tam animoso interitu imperium consulare
pro regio permutandi populo Romano praebuit.

Val. Max. 6.1.2: *Atque haec inlatam iniuriam non tulit: Verginius plebei*
generis, sed patricii uir spiritus, ne probro contaminaretur domus sua, pro-
prio sanguini non pepercit: nam cum App. Claudius decemuir filiae eius
uirginis stuprum potestatis uiribus fretus pertinacius expeteret, deductam in
forum puellam occidit pudicaeque interemptor quam corruptae pater esse
maluit.

La tragedia de Lucrecia comienza en el contexto de las campañas militares del rey Tarquinio el Soberbio contra los rútulos. En una de las reuniones
que se celebran en el campamento romano que asedia la ciudad de Ardea,
Sexto Tarquinio, hijo del rey Tarquinio el Soberbio, inicia una conversación
sobre la virtud de las esposas de los oficiales presentes. La discusión se
vuelve tan acalorada que Colatino[81], uno de los oficiales, propone que todos
regresen a sus hogares para ver en qué están ocupadas sus esposas. Al hacerlo, encuentran situaciones muy distintas: la mayoría de las mujeres, incluidas las nueras del rey, están en medio de celebraciones lujosas y acompaña-
das de otros hombres. Sin embargo, al llegar a la casa de Colatino, su
esposa Lucrecia está dedicada a sus tareas domésticas. La conducta intachable de la joven Lucrecia deja a Sexto Tarquinio completamente fascinado.
Desde ese instante, comienza a idear un plan para ganarse su favor.

Pocos días después del suceso, Sexto Tarquinio, sin que Colatino lo sepa,
regresa a Colacia con un amigo y es recibido cordialmente en casa de Lucrecia sin sospechar nada acerca de sus intenciones. Al caer la noche, Sexto
aprovecha que todos duermen para deslizarse sigilosamente hasta los apo-
sentos de Lucrecia. Con su espada en mano, la amenaza con matarla si pide
ayuda. Sexto Tarquinio le confiesa su amor, primero suplicando que le co-
rresponda a sus sentimientos y, después, amenazándola con la muerte al no
obtener una respuesta satisfactoria. Sin embargo, Lucrecia se resiste y Sexto
Tarquinio la intimida aún más, diciéndole que no solo la va a matar, sino que
también asesinará a un esclavo y colocará su cadáver en su cama, para luego
alegar que los ha sorprendido cometiendo adulterio. Esta amenaza coloca a
Lucrecia en una situación desesperada y le obliga a ceder a las demandas de
Sexto Tarquinio. Después de este terrible suceso, Lucrecia reúne a sus familiares y amigos para contarles lo ocurrido. Tras relatar su desgracia, decide
quitarse la vida para, al menos, mitigar la deshonra que sus actos han supuesto para ella y su familia.

---

81. Sobre este personaje histórico, *vid. s.v.* «Tarquinius Collatinus, Lucius», en *The Oxford Classi-cal Dictionary*, Nueva York 1970, p. 1039.

A la vista de estos relatos, algunos autores defienden que la historia de Virginia es un duplicado de Lucrecia y que ambas son dos variantes del episodio de Ardea[82]. Lo cierto es que encontramos algunas similitudes entre dichas historias, pero ninguna es de tanta trascendencia como para confirmar que todas ellas son invenciones literarias. Si entramos a valorar sus posibles semejanzas, Virginia y Lucrecia son mujeres de la historia romana, una patricia y otra plebeya conocidas por sus trágicas historias. En ambos casos, su muerte tiene un significado que va más allá del contexto político. Su muerte busca preservar el honor familiar y anteponer la honorabilidad de su comunidad familiar a su propia vida. Así lo constata la circunstancia de que Valerio Máximo incluya este episodio dentro de los relatos de *pudicitia* romana. Y es precisamente este ultraje lo que provoca un levantamiento del pueblo. Tal como dice Valerio Máximo, Lucrecia ofrece con su muerte al pueblo romano la posibilidad de cambiar la monarquía por el gobierno de los cónsules. En el caso de Virginia, permite acabar con la oligarquía de los decenviros y restaurar las magistraturas[83]. Todo ello ofrece un paralelismo más fuerte entre Virginia y Lucrecia, ya que ambas muertes desencadenan revoluciones y representan la caída de la tiranía debido a un atentado contra el honor de una mujer[84]. No ocurre lo mismo cuando comparamos estos dos relatos con el episodio de la doncella de Ardea. Mientras que esta historia de Ardea presenta una rivalidad entre enamorados, los relatos de Lucrecia y Virginia muestran el sacrificio de una mujer para preservar el honor familiar. Asimismo, las normas aplicadas para resolver el conflicto en Ardea no se corresponden con las del Derecho romano[85]. Es cierto que se encuentran algunas similitudes, como, por ejemplo, su condición de plebeyas, su compromiso con un plebeyo, o el levantamiento de la plebe[86]. Sin embargo, no son suficientes para poder afirmar que un episodio tenga su origen en el otro. En la historia siempre se encuentran relatos que se asemejan y no por ello identificamos una conexión entre ellos.

En definitiva, aunque algunos autores han sostenido que todas estas historias serían invenciones literarias con un evidente ánimo de reconversión

---

82. En este sentido, E. PAIS, *Ancient Legends of Roman History*, cit., p. 185.

83. También se observan algunos detalles menores como una conexión con la Venus Cloacina. Bruto defiende la libertad del pueblo romano, empuñando el cuchillo con el que Lucrecia ha sido asesinada y jurando venganza por su cadáver, que ha sido llevado a la Curia, cerca del templo de Venus Cloacina. De manera similar, el padre de Virginia, cerca de la misma estatua, empuña un cuchillo y da muerte a su hija. *Vid.* E. PAIS, *Ancient Legends of Roman History*, cit., pp. 185 s.

84. *Vid.* G. DE SANCTIS, *Storia dei Romani*, cit., p. 48.

85. Sobre esta cuestión, *vid.* R. M. OGILVIE, "The Maid of Ardea", en *Latomus* 21 (1962), pp. 477 ss.; E. VOLTERRA, "Sul diritto familiare di Ardea nel V secolo a.C.", en *Studi A. Segni*, vol. IV, Milán 1966, pp. 659 ss; E. CANTARELLA, *Pasado próximo*, cit., pp. 40 ss.

86. En este sentido, E. PAIS, *Ancient Legends of Roman History*, cit., pp. 187 ss.

moralista[87], lo cierto es que las coincidencias señaladas no permiten apreciar la analogía entre las historias de Virginia y Lucrecia ni tampoco su relación con el episodio de Ardea. El hecho de que existan dos acontecimientos que vayan acompañados de consecuencias políticas parecidas no permite sostener que esta tradición legendaria derive del modelo ardeatino.

También hay quienes creen que la leyenda de Virginia encuentra su forma genuina en la breve mención de Diodoro y, por tanto, se trata de un juicio de libertad llevado a cabo según el procedimiento griego[88]. Es probable que en los primeros tiempos de la República romana existan leyendas que se originen a partir de mitos griegos importados y que después den lugar a relatos que parecen tener una base histórica[89]. Sin embargo, es difícil encontrar una conexión de ese tipo con la historia de Virginia.

Así, algunos críticos afirman que existen dos versiones de la leyenda de Virginia, que representan dos etapas sucesivas en la historia de su formación[90]. La forma genuina de esta leyenda se encuentra en la historia de Diodoro que reproduce de manera muy sintética los hechos y omite los nombres de los personajes principales, sugiriendo que no son esenciales para la leyenda popular ni para el poema épico. Esta primera versión conoce la historia, pero todavía no la relaciona con Apio Claudio. Sin embargo, las fábulas suelen vagar durante algún tiempo sin fecha y sin detalles antes de poder aferrarse a personajes determinados, de modo que los partidarios de esta teoría identifican una segunda versión, más moderna, que asignaría el papel de villano a Apio Claudio.

Si valoramos, en primer lugar, la falta de nombres en el relato de Diodoro, quienes la defienden plantean dos hipótesis que justificarían dicha ausencia. La primera, que Diodoro haya copiado literalmente su fuente[91]; la segunda, que el analista, al que Diodoro ha copiado, no conozca dichos

---

87. En este sentido, F. RÖMER, "Zum Aufbau der Exemplasammlung des Valerius Maximus", en *Wiener Studien,* 103 (1990), pp. 99 ss. y C. APPLETON, *Trois épisodes de l'histoire ancienne de Rome,* cit., pp. 193 ss. E. CANTARELLA, *Pásado próximo,* cit., p. 72, señala que es habitual que la propaganda nacional haga girar los acontecimientos fundamentales de la historia de Roma en torno a estos personajes femeninos.

88. *Vid.* J. BAYET, *Tite-Live. Histoire romaine,* cit., p. 134; G. SIGWART, *Römische Fasten und Annalen bei Diodor,* cit., pp. 351 ss.; R. TAUBENSCHLAG, *Le procès de Virginie, étude historique et juridique,* cit., pp. 118 ss. Este autor ha destacado algunas características del juicio de Virginia que son tomadas del procedimiento griego. Por ejemplo, la *manus iniectio* con la que comienza el juicio de Virginia es el ἄγειν εἰς δουλείαν en procedimiento griego o los *sponsores* exigidos por Marco Claucio reflejan un caso bien conocido del derecho griego. En contra, M. NICOLAU, *Causa liberalis,* cit., p. 185, pone de manifiesto que no es de extrañar que los historiadores griegos, al traducir términos jurídicos romanos, los asimilen indebidamente a las instituciones del derecho griego.

89. *Vid.* E. PAIS, *Ancient Legends of Roman History,* cit., p. 193.

90. *Vid.* R. MASCHKE, *Freibeitsprozess im klassischen Altertum,* cit., pp. 43 ss.

91. G. POMA, *Tra legislatori e tiranni. Problemi storici e storiografici sull'età delle XII Tavole,* Bologna 1984, p. 125, cree que Diodoro omite los nombres porque no aparecen en sus fuentes.

nombres. Sin embargo, estas hipótesis no concuerdan con lo afirmado por Tito Livio cuando, hablando de las razones que motivan el segundo decreto de Apio Claudio, menciona que los *auctores antiqui* relatan el episodio de Virginia con mucho más detalle.

Liv. 3.47.5: *Quem decreto sermonem praetenderit, forsan aliquem verum auctores antiqui tradiderint...*

No parece razonable pensar que la justificación que ofrecen del decreto pueda ir sin el nombre del magistrado que la ha pronunciado ni que tampoco se mencione a las personas implicadas[92]. Por tanto, tendría más sentido pensar que los nombres sean tan conocidos en esa época que no se necesite mencionarlos. Asimismo, relatar la historia sin mencionar a los personajes concretos es el método habitual de Diodoro de exponer los acontecimientos[93], acostumbrado como está a abreviar la historia de Roma. Además, lo más probable es que omita dichos nombres porque no interesen a los griegos, que es para quienes escribe exclusivamente.

Por lo demás, el hecho de que Cicerón tampoco mencione los nombres carece de importancia[94], si bien en algunos casos se piensa que no conoce esta atribución. Es cierto que inicialmente, en *de republica*, Cicerón menciona el evento de manera breve y sin atribuir el crimen a Apio Claudio. Sin embargo, en *de finibus*, escrito poco después, Cicerón claramente adjudica el crimen a las pasiones desenfrenadas de Apio Claudio. Esto sugiere que Cicerón siempre se refiere a la misma historia, cuyos detalles y protagonistas ya son bien conocidos en la tradición.

Por otro lado, pensar que hay una versión posterior que atribuye el papel de villano a Apio Claudio cuando realmente los hechos no han sucedido realmente, no tiene sentido si se advierte que nadie de una familia tan poderosa como la Claudia proteste por la falsedad de un relato que afecta a la reputación familiar; sobre todo teniendo en cuenta que será algo recordado mucho tiempo después[95].

En definitiva, no existe constancia sobre el posible carácter legendario de la historia de Virginia, si bien los relatos seguramente presentan retoques respecto a la versión más antigua, probablemente motivados por la época en la que son escritos. Tito Livio, a pesar de sus posibles dudas sobre la veracidad de los hechos que describe, acepta el relato antiguo tal y como lo transmiten los analistas con gran habilidad artística. Retrata los aconteci-

---

92. En este sentido, C. APPLETON, *Trois épisodes de l'histoire ancienne de Rome*, cit., pp. 637 ss.

93. A este respecto, E. LAMBERT, *L'histoire traditionnelle des XII Tables*, cit., pp. 44 ss.; C. APPLETON, *Trois épisodes de l'histoire ancienne de Rome*, cit., pp. 637 ss.

94. Ascon. *ad Cic. pro Cornelio* § 68 K y Cic. *rep.* 3.44 mencionan el asunto sin identificar los nombres. En cambio, Cic. *rep.* 2.63 recoge el nombre de Virginio, pero como *Decimus Verginius*, y *de fin.* 2.66 muestra ambos nombres. Por su parte, Pomponio recuerda los nombres, si bien sigue sin identificar a Virginio (*Verginius quidam*).

95. *Vid.* Liv. 9.34.1-5.

mientos en un contexto de un pasado lejano, convirtiendo a los personajes en figuras simbólicas: Apio representa la injusticia y la tiranía; Icilio y Virginio, las virtudes cívicas y familiares y los derechos del pueblo; y Virginia, la víctima silenciosa de las pasiones humanas y políticas[96]. Si bien pudo incorporar nuevos elementos a los relatos, todo hace pensar que tanto Tito Livio como Dionisio de Halicarnaso cuentan la historia fielmente, al menos en sus rasgos esenciales. El relato de Tito Livio sobre la historia de Virginia es una representación de la tradición romana, lo cual se evidencia por su concordancia con el relato de Dionisio de Halicarnaso. Esta tradición es valiosa, incluso si los eventos no ocurren exactamente como se describen. Además, cuando los detalles jurídicos del relato coinciden con información de otras fuentes, se refuerza la credibilidad y la precisión de esta literatura histórica.

Asimismo, y con independencia de si el juicio realmente tuvo lugar, es evidente que los historiadores atribuyen discursos y alegatos, que siguen las reglas del procedimiento, a los personajes del caso[97]. En concreto, Livio asigna a cada uno de los actores del juicio de Virginia un lenguaje acorde con su papel y las circunstancias. Estos discursos son mucho más interesantes que los presentados por los historiadores griegos, probablemente porque aún presencia en su época cómo se desarrollan los juicios de libertad conforme a la *legis actio per sacramentum* e intenta reproducirlos, al menos de manera general, en su relato[98].

I.3. SUJETOS IMPLICADOS

En el relato de Virginia encontramos los siguientes personajes que deben ser conocidos por el lector antes de proceder al estudio del procedimiento: Apio Claudio, presidente de los *decemviri legibus scribundis*; su cliente, M. Claudio; Virginia, joven plebeya; su padre, Lucio Virginio; su prometido y antiguo tribuno de la plebe, L. Icilio; y su abuelo/tío materno, P. Numitorio.

Para conocer brevemente a cada uno de ellos tomaremos como referencia, una vez más, los relatos de Tito Livio y Dionisio de Halicarnaso, dejando al margen el relato de Diodoro, dado que desarrolla la historia sin mencionar los nombres y restringiendo el número de personajes: Apio Claudio es εἷς δὲ ἐξ αὐτῶν; Virginia es una εὐγενῆς παρθένος πενιχρά y no intervienen otros perso-

---

96. En este sentido, J. C. VAN OVEN, *Le procès de Virginie*, cit., p. 168.

97. G. DE SANCTIS, *Storia dei Romani*, cit., p. 47, señala que es un error utilizar estas fantasías jurídicas para delinear el verdadero curso del juicio de Virginia o para reconstruir el antiguo procedimiento legal. La leyenda contiene elementos irracionales que son indispensables para la narración poética como, por ejemplo, la adjudicación inmediata de la muchacha a su cliente por parte del decenviro, algo que no hubiera podido hacer ni definitiva ni provisionalmente.

98. *Vid.* M. NICOLAU, *Causa liberalis*, cit., pp. 184 s.

najes como el prometido, Lucio Icilio. Se podría pensar que son personajes ficticios que habrían sido creados por los historiadores para nutrir sus leyendas. Sin embargo, como ya hemos advertido en el apartado anterior, parece poco probable.

1. Apio Claudio Craso

Resulta conveniente comenzar con uno de los principales protagonistas de esta historia: Apio Claudio, cuya intervención provoca todos los acontecimientos que describimos en este trabajo.

Pertenece a la *gens* Claudia y a una de sus más antiguas y famosas familias patricias: los Claudios Crasos. La familia de los Claudios es muy poderosa en esa época. Suetonio señala que tuvieron veintiocho consulados, cinco dictaduras, siete censuras, seis triunfos y dos ovaciones.

Suet. *Tib.* 1: *Patricia gens Claudia fuit enim et alia plebeia, nec potentia minor nec dignitate -orta est ex Regillis oppido Sabinorum. Inde Romam recens conditam cum magna clientium manu conmigravit auctore Tito Tatio consorte Romuli, vel, quod magis constat, Atta Claudio gentis principe, post reges exactos sexto fere anno; atque in patricias cooptata agrum insuper trans Anienem clientibus locumque sibi ad sepulturam sub Capitolio publice accepit. Deinceps procedente tempore duodetriginta consulatus, dictaturas quinque, censuras septem, triumphos sex, duas ovationes adepta est. Cum praenominibus cognominibusque variis distingueretur ...*

Todos los Claudios pertenecieron siempre a la clase de los optimates[99] y fueron defensores de la dignidad y del poder de los patricios. Suetonio remarca su enemistad con la plebe, hasta el punto de que ninguno de ellos, incluso siendo reo de pena capital, aceptó cambiar de vestido ante el pueblo y suplicarle su perdón[100].

Suet. *Tib.* 2: *Praeterea notatissimum est, Claudios omnis, excepto dum taxat P. Clodio, qui ob expellendum urbe Ciceronem plebeio homini atque etiam natu minori in adoptionem se dedit, optimates adsertoresque unicos dignitatis ac potentiae patriciorum semper fuisse atque adversus plebem adeo violentos et contumaces, ut ne capitis quidem quisquam reus apud populum mutare vestem aut deprecari sustinuerit.*

---

99. Encontramos una excepción en Publio Clodio quien, para poder expulsar de Roma a Cicerón, se hace adoptar por un plebeyo, que, además, es más joven que él.

100. Esta idea es expresada también por Liv. 2.56.7: *Is, cum Volero nihil praeterquam de lege loqueretur, insectatione abstinens consulum, ipse incusationem Appi familiaeque superbissimae ac crudelissimae in plebem Romanam exorsus, cum a patribus non consulem, sed carnificem ad vexandam et lacerandam plebem creatum esse contenderet, rudis in militari homine lingua non suppetebat libertati animoque.*

Sabemos también por el testimonio de Tito Livio que Apio es sobrino de Cayo Claudio, un firme defensor de los intereses de la nobleza que, por odio a los crímenes de los decenviros y sobre todo por aversión a la tiranía de su sobrino, se retira a Regilio, patria de sus antepasados.

Liv. 3.35.9: ... *deiectisque honore per coitionem duobus Quinctiis, Capitolino et Cincinnato, et patruo suo C. Claudio, constantissimo viro in optimatium causa, et aliis eiusdem fastigii civibus...*

Liv. 3.58.1: *Claudius, qui perosus decemvirorum scelera et ante omnes fratris filii superbiae infestus Regillum, antiquam in patriam...*

Por lo que se refiere a su carrera política, según los *fasti* consulares, es cónsul en el año 471 a. C., si bien es una cuestión controvertida. Livio indica que en ese año su padre es nombrado cónsul y no él[101]. Sin embargo, Apio Claudio aparece nombrado cónsul por segunda vez[102] en los *Fasti Capitolini*.

Asimismo, es uno de los patricios más influyentes. En el año 451 a. C. es nombrado cónsul junto con T. Genucio y después ocupan el puesto de *decenviri legibus scribundis*[103]. Durante su mandato Apio Claudio trata de ganarse los favores de la plebe[104]. Como no finalizan su tarea, se nombra un segundo colegio y Apio Claudio es nombrado presidente de los *decemviri legis scribundis*[105].

Su actuación tiránica será recordada muchos años después por los adversarios políticos que no tienen ninguna intención de desaprovechar los crímenes cometidos por la familia Claudia en contra de la República.

Liv. 9.34.1-5: *Haec sine ullius adsensu cavillante Appio «en» inquit, «Quirites, illius Appi progenies, qui decemvirum in annum creatus altero anno se ipse creavit, tertio nec ab se nec ab ullo creatus privatus fasces et imperium obtinuit, nec ante continuando abstitit magistratu quam obruerent eum male parta, male gesta, male retenta imperia. Haec est eadem familia, Quirites, cuius vi atque iniuriis compulsi, extorres patria Sacrum montem cepistis; haec, adversus quam tribunicium auxilium vobis comparastis; haec, propter quam duo exercitus Aventinum insedistis; haec, quae fenebres leges, haec, quae agrarias semper impugnavit; haec conubia patrum et plebis interrupit; haec plebi ad curules magistratus iter obsaepsi*[106].

---

101. Liv. 2.56.5.

102. *Vid*. T. R. S. BROUGHTON, *The magistrates of the Roman Republic*, cit., pp. 30 y 45.

103. Según Liv. 3.56.9, abandona el consulado para redactar las leyes. *Vid*. T. R. S. BROUGHTON, *The magistrates of the Roman Republic*, cit., p. 45.

104. Dion. Hal. 9.48-54.

105. Parece que Apio Claudio había asumido ya la dirección del primer decenvirato con el apoyo de la plebe. *Vid*. Liv. 3.33.7 y Dion. Hal. 11.28.3.

106. Es posible que también se haga referencia a este suceso por el tribuno de la plebe Cayo Canuleyo. Liv. 4.4.8: *Nemo plebeius patriciae virgini vim adferret; patriciorum ista libido est; nemo invitum pactionem nuptialem quemquam facere coegisset.*

2. Marco Claudio

También es importante en esta historia la figura de Marco Claudio, joven cliente de Apio, de quien no tenemos constancia en las fuentes, salvo las referencias que Tito Livio y Dionisio de Halicarnaso hacen a este personaje como cliente de Apio Claudio.

En el caso de Dionisio de Halicarnaso, le presenta como un hombre audaz y dispuesto a cualquier servicio[107]. En el relato de Diodoro, en cambio, ni siquiera se menciona y se utiliza la expresión συκοφάντης, quizás porque entiende que los clientes no tienen plena capacidad para litigar en esos momentos y deben ser representados por su patrón[108].

3. L. Virginio

Pasemos a continuación con el padre de Virginia, *L. Virginius*[109].

Aunque Tito Livio utiliza el plural para referirse a los hijos de Virginio[110], no tenía más hijos que Virginia.

Sobre este personaje hemos creído conveniente centrarnos en dos cuestiones: la primera, relacionada con su *status*; la segunda, con su posición en el ámbito político y militar.

Si atendemos a la primera cuestión, los relatos de los historiadores arrojan dudas sobre el origen social de esta familia[111], de modo que deben tomarse en consideración las diversas referencias que se hacen a esta cuestión:

Liv. 3.44.2: *Pater virginis, L. Verginius, honestum ordinem in Algido ducebat, vir exempli recti domi militiaeque.*

Cic. *de fin.* 2.66: *... tenuis Lucius Verginius unusque de multis sexagesimo anno post libertatem receptam virginem filiam sua manu occidit potius, quam ea Ap. Claudii libidini, qui tum erat summo <ne> imperio, dederetur.*

Diod. 12.24.2: *... εὐγενής πάρθενος πενιχρά ...*

Dion. Hal. 11.28.1: Λεύκιος Οὐεργίνιος, οὐδενὸς χείρων τὰ πολεμικά, λόχου τινὸς ἡγεμονίαν ἔχων ἐν τοῖς πέντε τάγμασιν ἐτάχθη τοῖς ἐπ᾽ 2Αἰκανοὺς στρατευσαμένοις.

Dion. Hal. 11.28.4: *... ὡς δ᾽ οὐκ ἠδύνατο πρὸς γάμον αὐτὴν λαβεῖν ἐκείνην τε ὁρῶν ἐγγεγυημένην ἑτέρῳ καὶ αὐτὸς ἔχων γυναῖκα γαμετήν, καὶ ἅμα οὐδ᾽ ἀξιῶν ἐκ*

---

107. Dion. Hal. 11.28.5.

108. *Vid.* R. MASCHKE, *Freiheitsprozess im klassischen Altertum*, cit., p. 42; T. MOMMSEN, *Römische Forschungen*, cit., pp. 372 ss.

109. Su nombre varía según la fuente: Diodoro no lo menciona (Diod. 12.24); Cic. *rep.* 3.44 recoge el nombre de *Decimus*; Liv. 3.44.2, Dion. Hal. 11.28.1 y Cic. *de fin.* 2.66 lo llaman *L. Virginius*.

110. Liv. 3.44.2: *Perinde uxor instituta fuerat liberique instituebantur.*

111. Parece que los *Verginii* fueron un linaje de origen etrusco y habrían tenido una rama patricia y otra plebeya. Estas dos ramas estarían atestiguadas principalmente para los dos primeros siglos de la República. *Vid.* P. C. RANOUIL, *Recherches sur le patriciat*, cit., pp. 143 ss.

δημοτικοῦ γένους ἁρμόσασθαι γάμον δι᾿ ὑπεροψίαν τῆς τύχης καὶ ὡς παρὰ τὸν νόμον ὃν αὐτὸς ἐν ταῖς δώδεκα δέλτοις ἀνέγραψε... Más adelante vuelve a hacer referencia a su condición plebeya. Dion. Hal. 11.30.1: ἄρχοντα εἰρῆσθαι προσήκοντα εἶπε· πατέρα μὲν οὖν εἶνα τῆς κόρης λέγων Οὐεργίνιον ἐκ τῶν δημοτικῶν.

Val. Max. *fact. et dict. mem.* 6.1.2 : ... *Verginius plebei generis, sed patricii uir spiritus* ...

A la vista de todas estas fuentes procede analizar brevemente la expresión de Tito Livio *"honestum ordinem in Algido ducebat"* para averiguar cuál sería su significado y, por tanto, cuál sería el *status* de Virginio[112]. En este sentido, las interpretaciones son variadas: desde pensar que su origen podría haber sido patricio[113] y haber obtenido una *transitio ad plebem* hasta que habría sido un cliente de alto rango o un *gentilis*[114].

Es posible que algunos plebeyos pudieran servir en las centurias ecuestres, pero de igual forma es cierto que el nombre de *Verginius* también pertenece a una *gens* muy numerosa de la época. Si tenemos en cuenta el adjetivo *"honestum"* en el siglo I a. C. se utiliza para designar a los miembros del orden ecuestre[115].

Sin embargo, Cicerón se refiere a Virginio como un "hombre de condición modesta y perteneciente a la plebe" y, en cambio, Diodoro presenta a Virginia como una εὐγενῆς παρθένος πενιχρά, esto es, una joven de familia noble pero pobre (Diod. 12.24.2). El relato de Diodoro se autolimita aún más que otras versiones, omitiendo el nombre y el *status* de Virginio y presentando a la muchacha como patricia. Todo ello podría sugerir que quiera presentar el régimen decenviral como un gobierno arbitrario de una oligarquía mixta de patricios y plebeyos y no como una tiranía de los patricios contra los plebeyos[116].

---

112. *Vid.* J. CELS-SAINT-HILAIRE, *Virginie, la clièntele et la liberté plébéienne,* cit., p. 29; C. NICOLET, *L'ordre équestre à l'époque républicaine (312-43 av. J.-C). I. Définitions juridiques et structures sociales,* Paris 1966, pp. 194 s. y 199 ss.

113. En este sentido E. TÄUBLER, *Untersuchungen zur Geschichte des Decemvirat,* cit., p. 24; J. BELOCH, *Römische Geschichte bis zum Beginn der punischen Kriege,* Berlin 1926, pp. 22 ss.

114. Virginio podría ser una de esas personas a las que los textos, para el período arcaico, designan como gentiles —cercanos al patrón de la gens, pero no patricios—; así Cic. *Top.* 29, los define mediante un conjunto necesario y suficiente de cuatro caracteres: *Sic igitur veteres praecipiunt: cum sumpseris ea quae sint ei rei quam definire velis cum aliis communia, usque eo persequi, dum proprium efficiatur, quod nullam in aliam rem transferri possit. Ut haec: Hereditas est pecunia. Commune adhuc; multa enim genera pecuniae. Adde quod sequitur: quae morte alicuius ad quempiam pervenit. Nondum est definitio; multis enim modis sine hereditate teneri pecuniae mortuorum possunt. Unum adde verbum: iure; iam a communitate res diiuncta videbitur, ut sit explicata definitio sic: Hereditas est pecunia quae morte alicuius ad quempiam pervenit iure. Nondum est satis; adde: nec ea aut legata testamento aut possessione retenta; confectum est. Itemque: Gentiles sunt inter se qui eodem nomine sunt. Non est satis. Qui ab ingenuis oriundi sunt. Ne id quidem satis est. Quorum maiorum nemo servitutem servivit. Abest etiam nunc. Qui capite non sunt deminuti. Hoc fortasse satis est.*

115. C. NICOLET, *L'Ordre équestre à l'époque républicaine,* cit., pp. 199 s.

116. En este sentido, R. MASCHKE, *Freiheitsprozess im klassischen Altertum,* cit., p. 43.

Por su parte, Dionisio de Halicarnaso se refiere en dos ocasiones a la condición plebeya de Lucio Virginio: la primera, para presentar al padre como un hombre plebeyo no inferior a nadie en cuestiones bélicas; la segunda, para advertir que Apio Claudio no consideraba digno concertar un matrimonio con una familia plebeya.

Por tanto, si atendemos a esta observación, lo más probable es que Virginio perteneciera a la estirpe plebeya de los *Verginii*[117].

Por lo que se refiere a la segunda de las cuestiones, tuvo que destacar por sus cualidades militares. Mientras Diodoro o Cicerón no mencionan que Virginio sea soldado, Tito Livio destaca su papel como centurión en el Álgido y como hombre recto tanto en la vida civil como en la militar.

Liv. 3.44.2: *Pater virginis, L. Verginius, honestum ordinem in Algido ducebat, vir exempli recti domi militiaeque.*

Más adelante, Livio se refiere, de nuevo, a su valentía y trayectoria bélica cuando Virginio pide ayuda a la gente ante la injusticia que se va a cometer contra su hija.

Liv. 3.47.2: *Circumire ibi et prensare homines coepit et non orare solum precariam opem, sed pro debita petere: se pro liberis eorum ac coniugibus cottidie in acie stare, nec alium virum esse cuius strenue ac ferociter facta in bello plura memorari possent.*

Por su parte, Dionisio de Halicarnaso es mucho más preciso y presenta a Virginio como un hombre plebeyo, sin igual en la guerra, que tiene el mando de una centuria en una de las cinco legiones que ha tomado el campo contra los aqueos:

Dion. Hal. 11.28.2: ἀνὴρ ἐκ τῶν δημοτικῶν, Λεύκιος Οὐεργίνιος, οὐδενὸς χείρων τὰ πολεμικά, λόχου τινὸς ἡγεμονίαν ἔχων ἐν τοῖς πέντε τάγμασιν ἐτάχθη τοῖς ἐπ᾽ Αἰκανοὺς στρατευσαμένοις.

En el ámbito político Virginio destaca también como tribuno de la plebe. Tras el levantamiento de la plebe y la caída del decenvirato se vuelven a nombrar tribunos de la plebe y Virginio es uno de los primeros tribunos elegidos en el año 449 a. C.

Liv. 3.54.11: *Ibi extemplo pontifice maximo comitia habente tribunos plebis creaverunt, omnium primum L. Verginium, inde L. Icilium et P. Numitorium, auunculum Verginiae, auctores secessionis…*

Asentado el poder tribunicio y la libertad de la plebe, se inicia el procesamiento de los exdecenviros y Virginio acusa a Apio Claudio de negar la libertad provisional a una persona libre decretando ilegalmente su esclavitud. Tras varios intentos de obtener clemencia y perdida toda esperanza, Apio se quita la vida (Liv. 3.58.6)[118]. A su vez, su cliente M. Claudio es de-

---

117. *Vid.* también p. 47 de este trabajo.
118. En cambio, Dion. Hal. 11.46.3 establece que fue condenado a morir en la cárcel por orden de los tribunos de la plebe.

mandado y condenado, pero indultado de la pena capital por el propio L. Virginio y enviado al exilio en Tibur.

4. Numitoria

De la madre de Virginia tampoco tenemos constancia en las fuentes. Sería una Numitoria, pues se menciona al abuelo o tío materno, P. Numitorio[119], al inicio del juicio de libertad entablado contra Virginia.

Liv. 3.46.5: *... placuit omnium primum fratrem Icili filiumque Numitori, impigros iuvenes, pergere inde recta ad portam, et quantum adcelerari posset Verginium acciri e castris ...*

Dionisio describe a Numitoria como una mujer virtuosa y buena que ha muerto no muchos años antes: μητέρα δὲ γενέσθαι Νομιτωρίαν τὴν ἀδελφὴν τὴν ἑαυτοῦ, σώφρονα καὶ ἀγαθὴν γυναῖκα, ἣν οὐ πολλοῖς πρότερον ἐνιαυτοῖς ἀποθανεῖν· τραφεῖσαν δὲ τὴν παρθένον...[120].

5. Icilio y Numitorio

Las fuentes ofrecen muy pocos detalles sobre el prometido y el abuelo o tío materno de Virginia. Icilio y Numitorio son plebeyos cuyos nombres coinciden con los dos tribunos que son elegidos por los comicios por tribus en virtud de la *lex Publilia* en el 471 a. C.[121]. Tanto en el relato de Livio como en el de Dionisio de Halicarnaso se muestran, junto con el padre de Virginia, como los instigadores de la revuelta en los dos ejércitos[122].

Liv. 3.54.11: *omnium primum L. Verginium, inde L. Icilium et P. Numitorium, auunculum Verginiae, auctores secessionis.*

Por lo que se refiere a Lucio Icilio, se presenta como un hombre activo y enérgico, que ha demostrado su valor en sus luchas en favor de la plebe.

Liv. 3.44.3: *Desponderat filiam L. Icilio tribunicio, viro acri et pro causa plebis expertae virtutis.*

Por su parte, Dionisio de Halicarnaso señala que es un antiguo tribuno e hijo del Icilio que instituyó y recibió por primera vez el poder tribunicio:

---

119. Liv. 3.54.11 menciona a P. Numitorio como uno de los tribunos elegidos en el año 449 a. C.

120. Dion. Hal. 11.30.1. También se menciona que Virginia es huérfana de madre en Dion. Hal. 11.28.4.

121. Liv. 2.56-58. Según J. CELS-SAINT-HILAIRE, *Virginie, la clièntele et la liberté plébéienne*, cit., p. 28, sin duda, son "plebeyos" en el sentido antiguo del término: *qui gentem non habent* (Liv. 10.8.9).

122. M. Duilio, a su vez otro de los tribunos elegidos en el año 471 a. C., encabeza el levantamiento de la "plebe" en la ciudad; los cuatro son elegidos tribunos de la plebe en las elecciones que siguen al restablecimiento de la República en el año 449 a. C. *Cfr.* Liv. 3.54.11-13.

Dion. Hal. 11.28.2: ... ἣν ἐνεγγυήσατο Λεύκιος εἷς ἐκ τῶν δεδημαρχηκότων υἱὸς Ἰκιλίου τοῦ πρώτου τε καταστησαμένου τὴν δημαρχικὴν...

Las fuentes mencionan a un tal Icilio en tres momentos diferentes, pero no es posible saber si son la misma persona, puesto que "Icilio" es un apellido que podría estar refiriéndose a otros miembros de la familia. No queda claro en ninguno de los relatos de los dos historiadores que se estén refiriendo al hombre que en el año 456 a. C. aprueba la *lex Icilia de Aventino publicando*[123], ni tampoco el que consigue que la revolución sea un éxito después de la muerte de Virginia. Tampoco consta que sea el hombre al que Apio alaga cuando en la campaña electoral para nombrar el segundo decenvirato se rodea de grandes hombres de la plebe, entre los cuales se encuentra un Icilio.

Liv. 3.35.5: ... *Criminari optimates, extollere candidatorum levissimum quemque humillimumque, ipse medius inter tribunicios, Duillios Iciliosque, in foro volitare* ...

Por su parte, Numitorio es presentado por Dionisio de Halicarnaso como un hombre distinguido entre los plebeyos (ἀνὴρ ἐκ τῶν δημοτικῶν ἐμφανής)[124].

Asimismo, hay confusión en los relatos sobre su condición respecto a Virginia: en unos casos se presenta como su tío materno (Dion. Hal. 11.28.7 y 11.30.1; Liv. 3.54.11); en otro, como su abuelo (Liv. 3.45.4). En un momento determinado (cuando se envían mensajeros a Virginio), Livio menciona al hijo de Numitorio, un joven activo, lo cual podría hacer pensar que sea su tío y no su abuelo.

Liv. 3.46.5: ... *placuit omnium primum fratrem Icili filiumque Numitori, impigros iuvenes...*[125]

6. Virginia

Hemos dejado para el final a Virginia que es una de las principales protagonistas de la historia y, sin embargo, queda en segundo plano por la posición que en estos momentos asume la mujer en Roma. Como expresa Cantarella, Virginia no pronuncia una sola palabra ni tampoco se alude a sus sentimientos o a la opinión que pueda tener sobre todo lo que está ocurriendo a su alrededor[126].

---

123. *Vid.* Liv. 3.31.1; 32.7; 44.3; 46.2; Dion. Hal. 10.31.1-32.5; 33.1; 40.1.

124. Dion. Hal. 11.28.7.

125. En este sentido también Dion. Hal. 11.33.3: ... *Νομιτωρίου τε υἱὸς καὶ ἀδελφὸς Ἰκιλίου...* νεανίαι λήματος πλήρεις ἀπὸ ῥυτῆρος καὶ μετὰ μάστιγος ἐλαθεῖσι τοῖς ἵπποις.

126. E. CANTARELLA, *Pasado próximo*, cit., p. 76.

Por lo que se refiere a su *status*, y como ya hemos visto anteriormente con relación a su padre, es descrita por Tito Livio como *virgo plebeia*[127]. No obstante, hay quienes han visto un origen patricio como consecuencia del vocabulario de Diodoro cuando se refiere a la joven con el término εὐγενῆς (Diod. 12.24.2)[128].

Sin embargo, si Virginia hubiera sido patricia, formaría parte de una *gens* y sería extraño que no hubiera encontrado *gentiles* dispuestos a salir en su defensa. Además, sería más difícil creer que Apio se hubiera atrevido a iniciar una *causa liberalis* contra ella[129].

Sobre la edad de Virginia, Tito Livio habla de *virginem adultam forma excellentem*[130]. Por su parte, Dionisio de Halicarnaso señala que era una muchacha casadera[131] y se refiere en dos ocasiones a la edad de quince años.

Dion. Hal. 11.30.2: ἐν δὲ τοῖς μεταξὺ χρόνοις οὐκ ἐλαττόνων ἢ πεντεκαίδεκα διεληλυθότων ἐτῶν οὐδὲν τοιοῦτον ἐπιχειρήσαντα πρὸς αὐτοὺς εἰπεῖν Κλαύδιον, ἐπειδὴ³ γάμων ἡ παῖς ἔσχεν ὥραν καὶ διαφέρειν δοκεῖ τὴν ὄψιν, ἐροῦντα⁴ ἥκειν ἀναίσχυντον συκοφάντημα πλάσαντα, οὐκ ἀπὸ τῆς ἑαυτοῦ γνώμης...

Dion. Hal. 11.34.4: οὔτε γὰρ ἂν τὸν μηνυτὴν οὔτε τοὺς μάρτυρας κατασχεῖν ἐν πεντεκαίδεκα.

También podemos extraer de los textos que está prometida con Icilio y que sigue asistiendo al foro[132], pues es allí donde Apio la ve todos los días y se enamora de ella.

---

127. Liv. 3.44.2. En cambio, Diod. 12.24.2 presenta a Virginia como una una joven de familia noble pero pobre (εὐγενῆς πάρθενος πενιχρά).

128. *Vid.* G. POMA, *Tra legislatori e tiranni.* cit., p. 123, nt. 58.

129. C. APPLETON, *Trois épisodes de l'histoire ancienne de Rome*, cit., p. 651, entiende que no hay una contradicción entre Diodoro y los demás historiadores sobre la condición de Virginia: quiso decir que Virginia es pobre e ingenua. En este mismo sentido, E. PAIS, *Storia di Roma*, p. 551, nt. 1; J. BAYET, *Tite-Live. Histoire romaine,* cit., p. 136. Por su parte, A. SCHMIDT, *Der Prozess um Freiheit der Virginia*, cit., p. 73, es partidario de identificar a Virginia como plebeya.

130. Liv. 3.44.2.

131. Dion. Hal. 11.28.3.

132. Liv. 3.44.6: ... *Virgini venienti in forum—ibi namque in tabernaculis litterarum ludi erant—*... Por su parte, Dion. Hal. 11.28.3 explica que las escuelas están en aquel tiempo cerca del foro: ἦν δὲ τὰ διδασκαλεῖα τότε τῶν παίδων περὶ τὴν ἀγοράν.

II.
GÉNESIS DE LA *CAUSA LIBERALIS*

Una vez expuesto el contexto político anterior y coetáneo al proceso contra Virgina, debemos prestar especial atención a un presupuesto de la *causa liberalis*: el origen de la esclavitud y su momento de difusión. Son muchos los autores que han escrito sobre este tema y, por tanto, muchas y muy diversas las teorías formuladas al respecto: desde quienes sitúan el origen de la esclavitud y, por consiguiente, de los procesos de libertad ya en época antigua[133] hasta quienes no vislumbran su existencia hasta el siglo IV a. C., momento de máxima difusión de la esclavitud como consecuencia de la expansión territorial de Roma[134].

Franciosi es uno de los autores que profundiza en esta última hipótesis y a lo largo de su trabajo intenta esgrimir las razones que le llevan a concluir que no puede hablarse de un proceso de libertad hasta el siglo IV a. C., al menos para las personas que se encuentran sometidas a la *patria potestas*[135]. En su opinión, es en este momento cuando las conquistas de Roma aportan un número considerable de esclavos y nace el latifundio con la necesidad de mano de obra servil. Asimismo, la difusión de la esclavitud no tiene lugar hasta este momento[136] y por tanto no puede plantearse ninguna discusión entre libertad y esclavitud, si bien pueden darse casos aislados de disputa

---

133. *Vid.* P. F. GIRARD, *Histoire de l'organisation judiciaire des Romains*, vol. I, París 1901, p. 74, nt. 2; C. APPLETON. *Trois épisodes de l'histoire ancienne de Rome*, cit., p. 595; M. NICOLAU, *Causa liberalis*, cit., pp. 176 y 180; P. NOAILLES, *Du droit sacré*, cit., pp. 178 y 195.

134. En este sentido, G. FRANCIOSI, *Il processo di libertà in diritto romano*, Napoli 1961, pp. 1 ss.

135. *Vid.* también V. ARANGIO RUIZ, *Istituzioni di diritto romano*, Napoli 1949, p. 480; E. JOBBÉ-DUVAL, *Études sur l'histoire de la procédure civile chez les romains*. I. *La procedure par le pari (agere per sponsionem)*, Paris 1896, pp. 373 ss.

136. Según Plin. *Nat. Hist.* 33.1, la esclavitud no existe o es un fenómeno de poca cuantía.

sobre el *status* de un individuo, que serían resueltos por la práctica[137]. Franciosi aduce que Roma se convierte en un estado esclavista en la época de las guerras samnitas y, principalmente, en aquella de las guerras púnicas[138]. Con anterioridad falta la fuente necesaria para la esclavitud: el prisionero de guerra[139]. También considera que la primera prueba segura de existencia de la esclavitud se sitúa en el tratado de Cartago del 306 a. C. que prohíbe la venta de esclavos cartagineses en los puertos romanos[140].

Pese a que las argumentaciones de Franciosi son sólidas, no podemos estar de acuerdo con ellas si tenemos en cuenta las referencias que las fuentes hacen tanto a la esclavitud como a los procesos de libertad en la época predecenviral. Veamos a continuación algunas de ellas.

Lo que queda fuera de toda discusión es que la esclavitud existe ya en la primera época de la historia romana. Sin embargo, en estos momentos encontramos un pueblo romano pobre y guerrero, sencillo en sus costumbres, que desprecia los oficios, pero honra y practica la agricultura, de modo que la esclavitud se desarrolla muy poco en estos momentos[141].

Por lo que se refiere al número de esclavos, sin duda no debe ser considerable. En los primeros tiempos, el patrimonio de un romano se calcula por acres y para asegurarse de que el *pater familias* es el dueño de su campo, su extensión no puede superar la medida de su fuerza[142]. En las fuentes se hace referencia a la extensión habitual de la tierra en esos momentos y parece contabilizarse entre los dos y los siete acres:

Plin. *Nat. Hist.* 18.24: *Binaque tunc jugera populo romano satis erant, nullique majorem modum attribuit Romulus.*

Plin. *Nat. Hist.* 18.48: *Haec autem mensura plebei post exactes reges assignata est.*[143].

Es lógico pensar que una extensión de tierra tan reducida no precise de mucha mano de obra y en su mayor parte esté conformada por los clientes, de modo que no sean necesarios muchos esclavos.

---

137. G. FRANCIOSI, *Il processo di libertà*, cit., pp. 1 ss; ID., *Il processo di Virginia*, cit., pp. 20 ss.

138. La segunda mitad del siglo IV a.C. es un momento en el que las guerras de Roma con otros pueblos provocan una afluencia de prisioneros de guerra que caen en esclavitud. Liv. 7.17 habla de 8000 prisioneros etruscos, en el 346 a.C. y Diod. 20.8.3 haba de 5000 en el 307 a. C. *Vid.* L. CLERICI, *Economia e finanza dei romani*, Bologna 1943, pp. 124 y 130; F. DE MARTINO, *Storia della costituzione romana*, Napoli 1951, p. 47.

139. G. FRANCIOSI, *Il processo di Virginia*, cit., p. 4.

140. Disposición que, en cambio, no se encuentra en el tratado del 348 a. C. *Vid.* Pol. 3.24.1-8.

141. H. WALLON, *Histoire de l'esclavage dans l'antiquité*, Tomo 2, Paris 1879, pp. 4-5.

142. Colum. *de re rust.* 1.3.9: *Imbecilliorem agrum quam agricolam esse debere.*

143. Cfr. también Val. Max. 4.3.5. H. WALLON, *Histoire de l'esclavage*, cit., p. 7, señala que en estos momentos el tamaño del campo no debe exceder la medida de la fuerza de un *pater familias*. Manio Curio, el conquistador de los samnitas, declara ciudadano peligroso a cualquiera para quien esta medida no sea suficiente. Cfr. Plin. *Nat. Hist.* 18.5.3.

Tampoco parece que los oficios sean una fuente importante de esclavitud, dado que permanecen en buena parte en manos de la población libre. El trabajo relacionado con la vida doméstica dentro de la casa corresponde a la matrona y los oficios no están bien vistos entre la clase patricia[144], de modo que se ejercen por las familias recién llegadas a Roma y unidas a los patricios por la relación de clientela. Por tanto, se localizan esclavos que ayudan al *pater familias* con la cosecha y mujeres esclavas que comparten el trabajo con la matrona, pero el número es reducido. También descubrimos algunos esclavos entre los servidores de los magistrados, si bien es más habitual que las tareas públicas sean ejercidas por hombres libres (*apparitores*).

Para conformarse una idea sobre la situación de la esclavitud en época antigua es necesario valorar el número de población libre y esclava de la época. Para ello contamos con el censo que según Aurelio Víctor es creado por Servio Tulio y que se actualiza cada lustro:

Aur. Vict. *de vir. ill.* 7: ... *mensuras, pondera, clases, ceturiasque constituit.*

En esta misma línea, otro texto de Tito Livio confirma que ya en época de Servio Tulio podemos hablar del censo, una herramienta que será crucial para asignar los distintos deberes de un ciudadano en función de sus propiedades.

Liv. 1.42.4-5: ... *ut quemadmodum Numa divini auctor iuris fuisset, ita Servium conditorem omnis in civitate discriminis ordinumque quibus inter gradus dignitatis fortunaeque aliquid interlucet posteri fama ferrent. Censum enim instituit, rem saluberrimam tanto futuro imperio, ex quo belli pacisque munia non viritim, ut ante, sed pro habitu pecuniarum fierent; tum classes centuriasque et hunc ordinem ex censu discripsit, vel paci decorum vel bello.*

Por su parte, Dionisio de Halicarnaso ofrece una idea del número de esclavos un año después de la derrota de los tirrenos cuando son nombrados cónsules Espurio Servilio y Aulo Virginio (476 a. C.[145]) y, por tanto, unos años antes del proceso contra Virginia.

Dion. Hal. 6.96.4: ἐγένετο δὲ καὶ τίμησις ἐν τῷ χρόνῳ τούτῳ διὰ τῶν ὑπάτων· ἐξ ἧς εὑρέθησαν ὑπὲρ ἔνδεκα πάντων μυριάδες αἱ τιμησάμεναι.

---

144. Dion. Hal. 9.25.2 señala la prohibición de que los ciudadanos puedan vivir del comercio o de la industria: οὐδενὶ γὰρ ἐξῆν Ῥωμαίων οὔτε κάπηλον οὔτε χειροτέχνην βίον ἔχειν. Asimismo, Val. Max. 3.4.2 recoge el desprecio que los ciudadanos muestran por los mercaderes: *Tarquinium autem ad Romanum imperium occupandum fortuna in urbem nostram aduexit, alienum, quod ~ exactu, alieniorem, quod ortum Corintho, fastidiendum, quod merca<to>re genitum, erubescendum, quod etiam exule [Demarato] natum patre.*

145. T.R.S. BROUGHTON, *The Magistrates of the Roman Republic*, cit., p. 27.

Estos datos permiten concluir que el número de esclavos en proporción al de los hombres libres es bajo[146], si bien se constata que la esclavitud es ya una institución arraigada en estos momentos y así queda contabilizada dentro del resto de individuos de la *civitas*.

Parece probable que, con la influencia del mundo etrusco, se introducen los primeros contingentes de esclavos en Roma[147]. Ello explicaría que en la época de los decenviros todavía no encontremos asentada una regulación propiamente dicha sobre la esclavitud y los procesos de libertad. Sin embargo, esto no significa que no se planteen ya cuestiones sobre el *status libetatis* de una persona. Que no esté plenamente difundida la esclavitud, no comporta que no haya casos que requieran una solución. Son precisamente esas primeras normas las que conocen su pleno desarrollo en época clásica.

También encontramos referencias de Tito Livio que permiten pensar en la esclavitud como una institución arraigada en el ordenamiento jurídico romano.

Bajo el consulado de Marco Minucio y Aulo Sempronio (491 a. C.[148]) se deciden repetir los *Ludi Romani* como consecuencia de que un *pater familias*, después de azotar a su esclavo, lo arrastra por el Circo Máximo. Este acto aparentemente irrelevante desde el punto de vista religioso es interpretado como un mal presagio, lo que lleva a la necesidad de reiniciar los juegos para evitar un peligro para la ciudad.

Liv. 2.36.1-2: *Ludi forte ex instauratione magni Romae parabantur. Instaurandi haec causa fuerat. Ludis mane servum quidam pater familiae, nondum commisso spectaculo, sub furca caesum medio egerat circo; coepti inde ludi, velut ea res nihil ad religionem pertinuisset. Haud ita multo post Tito Latinio, de plebe homini, somnium fuit; visus Iuppiter dicere sibi ludis*

---

146. M. DUREAU DE LA MALLE, *Économie politique des Romains*, vol. I, Paris 1840, p. 225, haciendo un cálculo de la población, llega a la conclusión de que hay 32.524 extranjeros o libertos y 17.186 esclavos y que, por tanto, la proporción entre la población libre y la población esclava es de 25/1. Por su parte, H. WALLON, *Histoire de l'esclavage*, cit., p. 14, cree que la cifra de esclavos sería superior y que abarcaría casi la totalidad de ambas cifras.

147. E. BENVENISTE, "Le nom de l'esclave à Rome", en *REL* 10 (1932), pp. 429 ss. afirma el origen etrusco de la esclavitud. En esta línea, Diod. 5.40.3: Χώραν δὲ νεμόμενοι πάμφορον, καὶ ταύτην ἐξεργαζόμενοι, καρπῶν ἀφθονίαν ἔχουσιν οὐ μόνον πρὸς τὴν ἀρκοῦσαν διατροφήν, ἀλλὰ καὶ πρὸς ἀπόλαυσιν δαψιλῆ καὶ τρυφὴν ἀνήκουσαν. παρατίθενται γὰρ δὶς τῆς ἡμέρας τραπέζας πολυτελεῖς καὶ τἆλλα τὰ πρὸς τὴν ὑπερβάλλουσαν τρυφὴν οἰκεῖα, στρωμνὰς μὲν ἀνθεινὰς κατασκευάζοντες, ἐκπωμάτων δ᾽ ἀργυρῶν παντοδαπῶν πλῆθος καὶ τῶν διακονούντων οἰκετῶν οὐκ ὀλίγον ἀριθμὸν ἡτοιμακότες· καὶ τούτων οἱ μὲν εὐπρεπείᾳ διαφέροντές εἰσιν, οἱ δ᾽ ἐσθῆσι πολυτελεστέραις ἢ κατὰ δουλικὴν ἀξίαν κεκόσμηνται... Señala que los etruscos tienen numerosos esclavos para el servicio, algunos de los cuales son apreciados por su apariencia y otros visten ropas lujosas. Llama la atención que se refiera a un número no pequeño de esclavos, lo que podría ser un indicio de que en esta época no estamos, como se afirma por algunos autores, ante casos aislados de esclavitud.

148. T. R. S. BROUGHTON, *The Magistrates of the Roman Republic*, cit., p. 17.

praesultatorem displicuisse; nisi magnifice instaurarentur ii ludi, periculum urbi fore...

Años después, durante el consulado de Gayo Claudio y Publio Valerio Publícola (460 a. C.[149]), se describe un momento de tensión política en Roma como consecuencia de las sospechas de conspiración entre los patricios y la plebe y por el temor constante de guerra con los volscos y los ecuos. En medio de esta tensión, surge un peligro inesperado: un grupo de exiliados y esclavos, liderados por el sabino Apio Herdonio, ocupa el Capitolio y la ciudadela durante la noche, ejecutando a quienes se niegan a unirse a ellos y siembran el pánico en la ciudad. Más adelante, Livio resalta que el mayor temor en este momento es un levantamiento de los esclavos, pues cada persona tendría un enemigo dentro de su propia casa[150].

Liv. 3.15.4-5[151]: *Et ab Volscis et Aequis statum iam ac prope sollemne in singulos annos bellum timebatur, propiusque aliud novum malum necopinato exortum. Exsules servique, ad duo milia hominum et quingenti, duce Appio Herdonio Sabino nocte Capitolium atque arcem occupavere.*

Entre las fuentes habituales de esclavitud[152] encontramos principalmente los prisioneros de guerra[153], pero también los ciudadanos deudores que no son capaces de afrontar los pagos, así como las causas fijadas por la ley, como negarse a inscribirse en el censo o formar parte de las legiones. Por lo que se refiere a la principal fuente de esclavitud —la cautividad de guerra—, su momento de apogeo tiene lugar con la expansión de Roma en el siglo IV a. C.

Será en el año 367 a. C. cuando la imposición de un impuesto de una vigésima parte sobre las emancipaciones sea una muestra de esta expansión de la esclavitud.

---

149. T. R. S. BROUGHTON, *The Magistrates of the Roman Republic*, cit., p. 37.

150. Liv. 3.16.3: *Multi et varii timores; inter ceteros eminebat terror servilis ne suus cuique domi hostis esset, cui nec credere nec non credendo, ne infestior fieret, fidem abrogare satis erat tutum; vixque concordia sisti videbatur posse.*

151. Las revueltas de esclavos se recogen también en otras fuentes: Zonar. 7.13; Dion. Hal. 5.51-53; 10.16; Liv. 3.17.2; 4.45.1; 18.10. F. DE MARTINO, *Storia della costituzione romana*, cit., p. 47, lo considera anticipos históricos. Entiende que la esclavitud no existe en el antiguo Lacio o es de poca consideración, pues la mano de obra está conformada por los clientes. Al formarse la ciudad-estado y con la influencia de la civilización etrusca se empiezan a encontrar los primeros contingentes de esclavos.

152. Dentro de la esclavitud existen dos categorías: los que nacen esclavos y los que se convierten en esclavos. *Vid.* I. 1.3.4.

153. No obstante, en esta época la guerra aumenta tanto el número de libres como de esclavos. Dion. Hal. 2.16.1: Τρίτον ἦν ἔτι Ῥωμύλου πολίτευμα, ὃ πάντων μάλιστα τοὺς Ἕλληνας ἀσκεῖν ἔδει, κράτιστον ἁπάντων πολιτευμάτων ὑπάρχον, ὡς ἐμὴ δόξα φέρει, ὃ καὶ τῆς βεβαίου Ῥωμαίοις ἐλευθερίας ἦρχε καὶ τῶν ἐπὶ τὴν ἡγεμονίαν ἀγόντων οὐκ ἐλαχίστην μοῖραν παρέσχε, τὸ μήτε κατασφάττειν ἡβηδὸν τὰς ἁλούσας πολέμῳ πόλεις μήτε ἀνδραποδίζεσθαι μηδὲ γῆν αὐτῶν ἀνιέναι μηλόβοτον, ἀλλὰ κληρούχους εἰς αὐτὰς ἀποστέλλειν ἐπὶ μέρει τινὶ τῆς χώρας καὶ ποιεῖν ἀποικίας τῆς Ῥώμης τὰς κρατηθείσας, ἐνίαις δὲ καὶ πολιτείας μεταδιδόναι.

Liv. 7.16.7: *Ab altero consule nihil memorabile gestum, nisi quod legem novo exemplo ad Sutrium in castris tributim de vicensima eorum qui manumitterentur tulit. Patres, quia ea lege haud paruum vectigal inopi aerario additum esset, auctores fuerunt.*

Con el objetivo de aumentar los fondos del erario público se impone un impuesto del cinco por ciento sobre el valor de cada esclavo liberado. En estos momentos el número de esclavos ya debe ser significativo si se decide imponer un impuesto con el que recaudar dinero para obtener ingresos adicionales.

De todo lo expuesto, podemos llegar a la conclusión de que la esclavitud ya existe desde época antigua. El número de esclavos es, sin duda, reducido, pero también lo es el número de ciudadanos[154] y no por ello podemos pensar que el ordenamiento no afronte los problemas que su posición jurídica pueda provocar.

Para seguir ahondando en esta cuestión, procede analizar uno de los casos explicados con más detalle en las fuentes: el caso de *Vindicius*[155], esclavo liberado mediante una *manumissio vindicta*.

Los hechos acaecen en un momento en que la *gens* de los Tarquinios ha sido expulsada de Roma para asegurar a los ciudadanos el fin de la tiranía. L. Tarquinio Colatino ha aceptado el exilio voluntario y ha renunciado al consulado. A su vez, el senado ha autorizado al cónsul Bruto para proponer el exilio de todos los miembros de la casa de los Tarquinios al pueblo. Sin embargo, los Tarquinios no están conformes con esta expulsión y quieren recuperar el poder. Para conseguirlo, envían legados a Roma con el pretexto de solicitar la devolución de sus bienes, pero con la intención de perpetrar una conjura con varios jóvenes nobles que echan de menos los privilegios de la época de los reyes. Sus planes se ven truncados cuando un esclavo de los hermanos Vitelios (conspiradores junto a los Aquilios) denuncia la conspiración. Como recompensa se le concede la libertad y la ciudadanía y se le entrega una suma de dinero.

Liv. 2.5.9-10: *Secundum poenam nocentium, ut in utramque partem arcendis sceleribus exemplum nobile esset, praemium indici pecunia ex aerario, libertas et civitas data. Ille primum dicitur vindicta liberatus; quidam vindictae quoque nomen tractum ab illo putant; Vindicio ipsi nomen fuisse*[156].

---

154. Liv. 3.3.9 recoge también el censo de los ciudadanos realizado por el cónsul Tito Quincio Capitolino Barbato en el año 465 a. C.: *Census deinde actus et conditum ab Quinctio lustrum. Censa civium capita centum quattuor milia septingenta quattuordecim dicuntur praeter orbos orbasque.*

155. Liv. 2.5.9-10 habla de *Vindicius* mientras Pomponio, *libro singulari Enchiridii*, D. 1.2.2.24 menciona a *Vindex*.

156. G. FRANCIOSI, *Il processo di libertà*, cit., pp. 6 s., no acepta, tal y como recoge Liv. 2.5.10, que la *manumissio vindicta* derive del nombre del primer esclavo liberado y cree que toma su nombre del término "*vim dicere*". Esta "*vindicta*" de la *manumissio* sería la misma de la que habla Gayo (4.16) en relación con la *actio sacramenti in rem*. Cfr. también M. MARRONE, "L'efficacia pregiudiziale

Post illum observatum ut qui ita liberati essent in civitatem accepti viderentur.

Son varias las teorías que se han formulado sobre este tema, girando principalmente en torno a la idea de si esta manumisión tendría o no una naturaleza procesal. La doctrina mayoritaria entiende que esta *manumissio* es una aplicación de la *causa liberalis*, análoga a la *in iure cessio*[157]. En contra, se sitúan quienes creen que no se trataría de una *manumissio vindicta*[158] y quienes no son partidarios de dar credibilidad a este hecho desde un punto de vista histórico[159].

A favor de su naturaleza procesal se encuentra la referencia que hace Pomponio a Vitelio después de relatar el suceso de Virginia.

Pomponio, *libro singulari Enchiridii*, D. 1.2.2.24: *... Initium fuisse secessionis dicitur Virginius quidam, qui quum animadvertisset Appium Claudium contra ius, quod ipse ex vetere iure in duodecim tabulas transtulerat, vindicias filiae suae a se abdixisse et secundum eum, qui in servitutem ab eo suppositus petierat, dixisse, captumque amore virginis omne fas ac nefas miscuisse; indignatus, quod vetustissima iuris obervantia in persona filiae suae defecisset (utpote quum Brutus, qui primus Romae Consul fuit, vindicias secundum libertatem dixisset in persona Vindicis Vitelliorum servi, qui proditionis coniurationem indicio suo detexerat...*

Es cierto que el texto de Pomponio contiene una referencia a las *vindiciae secundum libertatem*[160] que, sin embargo, no es posible en un caso de *manumissio vindicta*[161]. Parece mostrar la primera aplicación de esta regla cuando el cónsul Bruto la concede en beneficio del delator de la conspiración. Sin embargo, parece más probable que, en este caso, tenga lugar una *manumissio vindicta* y no una *causa liberalis*, puesto que se concede la libertad a Vitelio como recompensa por haber denunciado la conspiración, pero no hay una discusión sobre su *status libertatis*.

---

della sentenza nel processo civile romano", en *AUPA* 24 (1955), pp. 111 ss. y 521 ss. Sin embargo, es habitual en la práctica romana tomar el nombre de las personas para, por ejemplo, dar nombre a las leyes, a los senadoconsultos o a las cauciones (*cautio Muciana*). Por su parte, C. APPLETON, *Trois épisodes de l'histoire ancienne de Rome*, cit., pp. 599 s., señala que no se le podía dar el nombre gentilicio de sus amos, *Vitellii*, y se le dio el de *Vindicius*, es decir, el que había sido objeto de una *vindicatio in libertatem*. Era indispensable poner temporalmente en libertad al esclavo denunciante, pues de lo contrario la familia de su amo lo habría matado con la vara, si se le hubiera permitido la posesión temporal.

157. *Vid*. O. KARLOWA, *Römische Rechtsgeschichte*, cit., pp. 132 s.; P. F. GIRARD, *Manuel elementaire de droit romain*, Paris 1918, pp. 103 s.

158. M. LEMOSSE, "Affranchissement, clientèle, droit de cité", en *RIDA* 3 (1949), pp. 56 ss., entiende que sería una concesión especial.

159. G. FRANCIOSI, *Il processo di libertà*, cit., pp. 6-7.

160. Este principio se recoge también en Liv. 3.44.5.

161. *Vid*. H. LÉVY-BRUHL, "L'affranchissement par la *vindicta*", en *Studi in onore di Salvatore Riccobono*, 3 (Palermo 1936), p. 5, nt. 21.

Por último, debemos pararnos brevemente en una regla relacionada con los procesos de libertad relativa a la *summa sacramenti*. Gayo fija la cantidad de 50 ases, independientemente del valor de la controversia, con el objetivo de que no resulte muy gravoso para el *adsertor libertatis*:

Gai. 4.14: *nam ita lege XII tabularum cautum erat. at so de libertate hominis controversia erat, etiamsi pretiosissimus homo esset, tamen ut L assibus sacramento contenderetur esdem lege cautum est favore scilicet libertatis, ne onerarentur adsertores.*

A diferencia de lo visto en la *legis actio per sacramentum*, dicha cantidad se establece con independencia del valor del esclavo con la finalidad de favorecer los procesos de libertad y no gravar en exceso a la persona que asume la condición de defensor de la libertad de una persona.

Este testimonio también probaría la existencia de la *causa liberalis* en época primitiva. Sin embargo, la referencia que Gayo hace al as como moneda no se corresponde con la época sobre la que escribe, pues se piensa que la primera moneda no se acuñó hasta, al menos, el 330 a. C[162]. Sin embargo, no es la única referencia que encontramos en las fuentes al as como moneda en esta época. Tratándose de las multas para el juramento procesal existen fuentes contradictorias en torno a su importe y a la relación de la *lex Aterna Tarpeia* con las *lex Menenia Sextiae* y la *lex Julia Papiria*[163].

También es contradictoria la referencia que Livio hace a la purificación del Capitolio en el año 460 a. C. cuando es recuperado, junto con la Ciudadela, de la ocupación por un grupo de refugiados políticos y esclavos bajo la dirección de Apio Herdonio Sabino. Para honrar la muerte del cónsul Publio Valerio en esta confrontación, Livio señala el lanzamiento de cuadrantes a su casa, que son monedas de bronce o cobre que tenían un valor de un cuarto de as.

---

162. Sobre esta cuestión, *vid.* T. MOMMSEN, *Geschichte des römischen Münzwesens*, Berlin 1860, pp. 170 ss.; P. F. GIRARD, *Histoire de l'organisation judiciaire*, cit., p 55; T. FRANK, *Storia económica di Roma*, cit., pp. 70 s.; M. NICOLAU, *Causa liberalis*, cit., pp. 176 ss.; L. CLERICI, *Economia e finanza dei romani*, cit., pp. 233 ss.; F. DE MARTINO, *Storia della costituzione romana*, vol. II, Napoli 1954, pp. 6 ss.; A. BISCARDI, *Lezioni sul processo romano antico e classico*, Torino 1968, pp. 66 y 80 ss.

163. Sobre estas leyes, *vid.* T. MOMMSEN, *Geschichte des römischen Münzwesens*, cit., p. 170; E. PAIS, *Storia di Roma*, cit., p. 533; G. ROTONDI, *Leges publicae populi Romani*, Hildesheim 1962, p. 200; L. CLERICI, *Economia e finanza dei romani*, cit., pp. 491 ss.; P. NOAILLES, *Du droit sacrè*, cit., p. 280; L. PARETI, *Storia di Roma e del mondo romano*, cit., p. 393; F. DE MARTINO, *Storia della costituzione romana*, I, cit., pp. 294 s., 306 s. Según Aulo Gelio, la *lex Aternia Tarpeya* del 454 a. C. habla también de ases cuando fija el montante de las multas. También Festo, *s.v. peculatus* (L. 233). Dion. Hal 10. 50 fija otro importe máximo. En cambio, Livio 4.30 y Cic. *rep.* 2.60 atribuyen a la posterior *lex Julia Papiria* la valoración en moneda de los límites legales, de modo que hay quienes creen que la determinación de las multas en ases por las leyes *Menenia Sextiae* y *Aterna Tarpeia* es un anticipo de los mismos. *Vid.* G. FRANCIOSI, *Il processo di libertà*, cit., p. 9, nt. 35; G. DE SANCTIS, *Storia dei Romani*, cit., p. 54.

Sea como fuere, lo más probable es que la *summa sacramenti* sea una multa y que las XII Tablas no hagan más que confirmar el derecho tradicional en este punto.

De acuerdo con las fuentes analizadas, se puede concluir que la esclavitud no es una institución desconocida para los romanos con anterioridad al siglo IV a. C., de modo que se tuvieron que plantear conflictos (y no debieron ser pocos) en torno al *status libertatis* de las personas que los romanos debieron solucionar de algún modo.

Por tanto, ¿cuándo habrían surgido entonces estos procesos? Gran parte de la doctrina sitúa el origen a principios de la *civitas* quiritaria[164]. A su favor, de las palabras de Pomponio (D. 1.2.2.24: *quod ipse ex vetere iure in duodecim tabulas translaterai...*) se deduce que la norma se traslada del antiguo a las XII Tablas y, por tanto, ya existe un proceso para resolver las controversias sobre el *status libertatis* de una persona.

---

164. C. St. TOMULESCU, *"Sur le maxime Vindiciae <sunt> secundum libertatem"*, en *Iura* 22.1 (1971), p. 141, considera que es una institución muy antigua, incluso anterior a la ley decenviral, que se limita a confirmarla. Se origina como instrumento de los patricios para esclavizar a los plebeyos en una época en la que los esclavos eran poco numerosos y la mano de obra difícil de encontrar.

III.

PROCEDIMIENTO

Visto el contexto histórico y la génesis de la *causa liberalis*, corresponde abordar el tema principal de este trabajo: si el proceso de Virginia es una *causa liberalis* o se trata únicamente de una confrontación entre la *domenica potestas* de Marco Claudio y la *patria potestas* de Virginio[165]. Para llegar a una conclusión procede desgranar aquellas características de la *causa liberalis*[166] que puedan ayudarnos a conocer el procedimiento que se incoa en torno al *status libertatis* de Virginia.

Como ya hemos advertido con anterioridad, disponemos de poca información sobre los procesos de libertad en época antigua. Los primeros testimonios datan de la época clásica y es en este periodo cuando podemos afirmar que la *causa liberalis* es un procedimiento que dilucida sobre la libertad o esclavitud de una persona, donde el reclamante puede ser el pretendido dueño, en cuyo caso hablamos de *vindicatio in servitutem*, o quien afirma ser libre, en cuyo caso hablamos de *vindicatio in libertatem*. Sin embargo, estas líneas generales propias de la época clásica no están tan definidas en época antigua con el procedimiento de las *legis actiones*, principalmente si tenemos en cuenta que la simetría que adoptan la *vindicatio* y

---

165. Esta idea se atribuye generalmente a C. APPLETON, *Trois épisodes de l'histoire ancienne de Rome*, cit., pp. 592 ss., si bien A. SCHMIDT, *Der Prozess um Freiheit der Virginia*, cit., pp. 71 ss., la menciona mucho antes. Más recientemente G. FRANCIOSI, *Il processo di libertà*, cit., p. 8, advierte que las contradicciones e incongruencias que se obervan en el relato de Tito Livio se explicarían, probablemente, por el manejo de dos versiones: la más antigua, debía presentar este episodio como un conflicto entre dos potestades y no como una *causa liberalis*.

166. Sobre la *causa liberalis*, *vid.* R. MASCHKE, *Freiheitsprozess im klassischen Altertum*, cit.; M. NICOLAU, *Causa liberalis*, cit.; G. FRANCIOSI, *Il processo di libertà*, cit.; E. HERRMANN-OTTO, "*Causae liberales*", en *Index*, 27 (1999), pp. 141 ss.; S. SCIORTINO, *Studi sulle liti di libertà*, cit.; M. INDRA, '*Status quaestio*'. *Studien zum Freiheitsprozess im klassischen römischen Recht,* Berlin 2011.

la *contravindicatio* en una demanda ordinaria[167] está, sin embargo, más atenuada en una *causa liberalis*. Asimismo, los datos que aportan las fuentes sobre este proceso son tan escasos que se prestan a las más variadas interpretaciones sobre la consideración de ambas *vindicationes* como acciones independientes desde sus orígenes[168], así como sobre la posibilidad de jurisdicciones diferentes para cada una de ellas[169].

III.1. ACTUACIONES *IN IURE*

Parece evidente que en estos primeros momentos de Roma el proceso de libertad se desarrolla según el procedimiento de las *legis actiones* y, en concreto, a través de la *legis actio per sacramentum in rem*[170]. En los casos en que se discute el *status libertatis* de una persona, la *legis actio per sacramentum in rem*[171] se tramita formalmente igual que en los supuestos en los que la contienda discurre sobre la propiedad de un objeto mueble *in ius*, si bien presenta algunas variaciones.

Por tanto, comenzaremos exponiendo someramente los actos procesales propios de una *legis actio per sacramentum*, para continuar ofreciendo algunas pinceladas sobre aquellos actos propios de una *causa liberalis* —en concreto, de una *vindicatio in servitutem*—, y averiguar a continuación si pueden reconocerse en el proceso de Virginia.

---

167. Como indicaremos, a continuación, la *vindicatio* en la *legis actio per sacramentum in rem* es un acto bien definido que consiste en una ceremonia de palabras y gestos: se pronuncian unas palabras concretas, al mismo tiempo que se agarra el objeto con una mano y se coloca la *festuca* sobre él con la otra. Asimismo, a la *vindicatio* del primer litigante se opone una *contravindicatio* rigurosamente igual, tal como se manifiesta en las palabras de Gai. 4.16: *ad versarius quoque dicebat similiter*. Sobre las diferentes *vindicationes*, vid. P. NOAILLES, *Du Droit sacré*, cit., pp. 53 ss.

168. En el edicto perpetuo se tratan ya por separado: O. LENEL, *Das 'Edictum perpetuum'. Ein Versuch zu dessen Wiederherstellung*, Leipzig 1927, § 178: *si ex servitutem in libertatem petatur*; § 179: *si ex libertate in servitutem petatur*.

169. G. FRANCIOSI, *Il processo di libertà*, cit., p. 53, nt. 5, recoge las diferencias que algunos autores han detectado entre ambas formas de *causa liberalis*: a) la carga de la prueba; b) la competencia del órgano juzgador; c) la necesidad del *adsertor libertatis*; d) la posibilidad de repetir la *causa liberalis*; e) las *vindiciae secundum libertatem*; f) el procedimiento.

170. En este sentido, Gai. 4.14; Cic. *pro Caec.* 33.97; *de domo*, 29.78. En opinión de M. NICOLAU, *Causa liberalis*, cit., pp. 98 ss., la *causa liberalis* siempre fue considerada por los romanos como una acción real desde la época de las XII Tablas hasta el derecho justinianeo (I. 4.6.13) y es contrario a las fuentes plantear que fuera un *controversia de statu*. Desde un punto de vista procesal, en una *causa liberalis* no hay procedimiento *per sponsionem* ni fórmula prejudicial.

171. No habría inconveniente en admitir *"legis actio per sacramentum"*. Sobre la terminología, *vid.* H. KRÜGER, *Geschichte der capitis deminutio. Erster Band. Zugleich eine Neubearbeitung des Legisactionsrechtes*, Breslau 1887, pp. 213 ss.

III.1.1. Específicas de la *legis actio per sacramentum*

La escasa información sobre la *legis actio per sacramentum* en el periodo decenviral obliga a manejar fuentes de época posterior para reconstruir la estructura de esta primitiva acción de ley. En concreto, el conocido fragmento de Gayo (4.16) muestra con precisión en qué consiste la acción de *vindicare*[172]. Así, es admitido que la *vindicatio* es una ceremonia de palabras y gestos en la que *qui vindicat*[173] pronuncia los *verba* rituales (*hunc ego hominem ex iure quiritium meum esse aio secundum suam causam. Sicut dixi, ecce tibi vindictam imposta*), al mismo tiempo que los acompaña de gestos[174] que consisten en la imposición de la *festuca* como símbolo del *iustum dominium*. A su vez, la *vindicatio* o *contravindicatio*[175] del adversario es la habitual de cualquier afirmación de pertenencia de la cosa objeto de litigio: *adversarias eadem similiter dicebat et faciebat*. El adversario dice y hace lo mismo (*vindicatio* contrapuesta)[176], de modo que las manos de los litigantes se entrelazan en el gesto de agarrar la cosa —*manu(m) conserere*—. Ello implica que las partes se presentan en un plano de paridad y, por tanto, procede hablar de *actio duplex*[177].

---

172. *Si in rem agebatur, mobilia quidem et mouentia, quae modo in ius adferri adduciue possent, in iure uindicabantur ad hunc modum: qui uindicabat, festucam tenebat; deinde ipsam rem adprehendebat, uelut hominem, et ita dicebat: HVNC EGO HOMINEM EX IVRE QVIRITIVM MEVM ESSE AIO SECVNDVM SVAM CANSAM. SICVT DIXIT, ECCE TIBI, VINDICTAM INPOSVI, et simul homini festucam inponebat; aduersarius eadem similiter dicebat et faciebat; cum uterque uindicasset, praetor dicebat: MIITTITE AMBO HOMINEM; illi mittebant; qui prior uindicauerat, ita alterum interrogabat: POSTVLO ANNE DICAS QVA EX CAVSA VINDICAVERIS; ille respondebat: IVS FECI SICVT VINDICTAM INPOSVI. deinde qui prior uindicauerat, dicebat: QVANDO TV INIVRIA VINDICAVISTI, QVINGENTIS ASSIBUS SACRAMENTO TE PROVOCO; aduersarius quoque dicebat similiter: ET EGO TE...*

173. Gai. 4.16 utiliza los términos *qui vindicat* y *adversarius*, en vez de *actor* y *reus* por la posición que adoptan ambas partes en el proceso. Festo *s. v. «reus»* recoge el término *reus* para designar a las partes litigantes sin distinguir su posición en el proceso: *reus mine dicitur qui causam dicit... at Gallus Aelius libro II significationum verborum quae ad ius pertinent ait: reus est qui cum altero litem contestatam habet, sive is egit sive cum eo actum est.* Se confirma también en Cic. *pro Cluent.* 43: *voluerunt majores nostri non modo de existimatione cjusdam, sed ne pecunia quidem de re minima esse judicem, nisi qui inter adversarios convenisset.*

174. Sobre esta cuestión, vid. H. LÉVY-BRUHL, *Recherches sur les actions de la loi*, Paris 1960, pp. 41 ss.; P. NOAILLES, *Fas et ius*, cit., pp. 66 ss.; P. MEYLAN, "De deux traits peu remarqués de l'*in jure cessio*", en *RIDA* 6 (1951), pp. 105 s.; M. MARRONE, *L'efficacia pregiudiziale della sentenza nel processo civile romano*, cit., pp. 111 ss. y 521 ss.; P. FUENTESECA, "Las *legis actiones* como etapas del proceso romano", en *AHDE* 34 (1964), p. 232.

175. Gai. 4.16 no habla de *contra vindicare*, pero sí lo hace en Gai. 2.24.

176. Otros textos también confirman la igualdad de las partes en la *legis actio*. Por ejemplo, Gell. *Noct. Att.* 20.10.9: *...in ius in urbem ad praetorem deferrent et in ea gleba, tamquam in toto agro, vindicarent*; o Boet. *ad top.* 3.5.28: *deinde, postquam hic vindicaverit, praetor interrogat eum qui cedit an contravindicet.*

177. A favor del *iudicium duplex*, G. FRANCIOSI, *Il processo di libertà*, cit., p. 56; P. NOAILLES, *Fas et ius*, cit., pp. 75 y 203; ID., *Du droit sacré*, cit., pp. 187 s. y 281; H. LÉVY-BRUHL, *Recherches sur*

Realizadas las dos *vindicationes*, el magistrado ordena a los litigantes dejar la cosa (*MITTITE AMBO HOMINEM*) y el primer vindicans pregunta sobre la causa de la *vindicatio* (o *contravindicatio*) al adversario: *POSTULO ANNE DICAS, QUA EX CAUSA VINDICAVERIS*. Seguidamente el adversario afirma haber actuado conforme al *ius*: *IUS FECI SICUT VINDICTAM INPOSUI*.

Un momento crucial del proceso tiene lugar con el *sacramentum*[178]. Si el primer *vindicans* no queda conforme con esta respuesta continúa diciendo: *TU INIURIA VINDICAVISTI ... SACRAMENTO TE PROVOCO*. Se recurre a la decisión sacral por considerarse la *contravindicatio* contraria al *ius*[179]. A su vez el *contravindicans* procede del mismo modo oponiendo la *provocatio sacramento* y probablemente pronunciando las palabras *"Et ego te"*[180], de modo que ambas partes soportan la carga del *sacramentum* y, por tanto, la carga de la prueba[181]. La cantidad prometida varía según el valor del objeto

---

178. Sobre el significado de *sacramentum*, Varro, *ling. lat.* 5.180 (*Si est ea pecunia quae in iudicium venit in litibus, sacramentum a sacro, qui petebat et qui infitiabatur, de aliis rebus uterque quingenos aeris ad pontificem deponebant, de aliis rebus item certo alio legitimo numero actum; qui iudicio vicerat, suum sacramentum e sacro auferebat, victi ad aerarium redibat*) y Fest. *s.v. sacramentum* (L.468) (*Sacramentum aes significat, quod poenae nomine penditur, sive eo quis interrogatur, sive contenditur. id in aliis rebus quinquaginta assium est, in aliis rebus quingentorum inter eos, qui iudicio inter se contenderent. qua de re lege L. Papiri tr. pl. sanctum est his verbis: Quicunque praetor posthac factus erit, qui inter cives ius dicet, tres viros capitales populum rogato, hique tres viri capitales quicunque posthacfacti erunt, sacramenta exigunto, iudicantoque, eodemque iure sunto, uti ex legibus plebeique scitis exigere iudicareque esseque oportet. sacramenti autem nomine id aes dici coeptum est, quod et propter aerari inopiam et sacrorum publicorum multitudinem consumebatur id in rebus divini*). O. KARLOWA, *Der römische Civilprozess zur Zeit der Legisactionen*, Berlin 1872, p. 15, recoge que ya en tiempos de Varrón y Gayo, la palabra *sacramentum* tenía un doble significado. Cuando, por ejemplo, Varrón dice *"qui iudicio vicerat, suum sacramentum e sacro auferebat, victi ad aerarium redibat, sacramentum"* significa ciertamente la suma de dinero; mientras que las expresiones *"summa sacramenti"*, *"poena sacramenti"*, que aparecen en Gayo, bastante análogas a las expresiones *"poena sponsionis"*, *"summa sponsionis"*, muestran que *sacramentum* evidencia también un acto, el acto de instituir esa suma, tanto si consiste en una promesa como en otra cosa. El significado de un acto, no de la suma sacramental, subyace también en los compuestos *"sacramento provocare"*, *"sacramento agere"* o *"sacramento contendere"*. Este acto sacramental parece estar relacionado con el *sacramento provocare*.

179. Parte de la doctrina afirma el carácter esencialmente religioso del *sacramentum*. *Vid.* P. F. GIRARD, *Histoire de l'organisation judiciaire*, cit., pp. 30 ss.; P. NOAILLES, *Fas et ius*, cit., pp. 63 ss.; ID., *Du Droit sacre*, cit., pp. 86 ss. Por otra parte, se encuentran quienes dirigen la *legis actio sacramenti* a formas originarias de autodefensa. *Vid.* E. COSTA, *Profilo storico del processo civile romano*, Roma 1918, pp. 19 s.; V. ARANGIO RUIZ, *Istituzioni*, cit., p. 110.

180. B. ALBANESE, *Il processo privato romano delle legis actiones*, Torino 1987, p. 72, nt. 242, es partidario de considerar que las palabras *"Et ego te"* son parte de una fórmula más amplia: *QUANDO TU INIURIA VINDICAVISTI ET EGO TE ... SACRAMENTO PROVOCO*.

181. Sobre la carga de la prueba, la doctrina no es unánime. G. FRANCIOSI, *Il processo di libertà*, cit., pp. 67 ss., sostiene que la doble pretensión de las partes, los dos *sacramenta* y las reglas de la posterior *actio per sponsionem* inducen a pensar que la carga de la prueba recae por igual sobre ambos litigantes y que ninguna ventaja corresponde a la parte que ha obtenido la posesión provisio-

de litigio: cincuenta ases si su valor es inferior a mil y quinientos si es superior.

Por último, el pretor pronuncia la adjudicación provisoria de la cosa en favor de uno de los contendientes (*secundum alterum eorum vindicias dicebat*), es decir, concede interinamente la posesión provisional de la cosa objeto del litigio (*vindiciae*[182]) a una de las partes, exigiendo de ella que preste fianza a la otra para asegurar el litigio y la restitución de la cosa y de sus posibles frutos (*praedes litis et vindiciarum*)[183]. El *decretum* del magistrado tiene valor constitutivo: no declara quién es el poseedor antes de la *legis actio*, sino quién será poseedor hasta la sentencia (*possessorem constituebat*[184]), iniciándose una nueva posesión[185]. Por tanto, la situación posesoria anterior se anula por la orden del magistrado, que atribuye la posesión interina a quien muestre mejor apariencia de derecho.

En este punto, y siguiendo con los aspectos procedimentales, consideramos necesario pararnos más detenidamente en la relevancia que se atribuye a la posesión en este procedimiento, dado que la concesión de *vindiciae* será uno de los temas principales del proceso contra Virginia. Para ello hay que tener en cuenta las palabras de Gayo: *postea praetor secundum alterum eorum vindicias dicebat, id est interim aliquem possessorum constituebat*. Por un lado, podría considerarse que la situación posesoria carece de relevancia en este procedimiento[186], o bien sostener que desde el primer momento la posesión está protegida y el pretor viene obligado a asignar *vindiciae* al poseedor actual siempre que ofrezca las oportunas garantías al

---

nal hasta la resolución del litigio. En cambio, O. KARLOWA, *Der römische Civilprozess zur Zeit der Legisactionen*, cit., pp. 86 s.; P. F. GIRARD, *Histoire de l'organisation judiciaire*, cit., p. 74 nt. 2, entienden que el litigante, a quien el magistrado ha concedido *vindiciae*, tiene una ventaja con respecto a la carga de la prueba, de modo que si ambos *sacramenta* son declarados *iniusta*, la parte contraria no tiene ninguna posibilidad de arrebatarle la posesión.

182. Sobre el concepto de *vindiciae*, vid. Fest. *s.v.* vindiciae (L.516): *Vindiciae appellantur res eae de quibus controversia est: quod potius dicitur vis quam fit inter eos qui contendunt. - Cato in ea quam scribsit L. Furio de aqua: ... s praetores secundum populum vindicias dicunt. ... et Lucilius: nemo hic vindicias neque sacra neque numen veretur. de quo verbo Cincius sic ait: vindiciae olim dicebantur [glaebae] illae, quae ex fundo sumptae in ius adlatae erant. At Ser. Sulpicius [nomine etjiani singulariter formato vindiciam esse ait [eam rem], qua de re controversia est ab eo quod vindicatur ... et in XII tabulis: si vindiciam falsam tulit si velit is [prae]tor arbitros tres dato: eorum arbitrio ..., fruetus duplione damnum decidito.* Por su parte, Gell. *Noct. Att.* 20.10.10 recoge que *vindica id est correpiio manus in re aique in loco praesenti.* Sobre este tema, vid. R. MASCHKE, *Freiheitsprozess im klassischen Altertum*, cit., pp. 14 ss.; H. LÉVY-BRUHL, *Recherches sur les actions de la loi*, cit., pp. 173 ss.

183. *Vid.* Gai. 4.94.

184. También en Ps. Ascon. *in Verr.* 2.1.115: *quis debeat esse possessor.*

185. *Vid.* G. FRANCIOSI, *Il processo di libertà*, cit., p. 65.

186. En este sentido, G. FRANCIOSI, *Il processo di libertà*, cit., p. 72 es partidario de la irrelevancia de la posesión en este procedimiento y lo deduce del hecho de que en esta época no se habla de *possessio*, como sucede en épocas posteriores, sino de *vindiciae*. Falta un concepto técnico tanto de *possessio libertatis* como de *possessio status*.

peticionario (*praedes litis et vindiciarum*). Esta última teoría tomaría su base de Gai. 4.94.

… ideo autem appellata est pro praede litis vindiciarum stipulatio, quia in locum praedium successit, qui olim, cum lege agebatur, pro lite et vindiciis, id est pro re et fructibus, a possessore petitori dabantur.

Si el poseedor está obligado a entregar *praedes litis et vindiciarum* al peticionario, puede deducirse que el pretor debe entregar *vindiciae* a quien tiene la posesión al inicio del litigio[187]. Sin embargo, no habría que olvidar la relevancia que debe darse a las mayores garantías ofrecidas por las partes como criterio para conceder la posesión interina de la cosa[188]. Dos textos de Livio refieren dicha capacidad para acordar la concesión de *vindiciae*:

Liv. 3.44.5: *M. Claudio clienti negotium dedit, ut virginem in servituten adsereret, neque cederet … postulantibus vindicias.*

Liv. 3.45.11: *Verginius viderit de filia, ubi venerit, quid agat : hoc tantum sciat, sibi, si huius vindiciis cesserit ; condicionem filiae quaerendam esse.*

A la vista de los textos cabe pensar que las partes puedan llegar a un acuerdo, si bien este no sería vinculante para el magistrado, el cual puede conceder las *vindiciae* a quien considere más oportuno[189]. No parece probable que existiera una norma que obligase al magistrado a conceder *vindiciae* al poseedor actual, o al que ofreciese mayores garantías, ni tampoco a quien hubieran decidido las partes. Más bien, el magistrado tendría discrecionalidad a la hora de decidir.

III.1.2. Propias de una *causa liberalis*

Entrando ya en la *causa liberalis*, se producen pequeñas variaciones a aquellas comunes al más antiguo proceso que acabamos de mencionar. En este punto centramos la investigación en la *vindicatio in servitutem*, pues

---

187. Partidarios de la importancia de la situación posesoria anterior al litigio que conlleva que el pretor conceda la posesión al poseedor actual siempre que ofrezca las oportunas garantías, R. MASCHKE, *Freiheitsprozess im klassischen Altertum*, cit., pp. 16 ss.; E. I. BEKKER, "Zu den Lehren von *L. A. sacramento*, dem *Utipossidetis* un der *possessio (Schultze-Dernburg-Brinz)*", en *ZSS* 5 (1884), p. 151; H. LÉVY-BRUHL, *Recherches sur les actions de la loi*, cit., pp. 178 ss.

188. Partidarios de conceder la posesión interina de la cosa a quien presente mayores garantías: A. BECHMANN, "Studie im Gebiete der *legis actio sacramenti in rem*", en *Festschrift zum Doctor-Jubiläum des B. Windscheid*, München 1889, pp. 31 s.; M. NICOLAU, *Causa liberalis*, cit., p. 182, nt. 304; E. JOBBÉ-DUVAL, *Histoire de la procédure civile*, cit., pp. 327 ss.

189. En la misma línea interpretativa, G. FRANCIOSI, *Il processo di libertà*, cit., pp. 66 s.; P. F. GIRARD, *Histoire de l'organisation judiciaire*, cit., p. 201; P. NOAILLES, *Fas et ius*, cit., pp. 203 s.: ID., *Du Droit sacre*, cit., p. 178.

somos partidarios de considerar el caso de Virginia como un ejemplo de esta *causa liberalis*[190].

Como ya sabemos, las fuentes jurídicas sobre la *causa liberalis* son escasas y defectuosas. La primera variación que percibimos se encuentra ya en la *in ius vocatio*. La referencia explícita que Gayo hace a la presencia del adversario: ... *ecce tibi...* en la *vindicatio* de la *legis actio sacramenti in rem*[191] parece apoyar la teoría de que ya en época antigua se celebraría la *in ius vocatio*[192]. Sin embargo, en una *causa liberalis* el acto extrajudicial que inicia el proceso no es, propiamente, una *in ius vocatio*. El presunto esclavo puede ser citado ante el tribunal[193], pero esta citación no reviste la forma de *in ius vocatio*[194].

Si acudimos al procedimiento *per manus iniectionem* de un *iudicatus*, el acreedor toma al deudor *in ius* de acuerdo con una disposición de las XII Tablas[195]. En la *causa liberalis*, se procede de un modo similar al procedimiento *per manus iniectionem* de un *iudicatus* y el acto conocido como *in ius ducito*, similar a la *manus iniectio*, permite al pretendido dueño aprehender al presunto esclavo en la vía pública[196], lo que constituye una especie de embargo extrajudicial, que puede calificarse como *manus iniectio* en sentido

---

190. Somos de la opinión de que el proceso contra Virginia sería una *vindicatio in servitutem* y que queda demostrado por Pomponio, *libro singulari Enchiridii*, D. 1.2.2.24: *in servitutem petierat*. De esta misma opinión, G. FRANCIOSI, *Il processo di libertà*, cit., p.207; C. APPLETON, *Trois épisodes de l'histoire ancienne de Rome*, cit., p. 645; E. JOBBÉ-DUVAL, *Histoire de la procédure civile*, cit., pp. 391 ss. En contra, R. MASCHKE, *Freiheitsprozess im klassischen Altertum*, cit., p. 67, que opina que en este caso, Apio Claudio debe decidir si existe una *vindicatio in libertatem* o *in servitutem*, esto es, si Virginio tiene o no la *patria potestas* sobre Virginia en el momento de la reclamación. Apio Claudio decide que no, esto es, declara que estamos ante una *vindicatio in libertatem* que le otorga pleno derecho a dar *vindiciae secundum servitutem*. Para el autor, la posesión de Virginio sobre la muchacha es irrelevante porque es dolosa: ha sido raptada cuando era *infans* y llevada a la casa de Virginio. Apoya su teoría en Ulpiano, 54 *ad ed.*, D. 40.12.7.5. De este texto se desprende que la posesión de la libertad no beneficia, si es maliciosa, a la persona que ha disfrutado de ella. En ese caso, la carga de la prueba recae en la persona que hace valer la libertad del individuo y la acción adopta la forma de una *vindicatio in libertatem*. La mayor parte de la doctrina ha mostrado su disconformidad con la concepción de Maschke.

191. Hay quienes conjeturan que en época muy antigua no procedería la *in ius vocatio* en los casos de *legis actio sacramenti in rem*, puesto que el poder se ejerce sobre el objeto de litigio con independencia de la persona que en esos momentos tiene relación con el objeto mismo.

192. *Vid.* XII Tab. 1.1-2: 1. *Si in ius vocat, ito. Ni it, antestamino: igitur em capito.* 2. *Si calvitur pedemve struit, manum endo iacito.* El demandante cita al demandado allí donde lo encuentre. Si se resiste, el demandante toma como testigos a los presentes, luego finge apresarlo y lo arrastra por la fuerza si intenta huir o resistirse.

193. E. JOBBÉ-DUVAL, *Histoire de la procédure civile*, cit., p. 320, n. 1.

194. Como señala Pedio (Ulpiano, 5 *ad ed.*, D. 2.7.3.pr.): *Quod si servum quis exemit in ius vocatum, Pedius putat cessare Edictum, quoniam non fuit persona, quae in ius vocari potuit. Vid.* también *infra* nt. 231.

195. XII Tab. 3.2: *Post deinde manus iniectio esto. In ius ducito.*

196. Según S. PEROZZI, *Istituzioni di diritto romano*, vol. I, Roma 1928, p. 284 y G. FRANCIOSI, *Il processo di libertà*, cit., p. 76, si el *servus* se libera, el *dominus* puede apresarlo en cualquier lugar,

amplio y que, en todo caso, es diferente de la *legis actio per manus iniectionem*[197].

Ante una persona que niega ser esclava, el demandante debe acudir a un tribunal y llevar ante el pretor a la persona que considera su esclavo. Una vez ante el pretor, el pretendido esclavo debo encontrar un *adsertor libertatis*, puesto que, de lo contrario, es llevado como esclavo hasta que lo encuentre[198]. No parece que existiera un procedimiento especial ni ningún llamamiento al público como después se establece por Constantino[199].

Nombrado el *adsertor* proceden las *vindicationes*. Según se recoge en el inicio de este apartado, en la *legis actio per sacramentum* las dos partes estaban en una posición de igualdad[200], y, por tanto, ambas partes son, al mismo tiempo, demandantes y demandados. Sin embargo, la simetría de las palabras y gestos de las partes está muy atenuada[201] cuando hablamos de una *causa liberalis*, sobre todo teniendo en cuenta que la finalidad jurídica del *adsertor* es bien distinta del pretendido dueño: mientras éste reclama un derecho de propiedad, el *adsertor libertatis* afirma la libertad del supuesto esclavo[202]. Así las cosas, la afirmación de la propiedad por parte del *dominus* (*vindicatio, adsertio in servitutem*) va seguida de la afirmación de libertad del individuo por parte del *adsertor libertatis* (*vindicatio, adsertio in libertatem*). El gesto de aprehensión solicitado en la *vindicatio* (o *contravindicatio*) al *adsertor libertatis* y que se denomina con la locución "*adserere manu liberali*", haría referencia al gesto de aprehender que expresa la libertad de la persona presente *in iure*. El gesto de *ipsam rem aprehendere* se haría al inicio de pronunciar los *verba*: *hunc ego hominem...*, seguido de *festucam imponere* al final, cuando se termina con las palabras *vindictam inposui*.

A continuación, el pretor ordena que la persona sea liberada y el *adsertor libertatis* pronuncia el *sacramentum in libertatem* frente al supuesto

---

como un animal suelto, y para ello cuenta con la ayuda de la autoridad pública. *Vid*. D. 11.4.1 y C. Th. 4.8.5.

197. M. NICOLAU, *Causa liberalis*, cit., p. 102, se decanta también por esta posibilidad.

198. Cfr. C. Th. 4.8.5.

199. El procedimiento de *circumductio* organizado por Constantino —C. Th. 4.8.5— prueba que antes de él no existe ningún procedimiento especial. En opinión de M. NICOLAU, *Causa liberalis*, cit., p. 111, aunque existieran ciertas costumbres extrajudiciales a este respecto (de las que, por cierto, no hay rastro), nada prueba que alguna vez se les designe con el nombre de *proclamatio in libertatem*.

200. P. F. GIRARD, *Histoire de l'organisation judiciaire*, cit., p. 193, nt. 1; C. BERTOLINI, *Appunti didattici di diritto romano. Serie seconda. II processo civile*, vol. I, Torino 1913, pp. 112 s.; G. I. LUZZATTO, *Procedura civile romana. 2. Le legis actiones*, Bologna 1948, pp. 101 y 267 s.; P. NOAILLES, *Du Droit sacré*, cit., p. 98; H. LÉVY-BRUHL, *Recherches sur les actions de la loi*, cit., p. 37.

201. Sobre este punto *vid*. M. NICOLAU, *Causa liberalis*, cit., p. 14.

202. *Vid*. E. JOBBÉ-DUVAL, *Histoire de la procédure civile*, cit., pp. 193; P. NOAILLES, *Du droit sacré*, cit., pp. 62 y 97 s.

dueño que pronuncia el *sacramentum in servitutem*[203]. La *summa sacramenti* se fija en la cantidad mínima de cincuenta ases: *sacramentum quinquagenarium*[204]. A diferencia de lo visto en la *legis actio per sacramentum*, dicha cantidad se establece con independencia del valor del esclavo con la finalidad de favorecer los procesos de libertad y no gravar en exceso a la persona que asume la condición de defensor de la libertad de una persona.

Gai. 4.14: *At si de libertate hominis contruersia erat, etiamsi pretiosissimus homo esset, tamen ut L assibus sacramento contenderetur, eadem lege cautum est, fauore scilicet libertatis, ne onerarentur adsertores.*

Tras la recíproca *provocatio sacramento*, lo más probable es que el magistrado *dicere vindicias secundum libertatem*[205], esto es, asigne la posesión provisional de la cosa objeto de litigio al *adsertor libertatis*[206] en espera de la sentencia y que tenga lugar, por un lado, la constitución de los *praedes litis et vindiciarum* por parte de quien recibe la cosa a favor de la contraparte procesal para asegurar la restitución de la cosa si su *sacramentum* es declarado *iniustum* y, por otro, la constitución de *praedes sacramenti* por parte de ambos litigantes para asegurar el pago de la suma correspondiente al *sacramentum*[207]. La libertad de atribución de *vindiciae* por parte del magistrado, vista en el procedimiento de las *legis actiones*, conoce de otra excepción en los procesos de libertad, pues en estos casos se concede la posesión provisional al *adsertor libertatis*, lo que significa que el esclavo sigue siendo provisionalmente libre[208]. Ante los evidentes riesgos que entraña la

---

203. Cic. *pro Caec*. 33.97: *Cum Arretinae mulieris libertatem defenderem, et Cotta decemoiris religionem iniecisset non posse nostrum sacramentum iustum iudicari;* Cic. *de domo* 29.78: *si decemviri sacramentum in libertatem iniustum iudicassent.*

204. O. KARLOWA, *Der römische Civilprozess zur Zeit der Legisactionen*, cit., pp. 23 ss., advierte una relación específica de los pontífices con la *sacramenti actio* a partir del fragmento de Varro, *ling. lat.* 5.180, en el que las partes contendientes depositan originalmente las sumas del *sacramentum ad pontem*. Este autor señala que Varrón quiere designar algún lugar sagrado con las palabras *ad pontem*, pues dice, inmediatamente después, que el vencedor impone *suum sacramentum e sacro*.

205. *Vid.* Pomponio, *libro singulari Enchiridii*, D. 1.2.2.24; Liv. 3.44.5 y 12; Cic. *rep*. 3.44.

206. Mientras que en la época de las *legis actiones* la libertad provisional está garantizada por las *vindiciae secundum libertatem* (Liv. 3.44.5; 3.47.5; 3.56.4; 3.57.5; Cic. *rep*. 3.44; Ascon. *ad Cic. pro Cornelio* § 68 K; Pomponio, *libro singulari Enchiridii*, D. 1.2.2.24), en época clásica encontramos la expresión *liberi loco esse* (Paulo, 50 *ad ed.*, D. 40.12.24 pr.; *eod.24.3*; Gayo, *ad ed. praet. urb.*, D. 40.12.25.2; Arrio Menandro, *de re milit.*, D. 40.12.29.pr.). Cfr. CI. 5.34.1 y CI. 7.16.14.

207. M. NICOLAU, *Causa liberalis*, cit., p. 121, nt. 203, afirma que el testimonio más antiguo relativo a los fiadores se remonta, precisamente, al proceso de Virginia: Liv. 3.46.8: *Cum instaret adsertor puellae ut vindicaret sponsoresque daret, atque id ipsum agi diceret Icilius, sedulo tempus terrens dum praeciperent iter nuntii missi in castra, manus tollere undique multitudo et se quisque paratum ad spondendum Icilio ostendere. Atque ille lacrimabundus 'gratum est' inquit; 'crastina die vestra opera utar; sponsorum nunc satis est.' Ita vindicatur Verginia spondentibus propinquis.* Parece que los que están dispuestos a actuar como fiadores levantan la mano, cfr. Liv. *eod*. 7: *manus tollere andique multitudo, et se quisque paratum ad spondendum Icilio ostendere.*

208. Sobre este tema, *vid.* P. NOAILLES, *Du droit sacrè*, cit., p. 178; O. KARLOWA, *Der römische Civilprozess zur Zeit der Legisactionen*, cit., p. 87; P. F. GIRARD, *Histoire de l'organisation judiciaire,*

concesión de la posesión al supuesto dueño, se articula un mecanismo jurídico que evita que el *dominus* ejerza crueles abusos contra el presunto esclavo, y, por tanto, la prudencia exige que en estos casos la persona sea liberada provisionalmente. De hecho, varias fuentes aluden a la regla *vindiciae secundum libertatem* y la remontan a la ley decenviral.

D. 1.2.2.24: *Initium fuisse seditionis dicitur Verginius quidam qui, cum animadvertisset Appium Claudium cantra jus quod ipse ex vetere jure in duodecim tabulas transtulerat, vindicias filiae suae a se abdixisse...*

Cic. *rep.* 2.63: *Quid cum decemviri Romae sine provocatone fuerunt tertio ilio anno, cum vindicia amisisset ipsa libertas*[209].

Liv. 3.44.12: *... lege ab ipso lata vindicias det secundum libertatem, neu patiatur virginem adultam famae prius quam libertatis periculum adire.*

Los tres fragmentos recogen la misma idea: la posesión provisional del supuesto esclavo en una *causa liberalis* debe atribuirse al *adsertor libertatis* conforme a una norma establecida en las XII Tablas.

III.1.3. Encaje en el proceso de Virginia

Una vez precisados los aspectos procedimentales de una *causa liberalis*, cabe preguntarse si podrían identificarse en el juicio contra Virginia. Este proceso sólo se desarrolla en su fase *in iure* ante el magistrado, de modo que no entramos en las cuestiones relativas a la fase *apud iudicem*, salvo en lo concerniente al posible tribunal competente, que abordaremos brevemente.

Tenemos a nuestra disposición dos textos jurídicos, de Cicerón y Pomponio, que no aportan información de interés para nuestro cometido por su brevedad. En cambio, contamos, de nuevo, con los relatos de Tito Livio y Dionisio de Halicarnaso, si bien su exposición del proceso es bastante defectuosa. En cierta medida, tiene sentido porque son historiadores, no juristas, que narran los acontecimientos con la pretensión de crear una obra artística e impregnarla, en algunos casos, de todo el dramatismo posible. En primer lugar, Tito Livio se preocupa principalmente del aspecto político de este proceso. Su objetivo es desarrollar la historia de Virginia como un episodio más de la elaboración de las XII Tablas y de la lucha patricio-plebeya,

---

cit., p. 74, nt. 2; M. NICOLAU, *Causa liberalis*, cit., p. 114; H. LÉVY-BRUHL, *Recherches sur les actions de la loi*, cit., p. 151. No todos los autores están de acuerdo. R. MASCHKE, *Freiheitsprozess im klassischen Altertum*, cit., pp. 38 ss; 55; 67 ss., cree que solo encuentra aplicación en la *vindicatio in servitutem* y toma como punto de partida Liv. 3.44-48.

209. También Ascon. *ad Cic. pro Corn.* § 68K: *.... et breviter et aperte ab ipso dicitur; nomina sola non addicit quia ille ex Decemviris fuerit qui contra libertatem vindicias detieni et quis ille pater contra cujus filiam id decrevit; scilicet quod notissimum est decemvirum illuni Appium Claudium fuisse, patrem autem virginis L. Verginium.*

de modo que no presta toda la atención debida al procedimiento y no comprende, en algunos momentos, la naturaleza y el alcance de los actos procesales. No obstante, está más familiarizado con el procedimiento civil romano, de modo que toca los aspectos procesales y reproduce el modelo procesal con suficiente fidelidad[210]. En el caso de Dionisio de Halicarnaso la secuencia de los acontecimientos es muy parecida a la de Tito Livio. Su relato es bastante más extenso, pero mucha información carece de interés procesal porque no domina las reglas esenciales del proceso romano y eso le lleva a cometer errores importantes. Como ya mencionamos al inicio de este trabajo, tuvo que manejar las mismas fuentes de Livio e incluso tenerlas delante, pues sus relatos son demasiado parecidos. No obstante, encontramos contradicciones entre ellos, algunas de especial relevancia, que pueden hacer pensar que también manejaron fuentes diferentes[211].

Parte de la doctrina que ha estudiado este proceso no considera conveniente utilizar el relato de Dionisio de Halicarnaso porque consideran que el historiador distorsiona los rasgos esenciales del proceso romano[212]. Sin embargo, una lectura cuidadosa de su relato puede ayudar en algunas ocasiones a aclarar ciertas cuestiones que no requieren de un conocimiento técnico, sino más bien del mensaje que se quiere transmitir con determinadas actuaciones.

Por último, y por lo que se refiere a Diodoro, la brevedad e inexactitud de su historia impiden reconstruir la historia a partir de sus afirmaciones.

Para ordenar correctamente este episodio, nos alejamos de la división que hacen los historiadores de esta historia conforme a los hitos más significativos de la misma y dividimos la exposición en diferentes escenas o episodios que se identifican, en la medida de lo posible, con los actos que se desarrollan en la fase *in iure*.

---

210. P. NOAILLES, *Virginia*, cit., p. 189, señala que la versión del juicio manejada por Tito Livio es redactada por un jurisconsulto, que sigue paso a paso el modelo de las XII Tablas.

211. Según V. PUNTSCHART, *Prozess der Virginia*, cit., p. 90, Dionisio elimina las aparentes contradicciones del relato de Livio mediante construcciones que, o bien ya ha encontrado en algunas fuentes, o bien a las que se ha visto obligado a recurrir por su concepción del proceso.

212. P. NOAILLES, *Virginia*, cit., p. 189, opina que el significado jurídico romano de la historia de Virginia ha desaparecido en la versión griega: no se distingue entre *ius* y *iudicium*, los abogados defienden el caso por sus méritos y se ven sentencias en los dos decretos emitidos por Apio. Por tanto, los rasgos característicos del juicio romano están completamente distorsionados y, por ello, considera arbitrario intentar sintetizar los elementos aportados por el relato de Dionisio de Halicarnaso. En cambio, A. SCHMIDT, *Der Prozess um Freiheit der Virginia*, cit., pp. 73 ss., que es uno de los primeros autores que explica el juicio de Virginia a partir de la comparativa de ambos relatos, considera que el relato debe ser aceptado, salvo en su última parte cuando habla de la sentencia definitiva.

Escena 1ª. Confabulación

La narración dramática y conmovedora de esta historia comienza cuando Apio Claudio queda cautivado por la belleza de Virginia e intenta seducirla. Al no lograrlo, decide tomar medidas más drásticas y pide ayuda a su cliente, Marco Claudio, para llevar a cabo sus planes.

Liv. 3.44.4: *Hanc virginem adultam forma excellentem Appius amore amens pretio ac spe perlicere adortus, postquam omnia pudore saepta animadverterat, ad crudelem superbamque vim animum convertit. M. Claudio clienti negotium dedit, ut virginem in servitutem adsereret neque cederet secundum libertatem postulantibus vindicias, quod pater puellae abesset locum iniuriae esse ratus.*

Dion. Hal. 11.28.3-5: ταύτην τὴν κόρην ἐπίγαμον οὖσαν ἤδη θεασάμενος Ἄππιος Κλαύδιος ὁ τῆς δεκαδαρχίας ἡγεμὼν ἀναγινώσκουσαν ἐν γραμματιστοῦ (ἦν δὲ τὰ διδασκαλεῖα τότε τῶν παίδων περὶ τὴν ἀγοράν) εὐθύς τε ὑπὸ τοῦ κάλλους τῆς παιδὸς ἑάλω καὶ ἔτι μᾶλλον ἔξω τῶν φρενῶν ἐγένετο πολλάκις ἀναγκαζόμενος παριέναι¹ τὸ διδασκαλεῖον ἤδη κρατούμενος ὑπὸ τοῦ πάθους. ὡς δ᾽ οὐκ ἠδύνατο πρὸς γάμον αὐτὴν λαβεῖν ἐκείνην τε ὁρῶν ἐγγεγυημένην ἑτέρῳ καὶ αὐτὸς ἔχων γυναῖκα γαμετήν, καὶ ἅμα οὐδ᾽ ἀξιῶν ἐκ δημοτικοῦ γένους ἁρμόσασθαι γάμον δι᾽ ὑπεροψίαν τῆς τύχης καὶ ὡς παρὰ τὸν νόμον ὃν αὐτὸς ἐν ταῖς δώδεκα δέλτοις ἀνέγραψε, τὸ μὲν πρῶτον ἐπειράθη διαφθεῖραι χρήμασι τὴν κόρην, καὶ προσέπεμπέ τινας ἀεὶ πρὸς τὰς τροφοὺς αὐτῆς γυναῖκας (ἦν γὰρ ὀρφανὴ μητρὸς ἡ παῖς) διδούς τε πολλὰ καὶ ἔτι πλείονα τῶν διδομένων ὑπισχνούμενος. παρηγγέλλετο δὲ τοῖς πειρωμένοις τὰς τροφοὺς μὴ λέγειν τίς ὁ τῆς κόρης ἐστὶν ἐρῶν, ἀλλ᾽ ὅτι τῶν δυναμένων τις εὖ ποιεῖν οὓς βουληθείη καὶ κακῶς. ὡς δ᾽ οὐκ ἔπειθον αὐτάς, ἀλλὰ καὶ φυλακῆς ἑώρα τὴν κόρην κρείττονος ἢ πρότερον ἀξιουμένην, φλεγόμενος ὑπὸ τοῦ πάθους τὴν ἰταμωτέραν ἔγνω βαδίζειν ὁδόν. μεταπεμψάμενος δή τινα τῶν ἑαυτοῦ πελατῶν, Μάρκον Κλαύδιον, ἄνδρα τολμηρὸν καὶ πρὸς πᾶσαν ὑπηρεσίαν ἕτοιμον, τό τε πάθος αὐτῷ διηγεῖται καὶ διδάξας ὅσα ποιεῖν αὐτὸν ἐβούλετο καὶ λέγειν, ἀποστέλλει συχνοὺς 6τῶν ἀναιδεστάτων ἐπαγόμενον.

Las narraciones de Tito Livio y Dionisio de Halicarnaso coinciden en su mayor parte. Dionisio de Halicarnaso expone con detalle cómo Apio Claudio se enamora de Virginia e intenta seducirla, mientras que Tito Livio se centra en el plan que Apio transmite a su cliente, Marco Claudio, para conseguir a la joven. Uniendo ambos relatos, podemos extraer el desarrollo de este primer episodio.

Apio Claudio queda atrapado por la belleza de la chica cuando la ve leyendo en casa del maestro y esta pasión aumenta al verse obligado a pasar cada día por delante de la escuela. Consciente de que no puede casarse con ella por su condición de plebeya y por su compromiso con otro hombre, trata de conquistarla con regalos y dinero. Como no lo consigue, urde un plan para hacerse con ella de manera ilícita, pero manteniendo la apariencia de legalidad. Llama a su cliente, Marco Claudio, para preparar con él la intriga. Le pide que reclame a la joven como esclava y que no ceda a las demandas de libertad provisional que pueda recibir (*ut virginem in servitutem adsereret neque cederet secundum libertatem postulantibus vindicias*)[213]. En este punto Livio centra todo su interés en el hecho de que el padre de Virginia está ausente y hay que aprovechar esta circunstancia (*quod pater puellae abesset locum iniuriae esse ratus*). ¿Por qué la ausencia de Virginio puede ser, desde un punto de vista jurídico, favorable a las intenciones de Apio? La razón no está clara en este momento. Se puede pensar que le permitiría *dare vindiciae secundum libertatem* a favor de su cliente, pero no podría estar más equivocado. La ausencia de Virginio impide la *adsertio libertatis* y, por tanto, a falta de *contravindicatio* no se puede conceder la posesión provisional a favor de su cliente[214]. Únicamente desde esta perspectiva se llegan a comprender los acontecimientos que se suceden después. Entenderemos mejor sus razones cuando nos adentremos en la siguiente escena.

Escena 2ª. *Manus iniectio* extrajudicial.

Como es sabido, la *manus iniectio*, al igual que la *vindicatio*, es un rito de apoderamiento, en el que, mediante gestos y palabras el embargante manifiesta su poder sobre un objeto o una persona. Mientras que en la *vindicatio* el que se apodera afirma que tiene un derecho sobre la persona o cosa, en la *manus iniectio* simplemente quiere obligar a una persona a hacer algo, o a seguirle. En el caso de la *manus iniectio vocati*, por la cual se llama a juicio a una persona a la que se desea hacer juzgar, una conocida disposición de las XII Tablas informa sobre este procedimiento: *Si in ius vocat ito. Ni it antestamino: igitur em capito. 2. Si calvitur pedemve struit manum endo iacito*[215].

Si nos centramos, de nuevo, en la historia de Virginia y atendiendo a lo acordado, Marco Claudio busca a la joven en el foro e intenta apoderarse de

---

213. R. MASCHKE, *Freiheitsprozess im klassischen Altertum*, cit., p. 50, señala que la primera instrucción del decenviro a su cliente es "*virginem in servitutem asseret*", lo cual debe entenderse de manera no técnica, como muchas en Livio. Es probable que Livio no comprenda las implicaciones de esto: el cliente debe llevarse a la muchacha como esclava si no hay objeciones; de lo contrario, *ne cederet secundum libertatem postulantibus vindicias*, es decir, debe exigir *vindiciae secundum libertatem*. Erróneamente, V. PUNTSCHART, *Prozess der Virginia*, cit., pp. 36 ss., cree que las palabras "*ne cederet secundum libertatem postulantibus vindicias*" significan que los *advocati* disputan la calidad de *vindices* idóneos. En contra, la mayoría de la doctrina. *Vid.*, por ejemplo, C. APPLETON, *Trois épisodes de l'histoire ancienne de Rome*, cit., p. 618.

214. Por su parte, C. APPLETON, *Trois épisodes de l'histoire ancienne de Rome*, cit., p. 601, considera que la *manus iniectio* sobre Virginia habría constituido un *furtum* si Virginio estuviera en Roma. En contra, G. FRANCIOSI, *Il processo di Virginia*, cit., p. 27; M. NICOLAU, *Causa liberalis*, cit., p. 189. Este último autor (nt. 312) lo considera un error por varios motivos, entre los cuales destaca que la noción de robo no varía según que el ladrón esté ausente o presente.

215. XII Tab. 1.1-2.

ella —"*manum iniecit*"—, argumentando que es una esclava nacida en su casa y que había sido robada.

Liv. 3.44.6: *Virgini venienti in forum—ibi namque in tabernaculis litterarum ludi erant—minister decemviri libidinis manum iniecit, serva sua natam servamque appellans, sequique se iubebat: cunctantem vi abstracturum.*

Es de especial relevancia averiguar cuál es el significado de la expresión "*manum iniecit*" para determinar si estamos ante una *legis actio per manus iniectionem*[216], ante una *manus iniectio vocati*[217] o, por último, ante un acto extrajudicial[218].

El relato comienza señalando que Apio Claudio busca a la joven en el foro; seguramente, un lugar público donde poder reunir un mayor número de testigos. A continuación, se lleva a cabo la *manus iniectio*. La incautación no sólo se lleva físicamente, sino que también va acompañada de palabras, al afirmar que Virginia es su esclava (*serva sua natam servamque appellans*)[219]. Luego le ordena que le siga y la amenaza, si vacila, con llevársela por la fuerza.

A la vista de estos sucesos, debemos plantearnos, en primer lugar, si la expresión "*manum iniecit*" hace referencia a la *manus iniectio* procesal y, por tanto, si estos términos se utilizan en sentido técnico[220]. Es difícil saber en qué momento los historiadores manejan los términos en un sentido técnico o literario[221]. Como hemos mencionado en otras muchas ocasiones, no parece, sin embargo, que con estas palabras Livio esté refiriéndose a la *legis actio per manus iniectionem* por varios motivos: la *manus iniecto* se lleva a

---

216. V. PUNTSCHART, *Prozess der Virginia*, cit., pp. 36 ss.; R. MASCHKE, *Freiheitsprozess im klassischen Altertum*, cit., p. 161; O. KARLOWA, *Der römische Civilprozess zur Zeit der Legisactionen*, cit., p. 321.

217. P. NOAILLES, *Fas et ius*, cit., p. 200; ID., *Du droit sacré*, cit., p. 128, afirma que la *manus iniectio servi* cambia de carácter y se convierte en una *manus iniectio vocati* por la intervención del *adsertor libertatis*. Sin embargo, en la primera escena no está presente ningún *adsertor libertatis*, sólo la multitud que reacciona contra el abuso.

218. En este sentido, A. SCHMIDT, *Der Prozess um Freiheit der Virginia*, cit., p. 8; C. APPLETON, *Trois épisodes de l'histoire ancienne de Rome*, cit., pp. 617 ss.; M. NICOLAU, *Causa liberalis*, cit., pp. 99 ss.

219. P. NOAILLES, *Virginia*, cit., p. 198, opina que la acción legal comienza declarando esclava a Virginia (*serva sua natam servamque appellans*), lo cual se amplifica literariamente en las primeras palabras que siguen a la "*manus iniectio*". Las frases adicionales, que indican que se le ordena seguir y que será forzada si se resiste (*sequique se iubebat: cunctantem vi abstracturum*), parafrasean con precisión la ley que establece que si alguien es llamado a juicio y no va, o si intenta evadirlo, se le puede aplicar la *manus injectio* (XII Tab. 1.1-2).

220. En esta línea, G. FRANCIOSI, *Il processo di Virginia*, cit., p. 22, nt. 16.

221. En las fuentes posteriores también encontramos el uso de esta expresión en sentido no técnico. *Vid.* Paulo, 5 *cuest.*, D. 18.7.9, que establece que el vendedor puede apoderarse (*manus iniectio*), sin más trámite, del esclavo encontrado en Italia y que, sin embargo, ha sido vendido con condición de que no viva en Italia.

cabo contra la persona del deudor mientras que en una *causa liberalis* la persona es considerada una cosa; esta *manus iniectio* sólo puede hacerse ante el magistrado; y, por último, no es posible la atribución de *vindiciae* en una *manus iniectio*[222].

Tampoco parece que esta expresión se refiera a una *manus iniecto vocati* que busque el inicio del procedimiento con el ejercicio de una *legis actio per sacramentum*, puesto que la *manus iniectio vocati* nunca puede preceder a la citación. El texto citado de las XII Tablas evidencia que, una vez realizada la citación se puede proceder a la *manus iniectio* si el demandado no quiere comparecer. Sería más razonable pensar que Livio sólo quiera recoger el acto de imponer las manos a alguien. Este acto constituiría un intento de justicia extrajudicial, desvinculado de las *legis actiones*[223], que, se realizaría por una persona que considera lesionados sus derechos y se dispone a tomarse la justicia por su mano mediante la fuerza[224]. Esta última idea parece la más razonable por varios motivos. Por un lado, Claudio comienza apoderándose de Virginia y para que este acto violento no sea considerado un acto ilícito, alega su causa: Virginia es la hija de una de sus esclavas que fue robada. A continuación, amenaza con recurrir a la fuerza si Virginia se niega a seguirlo. Por otro lado, el relato de Dionisio de Halicarnaso no detalla la actuación del cliente con palabras técnicas, pero sí deja entrever su finalidad, que no es otra que apoderarse de Virginia y llevársela a su casa: ὁ δὲ παραγενόμενος ἐπὶ τὸ διδασκαλεῖον ἐπιλαμβάνεται τῆς παρθένου καὶ φανερῶς ἄγειν ἐβούλετο δι᾽ ἀγορᾶς. κραυγῆς δὲ γενομένης καὶ πολλοῦ συνδραμόντος ὄχλου κωλυόμενος ὅποι προῃρεῖτο τὴν κόρην ἄγειν ἐπὶ τὴν ἀρχὴν παραγίνεται.

En definitiva, lo más probable es que este acto de Marco Claudio exprese un intento de justicia privada y extrajudicial en el que, como *dominus*, puede imponer la mano sobre su esclava, Virginia, y llevársela a su casa sin ningún tipo de juicio (*manus iniectio servi*). De ahí, que la ausencia del

---

222. *Vid.* C. APPLETON, *Trois épisodes de l'histoire ancienne de Rome*, cit., p. 617.

223. En este sentido, también R. MASCHKE, *Freiheitsprozess im klassischen Altertum*, cit., p. 48. Por su parte, M. NICOLAU, *Causa liberalis*, cit., pp. 99 ss., afirma que la *manus iniectio* mencionada por Tito Livio es un acto extrajudicial de una persona que, juzgándose lesionada en sus derechos, se dispone a tomarse la justicia por su mano mediante la fuerza. M. Claudio comienza por apoderarse de la joven: la expresión *manum iniecit* tiene aquí su sentido más fuerte, su significado primitivo. Esto no debe sorprender, ya que esta expresión conserva este valor en un gran número de textos jurídicos. En contra, P. NOAILLES, *Virginia*, cit., pp. 192 ss., considera que la *manus iniectio vocati* es una acción de ley que está regulada por la Ley de las XII Tablas y no puede confundirse con la *manus iniectio iudicati*.

224. De esta opinión, M. NICOLAU, *Causa liberalis*, cit., p. 100; C. St. TOMULESCU, *Sur le maxime Vindiciae*, cit., p. 143, nt. 12. Este último autor considera que la *manus iniectio* que precede a esta *in ius vocatio* expresa una simple situación de hecho.

padre se crucial para que pueda apoderarse de Virginia sin cometer un delito[225].

Escena 3ª. *In ius vocatio*

Liv. 3.44.7-8: *Pavida puella stupente, ad clamorem nutricis fidem Quiritium implorantis fit concursus; Vergini patris sponsique Icili populare nomen celebrabatur. Notos gratia eorum, turbam indignitas rei virgini conciliat. Iam a vi tuta erat, cum adsertor nihil opus esse multitudine concitata ait; se iure grassari, non vi. Vocat puellam in ius.*

Aplicada la justicia privada por Marco Claudio, éste podría haber consumado su acto si nadie hubiera intercedido a favor de Virginia. Sin embargo, los transeúntes se manifiestan a su favor y cuando la muchacha queda fuera de su alcance (*iam a vi tuta erat*), se ve obligado a declarar que tiene intención de acudir a los tribunales para que se reconozca su derecho (*se iure grassari, non vi*). A continuación, cita a Virginia ante el magistrado[226]: *Vocat puellam in ius*[227].

En este punto, Tito Livio utiliza, de nuevo, la palabra *"vis"* dos veces. Como ya hemos visto, la primera alude a una simple aplicación de justicia privada y, por tanto, se refiere a una violencia material (*...cunctantem vi abstracturum...*). ¿Podríamos entender lo mismo en los otros dos casos o harían referencia a la *vis civilis*, a la fuerza del ritual? Tras la intervención de los transeúntes, Claudio afirma que actuará conforme a la ley y no usará la fuerza: «*Iam a vi tuta erat... se iure grassari, non vi... vocat puellam in ius*»,[228]. Esta afirmación obliga a plantearse otra cuestión: ¿sería posible ver en estas palabras una *in ius vocatio* formal?[229] Hay una razón para no inter-

---

225. Cometer un acto que atente contra la virtud de una persona libre de una familia romana es considerado un delito muy grave. Este delito se llama adulterio si la relación sexual se mantiene con una mujer casada y *stuprum* si la relación es con un hijo o hija de la familia. El culpable puede ser condenado a muerte y el *pater familias* tiene derecho a matarlo.

226. J. C. VAN OVEN, *Le procès de Virginie*, cit., p. 173; C. St. TOMULESCU, *Sur le maxime Vindiciae*, cit., p. 143, nt. 12, son partidarios de observar una verdadera *in ius vocatio*, porque Virginia sigue siendo una ciudadana romana libre hasta la sentencia. En contra, M. NICOLAU, *Causa liberalis*, cit., p. 101 y G. FRANCIOSI, *Il processo di libertà*, cit., p. 22 nt. 19.

227. Liv. 3.44.8. En las comedias de Plauto encontramos bastantes ejemplos de citaciones a juicio: *Asin.* 480 (*M. in ius voco te. L. Non eo*); *Pers.* 745 (*S. Age, ambula in ius, leno*); *Poen.* 1225 (*in ius vos voco*); 1232 (*H. Moramini. in ius vos voco. nisi honestius prehendi. A. Quid in ius vocas nos?*); *Rud.* 860 (*P. Age ambula in ius...*); *Truc.* 840 (*C. Eamus, tu, in ius...*); *Curc.* 620-621 (*Ph. Qui scis mercari furtivas atque ingenuas virgines, ambula in ius...*). Con frecuencia se dice *"in ius te voco"*, pero también se emplean otros términos como *"Ambula in jus"*, *"Eamus in ius"*, *"Age, ambula in ius"*, lo que podría demostrar que no se trataran de expresiones técnicas.

228. P. NOAILLES, *Virginia*, cit., p. 198, señala que estos actos de *vis* son manifestaciones de fuerza, no de violencia, puesto que no es una fuerza física, sino lo que él llama una fuerza ritual.

229. Identifican una *in ius vocatio* formal E. JOBBÉ-DUVAL, *Histoire de la procédure civile*, cit., p. 320, nt.1; P. NOAILLES, *Du Droit sacré*, cit., p. 124 ss.; ID., *Fas et ius*, cit. p. 200; J. C. VAN OVEN, *Le*

pretar estas palabras al pie de la letra. No parece admisible citar a juicio a un esclavo, puesto que no es sujeto sino objeto de derecho[230], de modo que es díficil reconocer que Virginia pueda ser válidamente emplazada ante el magistrado mediante una *in ius vocatio*. Si tenemos en cuenta las palabras de Pedio (*non fuit persona quae in ius vocari potuit*)[231], el presunto esclavo puede ser llevado ante el magistrado, pero esa citación no reviste la forma de *in ius vocatio*.

Escena 4ª. Inicio del proceso y *adsertor libertatis*

Hecha la citación informal, todos acuden al *tribunal* de Apio Claudio.

Liv. 3.44.8: *Auctoribus qui aderant ut sequerentur*[232]*, ad tribunal Appi perventum est*[233].

Con las partes presentes ante el magistrado, se inicia el juicio[234]. Aquí encontramos una de las discrepancias de mayor importancia entre Tito Livio y Dionisio de Halicarnaso. Según Livio, el juicio comienza sin la presencia de un *adsertor libertatis*, mencionando únicamente a los defensores de Virginia. Incluso llega a pronunciar un decreto que declara *vindiciae secundum servitutem*, antes de que lleguen su tío y su prometido. En contraste, Dionisio de Halicarnaso relata que el juicio solo comienza tras su llegada.

Dion. Hal. 11.28.6-7: κραυγῆς δὲ γενομένης καὶ πολλοῦ συνδραμόντος ὄχλου κωλυόμενος ὅποι προῃρεῖτο τὴν κόρην ἄγειν ἐπὶ τὴν ἀρχὴν παραγίνεται. ἐκάθητο δ᾽ ἐπὶ τοῦ βήματος τηνικαῦτα μόνος Ἄππιος χρηματίζων τε καὶ δικάζων τοῖς δεομένοις. βουλομένου δ᾽ αὐτοῦ λέγειν κραυγή τε καὶ ἀγανάκτησις ἦν ἐκ τοῦ περιεστῶτος ὄχλου, πάντων ἀξιούντων περιμένειν ἕως ἔλθωσιν οἱ συγγενεῖς τῆς κόρης· καὶ ὁ Ἄππιος οὕτως ἐκέλευσε ποιεῖν. ὡς δ᾽ ὀλίγος ὁ μεταξὺ χρόνος ἐγεγόνει, καὶ1 παρῆν ὁ πρὸς μητρὸς θεῖος τῆς παρθένου Πόπλιος Νομιτώριος ... αἱ μετ᾽ οὐ πολὺ Λεύκιος...

---

procès de Virginie, cit., p. 173.

230. *Vid.* C. APPLETON, *Trois épisodes de l'histoire ancienne de Rome*, cit., p. 594, nt. 1. Considera que no hay que escandalizarse al ver que la *in ius vocatio* pueda utilizarse con respecto a un supuesto esclavo porque los romanos hablaban latín.

231. Ulpiano, 5 *ad ed.*, D. 2.7.3.*pr.*: *quod si servum quis exemit in ius vocatum. Pedius putat cessare edictum, quoniam non fuit persona, quae in ius vocare potuit. Quid ergo? Ad exhibendum erit agendum.* En contra, P. NOAILLES, *Fas et ius*, cit., p. 184, nt. 4 y 200, nt. 3, entiende que el principio sólo se refiere al procedimiento formulario.

232. Algunos manuscritos mencionan *sequerent* en lugar de *sequeretur*. *Vid.* J. BAYET, *Tite-Live. Histoire romaine*, cit., p. 143, que lo traduce de la siguiente manera: "Los asistentes lanzaron entonces este llamamiento: ¡Sigámosles!".

233. En esta línea, Dion. Hal. 11.28.6 señala que se dirigen a la magistratura y sentado en la tribuna está en ese momento Apio, tratando asuntos públicos y administrando justicia a quienes lo solicitan: ... ἐκάθητο δ᾽ ἐπὶ τοῦ βήματος τηνικαῦτα μόνος Ἄππιος χρηματίζων τε καὶ δικάζων τοῖς δεομένοις.

234. *Vid.* también Diod. 12.24.3: τοῦ δὲ συκοφάντου φήσαντος ἰδίαν αὐτοῦ εἶναι δούλην καὶ πρὸς τὸν ἄρχοντα καταστήσαντος δουλαγωγουμένην,² προσαγαγὼν κατηγόρησεν ὡς δούλης.

Sólo cuando Virginia es llevada ante el magistrado, el *adsertor libertatis* necesita darse a conocer[235]. Si no lo hace, M. Claudio puede, con la autorización del magistrado, llevarse consigo a Virginia. Sin embargo, no es tan fácil encontrar un *adsertor libertatis*. Sabemos que el magistrado dispone de cierta discrecionalidad en cuanto a la elección del *adsertor libertatis* y que tiene derecho a rechazar a las *personae suspectae*. Asimismo, los procesos de libertad se basan en el propio interés del *adsertor libertatis*, de modo que, en ciertos supuestos, puede entenderse que sólo determinadas personas puedan ser *adsertores* cualificados. Así sucede cuando la persona está bajo potestad paterna. En estos casos, *adsertor libertatis* sólo podía serlo su *pater familias*. Es importante dejar clara esta cuestión, porque de ello depende que Apio pueda conceder *vindiciae*, y, para ello, es esencial determinar si los *advocati* de Virginia pueden ser *adsertores* apropiados y autorizados por Apio. Varias expresiones son utilizadas por Livio para referirse a quienes defienden a la muchacha (*Auctoribus qui aderant ut sequerentur* o *Advocati puellae*)[236], pero en ninguna de ellas podemos ver la figura del *adsertor libertatis*.

Escena 5ª. *Vindicationes*

Presentes las partes ante Apio Claudio, tendríamos que encontrar sus posiciones claramente definidas. M. Claudio haría la primera *vindicatio* afirmando que Virginia es su esclava (*adserere manu in servitutem*), mientras que el *adsertor libertatis* se opondría mediante la *vindicatio in libertatem* (*adserere manu in libertatem*). Una vez realizadas las *vindicationes* se organizaría el *sacramentum* y el magistrado adjudicaría la posesión provisional del supuesto esclavo a la persona que ha hecho la *adsertio in libertatem* (*dicere* o *dare vindiciae secundum libertatem*).

Sin embargo, es difícil identificar dichas *vindicationes*, puesto que Livio no parece que tenga entre sus objetivos explicar paso a paso la historia desde un punto de vista procesal. No obstante, cabe destacar la existencia del verbo "*vindicare*" en diferentes lugares del relato de Livio frente a Dionisio Halicarnaso (11.31) y Diodoro (12.24.2) que omiten este dato. Así, encontramos en Livio las expresiones "*adsertio in servitutem*" (Liv. 3.44.5; 3.47.7 y 3.46.3) y "*adsertio in libertatem*" (Liv. 3.45.2; 3.46.7; 3.46.8 y 3.48.5).

---

235. Sobre el *adsertor libertatis*, *vid. infra* apartado III.2.

236. V. PUNTSCHART, *Prozess der Virginia*, cit., p. 41 recoge que Livio no llama *vindex* a ninguno de los presentes, sino que habla apropiadamente sólo de *advocati*. Por su parte, R. MASCHKE, *Freiheitsprozess im klassischen Altertum*, cit., pp. 18 s., considera que no es posible porque no puede haber una pluralidad de *vindices* en el juicio y porque Livio habla después de *advocati* y no de *vindices*.

Conforme al relato de Livio, Marco Claudio es el primero en hablar y explica la causa: que la muchacha, nacida en su casa, fue raptada y trasladada a casa de Virginio donde le fue presentada como su hija. A continuación, afirma que tiene una prueba que presentará en juicio e, incluso, lo hará ante el propio Virginio, el más afectado por aquel fraude.

Liv. 3.44.9-10: *Notam iudici fabulam petitor, quippe apud ipsum auctorem argumenti, peragit: puellam domi suae natam furtoque inde in domum Verginii translatam suppositam ei esse: id se iudicio compertum adferre probaturumque vel ipso Verginio iudice ad quem maior pars iniuriae pertineat: interim dominum sequi ancillam aequum esse.*

Por su parte, Dionisio de Halicarnaso ofrece más detalles, si bien recoge unos argumentos parecidos: Marco Claudio tenía una esclava que había servido a la familia durante años. Cuando queda embarazada, la mujer de Virginio, que no tenía hijos, la convence para que le entregue a la criatura cuando dé a luz. Cuando la niña nace, la esclava dice que ha muerto y se la entrega a Numitoria.

Alegada la causa, afirma que tiene muchos y buenos testigos que le permiten llevarse a la muchacha y propone, por un lado, someterlo a juicio si alguien hace valer sus derechos aportando suficientes garantías de que llevará a Virginia a juicio; por otro, exponer la causa ante Apio en ese mismo momento sin necesidad de presentar fianza, si se quiere que la decisión sea rápida y no provoque retrasos en el asunto.

Dion. Hal. 11.29.1-4: Σιωπῆς δὲ γενομένης Μάρκος Κλαύδιος ὁ τῆς παιδὸς ἐπιλαβόμενος τοιοῦτον διεξῆλθε λόγον· "Οὐδὲν οὔτε προπετὲς οὔτε βίαιον πέπρακταί μοι περὶ τὴν κόρην, Ἄππιε Κλαύδιε· κύριος δ᾽ αὐτῆς ὢν κατὰ τοὺς νόμους ἄγω. ὃν δὲ τρόπον ἐστὶν ἐμή, μάθε. ἔστι μοι θεράπαινα πατρικὴ πολλοὺς πάνυ δουλεύουσα χρόνους. ταύτην κύουσαν ἡ Οὐεργινίου γυνὴ συνήθη καὶ εἰσοδίαν οὖσαν ἔπεισεν, ὅταν τέκῃ, δοῦναι τὸ παιδίον αὐτῇ. κἀκείνη φυλάττουσα τὰς ὑποσχέσεις γενομένης αὐτῇ ταύτης τῆς θυγατρὸς πρὸς μὲν ἡμᾶς ἐσκήψατο νεκρὸν τεκεῖν, τῇ δὲ Νομιτωρίᾳ δίδωσι τὸ παιδίον· ἡ δὲ λαβοῦσα ὑποβάλλεται καὶ τρέφει παίδων οὔτ᾽ ἀρρένων οὔτε θηλειῶν οὖσα μήτηρ. πρότερον μὲν οὖν ἐλάνθανέ με ταῦτα, νῦν δὲ διὰ μηνύσεως ἐπιγνοὺς καὶ μάρτυρας ἔχων πολλοὺς καὶ ἀγαθοὺς καὶ τὴν θεράπαιναν ἐξητακὼς ἐπὶ τὸν κοινὸν ἁπάντων καταφεύγω νόμον, ὃς οὐ τῶν ὑποβαλλομένων, ἀλλὰ τῶν μητέρων εἶναι τὰ ἔκγονα δικαιοῖ, ἐλευθέρων μὲν οὐσῶν ἐλεύθερα, δούλων δὲ δοῦλα, τοὺς αὐτοὺς ἔχοντα κυρίους οὓς ἂν καὶ αἱ μητέρες αὐτῶν ἔχωσι. κατὰ τοῦτον τὸν νόμον ἀξιῶ τὴν θυγατέρα τῆς ἐμῆς θεραπαίνης ἄγειν, καὶ δίκας ὑπέχειν βουλόμενος, κἂν ἀντιποιῆταί τις, ἐγγυητὰς καθιστὰς ἀξιοχρέους ἄξειν αὐτὴν ἐπὶ τὴν δίκην· εἰ δὲ ταχεῖαν βούλεταί τις γενέσθαι τὴν διάγνωσιν, ἕτοιμος ἐπὶ σοῦ λέγειν τὴν δίκην αὐτίκα μάλα, καὶ μὴ διεγγυᾶν τὸ σῶμα μηδ᾽ ἀναβολὰς τῷ πράγματι προσάγειν ὁποτέραν δ᾽ ἂν οὗτοι βουληθῶσι τῶν αἱρέσεων, ἑλέσθωσαν".

Si comparamos ambos relatos, coinciden en la causa que justifica la esclavitud de Virginia, pero se alejan, en cambio, en el modo en el que Marco Claudio solicita su derecho a llevarse a Virginia. Por lo que se refiere a Dio-

nisio de Halicarnaso, confunde las reglas procesales: por un lado, propone
someterlo a juicio con la aportación de las oportunas garantías y, por otro,
propone resolverlo en ese momento con carácter inmediato. Esta última opción no puede ser valorada desde un punto de vista del procedimiento civil
romano[237], lo que nos llevaría a centrarnos en el relato de Livio. En este
caso, no se recoge formalmente la *vindicatio* de Marco Claudio, lo que resulta razonable si tenemos en cuenta que quien escribe es un historiador que
lo hace para el público en general. De hecho, es habitual que resuma en
exceso el desarrollo jurídico y, más aún, los detalles procesales para no re-
sultar tedioso al lector. En este caso, no interesa tanto la fórmula de la *vindicatio,* que, por otro lado, todos conocen, como las razones que va a alegar
Marco Claudio para justificar su reclamación. Livio presenta a las personas
en escena pronunciando discursos verdaderamente admirables, pero esos
discursos no se han conservado, de modo que no los reproduce literalmente
y hay que tenerlos en cuenta en la medida en que revelan los hechos. Así
las cosas, se podría afirmar que Apio procede con la *vindicatio*[238].

A continuación, responden los defensores de la muchacha (*advocati*). Su
respuesta es presentada por Livio de manera ambigua, lo que genera cierta
confusión. Los presentes piden que se posponga el juicio hasta que Virginio,
ausente por asuntos públicos, pueda comparecer y tenga la oportunidad de
defender a su hija. Virginio está en el ejército, de modo que no se puede
oponer una *contravindicatio* a la *vindicatio* de M. Claudio, al menos ese día.
Al mismo tiempo solicitan que se posponga el juicio hasta el día siguiente,
y, aquí está la confusión, solicitan que el magistrado conceda *vindiciae secundum libertatem*, es decir, conceda la libertad provisional a Virginia.

Liv. 3.44.11-12: *Advocati puellae, cum Verginium rei publicae causa
dixissent abesse, biduo adfuturum si nuntiatum ei sit, iniquum esse absen-
tem de liberis dimicare, postulant ut rem integram in patris adventum diffe-
rat, lege ab ipso lata vindicias det secundum libertatem*[239], *neu patiatur virginem adultam famae prius quam libertatis periculum adire.*

Esta es la primera referencia que encontramos a las *vindiciae secundum
libertatem* en el proceso contra Virginia (... *lege ab ipso lata vindicias det
secundum libertatem* ...). Aduciendo una ley promulgada por el propio Apio
Claudio, que serían las XII Tablas, los *advocati* solicitan la libertad provisional de Virginia (*vindiciae secundum libertatem*) para que no sea cuestionada

---

237. En el procedimiento civil romano nos encontramos con la bipartición del proceso. No
obstante, esta cuestión ha sido objeto de constante discusión doctrinal, existiendo una corriente en los
últimos tiempos que es contraria a esta idea de la bipartición procesal. *Vid.* también pp. 94 y ss.

238. Sobre esta cuestión, *vid.* J. C. VAN OVEN, *Le procès de Virginie,* cit., p. 174.

239. G. FRANCIOSI, *Il processo di Virginia,* cit., pp. 27-28, entiende que la solicitud de los
advocati se refiere sólo a "*differre rem integram in patris adventum*" y que lo más probable es que el
relato contenga, a lo más, la solicitud de garantía para la exhibición de Virginia en juicio.

la reputación de la joven. En este punto, parece que Livio mezcla dos situaciones: por un lado, los *advocati* solicitan posponer el juicio, pero no se presentan como *adsertores*; por otro, solicitan *vindiciae*, pero sólo pueden hacerlo si son aceptados como *adsertores* y se procede con la *contravindicatio* y con el *sacramentum*. Lo más probable es que los *advocati* soliciten la atribución de *vindiciae*, obviamente, después de su *vindicatio* a la espera de que se convoque a Virginio y asuma él mismo la defensa de Virginia. Sin embargo, Apio no los acepta como *adsertores* cualificados y, por tanto, no proceden *vindiciae*.

Esta defensa de Virginia por parte de sus familiares y amigos es presentada por Dionisio de Halicarnaso de modo diferente. En su relato es Numitorio quien toma la palabra y responde a Marco Claudio. Si bien el relato se separa completamente del pronunciado por Livio, se menciona la regla de las XII Tablas en virtud de la cual en el caso de una persona llevada de la libertad a la esclavitud no es el que quita la libertad, sino el que la salvaguarda el que debe tener la custodia hasta el juicio. Y esta norma, según Numitorio, debe mantenerse por varias razones: porque dicha norma se incluye por Apio en las XII Tablas; porque es el jefe de los decenviros y porque se le otorga el poder tribunicio para ayudar a los ciudadanos débiles y desamparados.

Dion. Hal. 11.30.4: ... εἰ καὶ μὴ πᾶσιν ἀνθρώποις, σώματος εἰς δουλείαν ἐξ ἐλευθερίας ἀγομένου μὴ τὸν ἀφαιρούμενον τὴν ἐλευθερίαν, ἀλλὰ τὸν φυλάττοντα κύριον εἶναι μέχρι δίκηςἔφη τε διὰ πολλὰς αἰτίας προσήκειν τῷ Ἀππίῳ φυλάττειν τοῦτο τὸ δίκαιον· πρῶτον μὲν ὅτι τὸν νόμον τοῦτον ἅμα τοῖς ἄλλοις ἐν ταῖς δώδεκα δέλτοις ἀνέγραψεν· ἔπειθ᾽ ὅτι τῆς δεκαδαρχίας ἡγεμών· πρὸς δὲ τούτοις ὅτι μετὰ τῆς ὑπατικῆς ἐξουσίας καὶ τὴν δημαρχίαν προσειλήφει, ἧς εἶναι κράτιστον ἔργον τοῖς ἀσθενέσι καὶ ἐρήμοις τῶν πολιτῶν βοηθεῖν.

Si lo comparamos con el relato de Tito Livio, descubrimos también esta norma de las XII Tablas en la intervención de Apio. Ante la propuesta de los *advocati*, Apio Claudio rechaza la solicitud de suspensión y defiende que la ley debe aplicarse a todos por igual. A continuación, alega otra regla esencial sobre la que orbita el proceso y que permite entender la razón por la cual los familiares no pueden ser *adsertores*: si el ciudadano cuya libertad está en disputa no es *sui iuris*, sino que se trata de un *filius familias*, el *adsertor libertatis* no puede ser cualquier ciudadano. En este caso, únicamente el *pater familias* tiene el derecho de defender a su hijo, que permanecerá en poder del padre hasta el resultado del juicio[240]. De hecho, Livio cree que la estrategia de Apio Claudio se basa en esta regla fundamental. Como Virginio

---

240. En contra de esta norma, J. C. VAN OVEN, *Le procès de Virginie*, cit., pp. 176 ss., opina que no hay ningún texto en las fuentes que permita probarlo y que es difícil de creer que todos los ciudadanos, que están *in potestate* en esa época, corran el riesgo de una *vindicatio in servitutem* en ausencia de sus padres Además, considera contradictorio que Marco Claudio invoque la no paternidad

está en el ejército y no se puede oponer una *contravindicatio*, al menos no en ese día concreto, Apio puede conceder la posesión provisional de Virginia a su cliente ofreciendo garantías de que presentará a Virginia ante el magistrado cuando el padre regrese.

Liv. 3.45.1-3: *Appio decreto praefatus, quam libertan faverit, eam ipsam legem declarare, quam Vergini amici postulationi suae praetendant; ceterum ita in ea firmum libertati fore praesidium, si nec causis nec personis variet:in iis enim, qui adserantur in libertatem, quia quivis lege agere possit, id iuris esse: in eas quae in patris manu sit, neminem esse alium, cui dominus possessione cedat. Placere itaque patrem arcessiri; interea iuris sui iacturam adsertorem non facere quin ducat puellam sistendamque in adventum eius qui pater dicatur promittat.*

Dion. Hal. 11.31.1-2 : μικρὸν ἐπισχὼν χρόνον Ἄππιος, "Ἐγὼ τὸν μὲν νόμον," εἶπεν, "οὐκ ἀγνοῶ τὸν ὑπὲρ τῆς διεγγυήσεως τῶν εἰς δουλείαν ἀγομένων κείμενον, ὃς οὐκ ἐᾷ παρὰ τοῖς ἀφαιρουμένοις εἶναι τὸ σῶμα μέχρι δίκης, οὐδὲ καταλύσαιμι ἂν ὃν αὐτὸς ἔγραψα ἑκών. ἐκεῖνο μέντοι δίκαιον ἡγοῦμαι, δυεῖν ὄντων τῶν ἀντιποιουμένων, κυρίου καὶ πατρός, εἰ μὲν ἀμφότεροι παρῆσαν, τὸν πατέρα κρατεῖν τοῦ σώματος μέχρι 2δίκης· ἐπεὶ δ' ἐκεῖνος ἄπεστι, τὸν κύριον ἀπαγαγεῖν ἐγγυητὰς ἀξιοχρέους δόντα καταστήσειν ἐπὶ τὴν ἀρχὴν ὅταν ὁ πατὴρ αὐτῆς παραγένηται. περὶ δὲ τῶν ἐγγυητῶν καὶ τοῦ τιμήματος καὶ τοῦ μηδὲν ὑμᾶς ἐλαττωθῆναι περὶ τὴν δίκην πολλὴν ποιήσομαι πρόνοιαν, ὦ Νομιτώριε. νῦν δὲ παράδος τὴν κόρην.".

Esta norma de las XII Tablas parece que la tenían clara todos los presentes. Tanto Livio como Dionisio de Halicarnaso presentan una defensa por parte de los familiares de Virginia —en un caso por los *advocati*, en otro por Numitorio— que no se corresponde con la de un *adsertor libertatis*, seguramente porque son conscientes de que no pueden serlo. De ahí que no podamos encontrar la referencia a una *contravindicatio*, como volveremos a ver un poco más adelante.

Expuestas las razones, Apio decide que se haga venir el padre y que, entretanto, el reclamante se lleve a la muchacha prometiendo presentarla ante el magistrado a la llegada del que dicen ser su padre.

Lo visto hasta ahora podría hacernos pensar que Apio no acepta la aplicación de la regla *vindiciae pro libertate* porque Virginia estaría bajo la patria potestad, de modo que conserva su discrecionalidad y decide que sólo debe darse preferencia al padre y no al *dominus* en la concesión de la posesión provisional (*in eas quae in patris manu sit, neminem esse alium, cui dominus possessione cedat*). Y este es uno de los delitos de Apio Claudio según Livio: conceder la posesión temporal de Virginia a su cliente en contra de la norma consuetudinaria recogida en las XII Tablas. Sin embargo, esta

---

de Virginio para reclamar a Virginia y, al mismo tiempo, invoque su paternidad para poder afirmar que nadie más que Virginio puede ser *adsertor libertatis*.

norma, que está plenamente aceptada en época clásica y alineada con el *favor libertatis*, es posible que no estuviera totalmente asentada en esta época[241]. Una de las principales preguntas que deberíamos plantearnos es la razón por la cual Livio presenta la atribución de las *vindiciae* sin una *contravindicatio* formal. Como no es posible que la atribución de *vindiciae* pueda preceder a la realización de los ritos propios de la acción de ley sacramental, nos planteamos una solución diferente.

La única manera de entender este primer decreto de Apio Claudio es considerar que está autorizando la *vindicatio* de M. Claudio, pero no así la de sus familiares[242]. Esta autorización al demandante a *lege agere* y, por tanto, a que proceda con la *vindicatio*, adopta la forma de decreto[243]. En esta época, la falta de *adsertio libertatis* supondría que Virginia sea *indefensa*, lo que se traduciría en una *addictio* del magistrado reconociendo la legitimidad de la pretensión del demandante[244]. Se confirmaría que la *vindicatio* no va seguida de una *contravindicatio*, tal como sucede también con la *in iure cessio* o la *manumissio vindicta*, en donde se lleva a cabo también la forma ritual de la *vindicatio*. Sabemos que el pretor debe decidir sobre la concesión de la *legis actio* y que suelen utilizarse las expresiones *dare actionem* o *denegare actionem*, que sugieren un acto formal del magistrado que puede traducirse en un decreto[245]. Esta afirmación parece confirmarse gracias a la definición ofrecida por Gayo sobre *decretum*[246], según la cual sería la orden dada por el magistrado de hacer algo, como sería en este caso llevar a cabo la *vindicatio*. Asimismo, el hecho de que Tito Livio hable de *vindiciae* parece más una confusión por parte del historiador sobre el significado de los términos, de modo que una interpretación excesivamente literal acabaría forzando el sentido del relato. El historiador puede haberse confundido porque la discusión sobre la interpretación de la máxima *vindicatio secundum libertatem* acontece al inicio del juicio cuando los *advocati* argumentan que cualquier ciudadano puede solicitar la libertad provisional de alguien cuyo *status* está en disputa y, en cambio, Apio interpreta que sólo su padre puede ser el *adsertor libertatis*. Livio lo malinterpreta como una solicitud de libertad provisional antes de completar las formalidades legales, lo cual es un

---

241. En este sentido, R. MASCHKE, *Freiheitsprozess im klassischen Altertum*, cit., p. 33

242. Hay quienes ven en este decreto la concesión de la posesión provisional. *Vid*. C. APPLETON, *Trois épisodes de l'histoire ancienne de Rome*, cit., p. 604; M. NICOLAU, *Causa liberalis*, cit., p. 193.

243. Liv. 3.45.1 : *Appius decreto praefatur…*

244. De esta misma opinión, C. St. TOMULESCU, *Sur le maxime Vindiciae*, cit., p. 148.

245. La *iurisdictio* del magistrado comprende los llamados *tria verba sollemnia: do, dico, addico*. *Vid*. M. LAURIA, "*Iurisdictio*", en *Studi in onore di Pietro Bonfante nel XL anno di insegnamento*, 11, Milano 1930, p. 52.

246. Gai. 4.140: *Vocantur autem decreta, cum fieri aliquid iubet, velut cum praecipit, ut aliquid exhibeatur, aut restituatur.*

absurdo jurídico[247]. Esta declaración de indefensión explicaría también la razón por la que Apio le pide más tarde a su cliente que renuncie a su derecho y el motivo por el cual ni su prometido ni después su padre argumentan su decisión desde un punto de vista jurídico.

Este primer decreto de Apio Claudio, por tanto, no concedería la posesión provisional, sino que autorizaría la *vindicatio* con el objetivo de que Virginia sea declarada *res indefensa* como consecuencia de no llevarse a cabo la *contravindicatio*[248]. Todo ello permitiría a Apio Claudio pronunciar la *addictio*[249] y que su cliente se lleve a Virginia a su casa, al mismo tiempo que deja abierta la posibilidad de que después Virginio vuelva a cuestionar la libertad de Virginia al día siguiente. Aunque la *addictio* del magistrado generalmente es definitiva, en los supuestos de *causa liberalis* esa decisión es provisional y el proceso puede repetirse indefinidamente a través de la *vindicatio in libertatem*.

Escena 6ª. Aplazamiento del juicio.

Después de pronunciar el decreto, todos murmuran sobre su injusticia, pero nadie se atreve a protestar. Todo parece cambiar con la llegada de Publio Numitorio e Icilio[250].

Liv. 3.45.4-5: *Adversus iniuriam decreti cum multi magis fremerent quam quisquam unus recusare auderet, P. Numitorius puellae auus et sponsus Icilius interveniunt; dataque inter turbam via, cum multitudo Icili maxime interventu resisti posse Appio crederet, lictor decresse ait vociferantemque Icilium submovet.*

La intervención de Icilio parece ofrecer una oportunidad para frustrar el plan del decenviro y la multitud le abre paso. En ese momento, el lictor afirma que se ha pronunciado el decreto y aparta a Icilio. Sin embargo, no consigue pararle e interviene a gritos, revelando las intenciones de Apio Claudio y amenazando con la violencia si se cumple el decreto.

Liv. 3.45.6-11: *Placidum quoque ingenium tam atrox iniuria accendisset. 'Ferro hinc tibi submovendus sum, Appi' inquit, 'ut tacitum feras quod celari vis. Virginem ego hanc sum ducturus nuptamque pudicam habiturus. Pro-*

---

247. *Vid.* C. St. TOMULESCU, *Sur le maxime Vindiciae*, cit., p. 149 ; G. FRANCIOSI, *Il processo di Virginia*, cit., p. 27.

248. En época posterior, a falta de *adsertor libertatis*, el libre reivindicado en esclavitud no permanece libre, sino que es *ductus* del reclamante. *Vid.* C. Th. 4.8.5: *ne, si adsertor defuerit, vine ti, multis eos scientibus liberos, a dominis ducantur.*

249. Según XII Tab. 1.8, se resuelve el litigio después del mediodía a favor de quien ha comparecido (*post meridiem praesenti litem addictio*). Cfr. C. APPLETON, *Trois épisodes de l'histoire ancienne de Rome*, cit., p. 594, nt. 1.

250. Dion. Hal. 11.28.7, en cambio, relata que ambos están presentes desde el comienzo de la audiencia *Vid. supra.*

inde omnes collegarum quoque lictores convoca; expediri virgas et secures iube; non manebit extra domum patris sponsa Icili. Non si tribunicium auxilium et provocationem plebi Romanae, duas arces libertatis tuendae, ademistis, ideo in liberos quoque nostros coniugesque regnum vestrae libidini datum est. Saevite in tergum et in cervices nostras: pudicitia saltem in tuto sit. Huic si vis adferetur, ego praesentium Quiritium pro sponsa, Verginius militum pro unica filia, omnes deorum hominumque implorabimus fidem, neque tu istud unquam decretum sine caede nostra referes. Postulo Appi, etiam atque etiam consideres quo progrediare. Verginius viderit de filia ubi venerit quid agat; hoc tantum sciat sibi si huius vindiciis cesserit condicionem filiae quaerendam esse. Me vindicantem sponsam in libertatem vita citius deseret quam fides.'

Dion. Hal. 11.31.3-5: Τοῦτο τὸ τέλος ἐξενέγκαντος Ἀππίου πολὺς μὲν ὀδυρμὸς ὑπὸ τῆς παρθένου καὶ τῶν περὶ αὐτὴν γυναικῶν ἐγίνετο καὶ κοπετός, πολλὴ δὲ κραυγὴ καὶ ἀγανάκτησις ἐκ τοῦ περιεστηκότος ὄχλου τὸ βῆμα. ὁ δὲ μέλλων ἄγεσθαι τὴν κόρην Ἰκίλιος ἐμφύεταί τε αὐτῆς καί φησιν· "Οὐκ ἐμοῦ γε ζῶντος, Ἄππιε, ταύτην ἀπάξεταί τις. ἀλλ᾽ εἴ σοι δέδοκται τοὺς νόμους καταλύειν, τὰ δὲ δίκαια συγχεῖν καὶ τὴν ἐλευθερίαν ἡμῶν ἀφαιρεῖσθαι, μηκέτι τὴν ὀνειδιζομένην ὑμῖν ἀρνοῦ τυραννίδα, ἀλλὰ τὸν ἐμὸν ἀποκόψας τράχηλον ταύτην τε ἀπαγαγεῖν, ὅπου σοι δοκεῖ, καὶ τὰς ἄλλας παρθένους καὶ γυναῖκας, ἵνα δὴ μάθωσιν ἤδη ποτὲ Ῥωμαῖοι δοῦλοι γεγονότες ἀντ᾽ ἐλευθέρων καὶ μηδὲν ἔτι μεῖζον φρονῶσι τῆς τύχης. τί οὖν ἔτι μέλλεις, ἀλλ᾽ οὐ τοὐμὸν ἐκχεῖς αἷμα πρὸ τοῦ βήματος ἐν τοῖς ἁπάντων ὀφθαλμοῖς; ἴσθι μέντοι σαφῶς ὅτι ἤτοι μεγάλων κακῶν ἄρξει Ῥωμαίοις ὁ θάνατος οὑμὸς ἢ μεγάλων ἀγαθῶν."

Las palabras que tanto Livio como Dionisio de Halicarnaso atribuyen a Icilio muestran la ira y la indignación que dominan a Icilio ante el posible destino de su prometida. Icilio está dispuesto a sacrificar su vida para proteger la vida y el honor de su prometida y llama a la multitud y a los dioses para que le apoyen en su causa. No presenta ninguna argumentación jurídica, pero sí política, cuando hace referencia a la pérdida de la protección de los tribunos de la plebe y del derecho de apelación. Asimismo, deja clara la injusticia que está cometiendo Apio y las consecuencias que implicaría para el prestigio de la familia haber decidido violar la ley, trastocar la justicia y arrebatar su libertad. Revela el vergonzoso propósito de Apio Claudio, al mismo tiempo que amenaza al decenviro de que él y sus amigos tendrán que ser asesinados si se cumple el decreto (*Verginius militum pro unica filia, omnes deorum hominumque implorabimus fidem, neque tu istud unquam decretum sine caede nostra referes*).

La deshonra de una esposa o hija afecta a toda la familia, haciéndola impura y susceptible a la venganza divina. Sin embargo, este acto no se considera moralmente incorrecto si se realiza con una esclava o liberta, ya que no tienen familia, de ahí que la intriga de Apio se centre en la declaración de esclavitud. Lo más probable es que Apio Claudio espere que Virginio no reclame a su hija deshonrada para evitar mancillar a su familia. De hecho, el propio Icilio está dispuesto a defender su honor y prefiere perder su vida antes que su honor, declarando que Virginio deberá buscar otro yerno si cede a la vindicación de Marco Claudio.

La cuestión más dudosa en esta escena se encuentra en la frase final del discurso de Icilio: *Me vindicantem sponsam in libertatem vita citius deseret quam fides*[251]. Dichas palabras provocan la duda de si Icilio quiere reclamar la libertad de Virginia y, por tanto, estamos ante una *vindicatio in libertatem* por su parte[252]. Seguramente, la multitud recobra la esperanza cuando se presenta en escena porque, al ser el prometido de Virginia, puede ser un *adsertor* cualificado y, por tanto, presentar una *vindicatio in libertatem*. A favor de la existencia de esta *vindicatio*, se encuentran las palabras que poco después Claudio pronuncia para insistir a Icilio que reclame y proporcione garantes para asistir a Virginia al día siguiente: *Cum instaret adsertor puellae ut vindicaret sponsoresque daret … Ita vindicatur Verginia spondentibus propinquis*[253]. Sin embargo, es contradictorio que con anterioridad se haya acordado que la *vindicatio* no sea posible sin la presencia de Virginio (y todas las decisiones giran en torno a esta idea) y ahora este inesperado cambio permita a Icilio llevar a cabo la *contravindicatio*.

Asimismo, Icilio da por sentado que será Virginio, cuando llegue, el que decida con relación a su hija (*Verginius viderit de filia ubi venerit quid agat*). Hasta ese momento todo el juicio ha girado en torno a la norma que impide nombrar como *adsertor* a cualquier ciudadano si el presunto esclavo es un *filius familias*. De hecho, en un primer momento, Apio considera a Icilio un *adsertor* sospechoso porque su verdadero interés no es defender a Virginia sino provocar un motín. Sin embargo, estos inconvenientes no son suficientes para rechazar la existencia de una *vindicatio*, principalmente porque poco después, cuando Apio toma su decisión, afirma que actúa dejando de lado la aplicación de la norma, según las palabras de Dionisio, o pidiendo a Marco Claudio que renuncie a su derecho, según las palabras de Livio.

Tras el discurso de Icilio, la multitud está alterada ante la idea de que Marco Claudio se lleve a Virginia a su casa y parece inminente un enfrentamiento mientras los lictores rodean a Icilio. Ante las acusaciones de Icilio y la indignación de los presentes[254], Apio declara que la defensa de Virginia no es la verdadera preocupación de Icilio, sino que quiere provocar una sedición para restaurar el tribunado.

---

251. Se habla de *vindicare*, pero no queda claro si utiliza este término con el significado técnico o con el significado de reclamar o entregar. Sobre esta cuestión, *vid.* P. NOAILLES, *Virginia*, pp. 213 ss.

252. En este sentido, C. APPLETON, *Trois épisodes de l'histoire ancienne de Rome*, cit., pp. 610 ss.

253. Liv. 3.46.7-8. *Vid.* escena siguiente.

254. Sobre el tema, *vid. infra.*

Liv. 3.46.1-4: *Concitata multitudo erat certamenque instare videbatur. Lictores Icilium circumsteterant; nec ultra minas tamen processum est, cum Appius non Verginiam defendi ab Icilio, sed inquietum hominem et tribunatum etiam nunc spirantem locum seditionis quaerere diceret. Non praebiturum se illi eo die materiam, sed, ut iam sciret non id petulantiae suae sed Verginio absenti et patrio nomini et libertati datum, ius eo die se non dicturum neque decretum interpositurum: a M. Claudio petiturum ut decederet iure suo vindicarique puellam in posterum diem pateretur; quod nisi pater postero die adfuisset, denuntiare se Icilio similibusque Icili neque legi suae latorem neque decemviro constantiam defore; nec se utique collegarum lictores convocaturum ad coercendos seditionis auctores: contentum se suis lictoribus fore.*

Ante esta peligrosa situación, Apio toma una decisión: decide no emitir un decreto ese día y, en nuestra opinión, aceptar provisionalmente a Icilio como *adsertor libertatis*, dejando claro que esta decisión no es una concesión a la insolencia de Icilio, sino una espera por la llegada de Virginio y por la libertad de la joven. Pide a Marco Claudio que renuncie a su derecho, permitiendo que Virginia permanezca bajo la custodia de sus parientes. Advierte que, si el padre de Virginia no aparece al día siguiente, él actuará con firmeza y no traicionará la ley, esto es, no dejará de atribuir *vindiciae* a favor de su cliente.

Por su parte, Dionisio de Halicarnaso detalla de una manera más exhaustiva la exaltación de la multitud y de sus familiares que obligan a Apio a cambiar su decisión:

Dion. Hal. 11.32.1-2: Ἔτι δ᾿ αὐτοῦ βουλομένου λέγειν οἱ μὲν ῥαβδοῦχοι κελευσθέντες ὑπὸ τῆς ἐξουσίας ἀνεῖργον αὐτοὺς ἀπὸ τοῦ βήματος καὶ πειθαρχεῖν τοῖς κεκριμένοις ἐκέλευον· ὁ δὲ Κλαύδιος ἐπιλαβόμενος τῆς παιδὸς ἀπάγειν ἐβούλετο τοῦ θείου καὶ τοῦ μνηστῆρος ἀντεχομένην. ἰδόντες δὲ πένθος ἐλεεινὸν οἱ περὶ τὸ βῆμα πάντες ἀνέκραγον ἅμα καὶ παρ᾿ οὐδὲν ἡγησάμενοι τὴν τοῦ κρατοῦντος ἐξουσίαν ὠθοῦνται τοῖς βιαζομένοις ὁμόσε, ὥστε δείσαντα τὴν ἐπιφορὰν αὐτῶν τὸν Κλαύδιον τήν τε κόρην ἀφεῖναι καὶ ὑπὸ τοὺς πόδας τοῦ στρατηγοῦ καταφυγεῖν. ὁ δ᾿ Ἄππιος κατ᾿ ἀρχὰς μὲν εἰς πολλὴν ταραχὴν κατέστη ἠγριωμένους ἅπαντας ὁρῶν καὶ πολὺν ἠπόρει χρόνον ὅ τι χρὴ ποιεῖν, ἔπειτα τὸν Κλαύδιον καλέσας ἐπὶ τὸ βῆμα καὶ μικρὰ διαλεχθεὶς πρὸς αὐτόν, ὡς ἐδόκει, τοῖς τε περιεστῶσι διασημήνας ἡσυχίαν παρασχεῖν λέγει τοιάδε…

Respecto a la decisión que adopta Apio, recoge que éste habla primero con su cliente y después se dirige a la multitud exponiendo su decisión: deja de lado el cumplimiento de la ley, puesto que los ve exaltados por el decreto anterior y para complacerles ha convencido a su cliente para que confíe la custodia de la joven a sus parientes hasta que su padre llegue. Numitorio deberá prestar fianza y avisar a Virginio.

Dion. Hal. 11.32.3-4: "Ἐγὼ τὸ μὲν ἀκριβές, ὦ δημόται, περὶ τῆς διεγγυήσεως τοῦ σώματος, ἐπειδὴ τραχυνομένους ὑμᾶς πρὸς τὴν ἀπόφασιν ὁρῶ, παρίημι· χαρίζεσθαι δ᾿ ὑμῖν βουλόμενος πέπεικα τὸν ἐμαυτοῦ πελάτην ἐᾶσαι μὲν τοῖς συγγενέσι τῆς παρθένου δοῦναι τὴν διεγγύησιν ἕως ὁ πατὴρ αὐτῆς παραγένηται. ἀπάγεσθε οὖν, ὦ Νομιτώριε, τὴν κόρην, καὶ τὴν ἐγγύην ὁμολογεῖτε περὶ αὐτῆς εἰς τὴν αὔριον ἡμέραν. ἀπόχρη γὰρ ὁ χρόνος ὑμῖν οὗτος ἀπαγγεῖλαί τε Οὐεργινίῳ τήμερον καὶ τριῶν ἢ τεττάρων ὡρῶν αὔριον ἐκ τοῦ χάρακος δεῦρο ἀγαγεῖν.".

Si tenemos en cuenta los diferentes relatos, observamos que llevan una misma dirección: Apio pospone el jucio ante el temor de un levantamiento. Su plan se ha visto frustrado por la actitud amenazadora de la multitud y ha tenido que cambiar su estrategia: ha aceptado a Icilio como *adsertor*, pero sólo provisionalmente, con la intención de asegurarse de que Virginio no se presente al día siguiente y pueda adjudicar la posesión a Marco Claudio, esta vez con sus partidarios armados en el foro para contener un posible levantamiento. Aunque ha autorizado a *lege agere*, el decenviro decide no emitir su decreto por el que se declara *indefensa* a Virginia. En su lugar, pide a Marco Claudio que espere hasta el día siguiente para ejercer su derecho y autoriza que se proceda con la *vindicatio* de Icilio y se conceda la posesión provisional a sus parientes. Su intención es asegurarse de que Virginio siga ausente el próximo día.

Escena 7ª. Garantes y aviso a Virginio

Aplazada la injusticia, los *advocati* de la muchacha se retiran y deciden que, antes de nada, el hermano de Icilio y el hijo de Numitorio se dirijan hacia la puerta de la ciudad, y con la mayor rapidez posible hagan venir a Virginio del campamento. La salvación de la muchacha depende de que Virginio pueda opnerse legalmente a la injusticia al día siguiente.

Liv. 3.46.5-6: *Cum dilatum tempus iniuriae esset secessissentque advocati puellae, placuit omnium primum fratrem Icili filiumque Numitori, impigros iuvenes, pergere inde recta ad portam, et quantum adcelerari posset Verginium acciri e castris; in eo verti puellae salutem, si postero die vindex iniuriae ad tempus praesto esset. Iussi pergunt citatisque equis nuntium ad patrem perferunt.*

Por su parte, Apio escribe al campamento para evitar que Virginio llegue a tiempo. De ello depende que al día siguiente conceda de nuevo la posesión a Claudio.

Liv. 3.46.9-10: *Appius paulisper moratus ne eius rei causa sedisse videretur, postquam omissis rebus aliis prae cura unius nemo adibat, domum se recepit collegisque in castra scribit, ne Verginio commeatum dent atque etiam in custodia habeant. Improbum consilium serum, ut debuit, fuit et iam commeatu sumpto profectus Verginius prima vigilia erat, cum postero die mane de retinendo eo nequiquam litterae redduntur.*

Dion. Hal. 11.33.2-5: ἵνα δὲ σὺν εὐσχήμονι δίκης τοῦτο πράττῃ προφάσει, μὴ παραγενηθέντος ἐπὶ τὴν ἐγγύην τοῦ πατρός, ἐπιστολὰς δοὺς τοῖς πιστοτάτοις ἱππεῦσιν ἔπεμψεν ἐπὶ τὸν χάρακα πρὸς Ἀντώνιον, τὸν ἡγεμόνα τοῦ τάγματος ὑφ' οὗ ἦν Οὐεργίνιος, ἀξιῶν αὐτὸν κατέχειν τὸν ἄνδρα ἐν ἐπιμελεῖ φυλακῇ, μὴ λάθῃ πυθόμενος τὰ περὶ τὴν θυγατέρα καὶ διαδρὰς ἐκ τοῦ χάρακος. ἔφθησαν δ᾽ αὐτὸν οἱ τῇ κόρῃ προσήκοντες, Νομιτωρίου τε υἱὸς καὶ ἀδελφὸς Ἰκιλίου, προαποσταλέντες ὑπὸ τῶν ἄλλων ἀρχομένης ἔτι τῆς καταστάσεως, νεανίαι λήματος πλήρεις ἀπὸ ῥυτῆρος καὶ μετὰ μάστιγος ἐλαθεῖσι τοῖς ἵπποις πρότερον διανύσαντες τὴν ὁδὸν καὶ τῷ Οὐεργινίῳ τὰ πεπραγμένα διασαφηνίσαντες. ὁ δὲ τὴν μὲν ἀληθῆ πρὸς Ἀντώνιον αἰτίαν ἀποκρυψάμενος, ἀναγκαίου δέ τινος συγγενοῦς σκηψάμενος πεπύσθαι θάνατον, οὗ τὴν ἐκκομιδήν τε καὶ ταφὴν αὐτὸν ἔδει ποιήσασθαι κατὰ τὸν νόμον, ἀφίεται καὶ περὶ λύχνων ἁφὰς ἤλαυνε μετὰ τῶν μειρακίων κατ᾽ ἄλλας ὁδούς, διωγμὸν ἔκ τε τοῦ στρατοπέδου καὶ ἀπὸ τῆς πόλεως δεδοικώς· ὅπερ καὶ συνέβη.

Ambos historiadores recogen la misma información, si bien Dionisio detalla cómo sucedieron los acontecimientos. Para evitar que Virginio se entere de lo que está ocurriendo con su hija y pueda regresar a tiempo para intervenir, Apio Claudio envía a sus jinetes de confianza al campamento con cartas para Antonio, el jefe de la legión, pidiéndole que mantenga a Virginio bajo estricta vigilancia. Sin embargo, los parientes de la joven, un hijo de Numitorio y un hermano de Icilio[255], se adelantan y llegan antes al campamento. Estos jóvenes, llenos de determinación, informan a Virginio de la situación. Virginio, ocultando la verdadera razón de su partida, finge que debe asistir al funeral de un pariente cercano y, temiendo ser perseguido, toma caminos alternativos con la ayuda de antorchas para evitar ser interceptado. En efecto, Antonio, en cuanto recibe la carta, envía una tropa de jinetes tras el mensajero y otros jinetes patrullan toda la noche el camino desde el campamento, pero no consiguen cortarle el paso.

Mientras en Roma, parece que Marco Claudio solicita que Icilio lleve a cabo la *vindicatio* y proporcione garantías (*ut (Icilius) vindicaret sponsoresque daret*).

Liv. 3.46.7-8: *Cum instaret adsertor puellae ut vindicaret sponsoresque daret, atque id ipsum agi diceret Icilius, sedulo tempus terrens dum praeciperent iter nuntii missi in castra, manus tollere undique multitudo et se quisque paratum ad spondendum Icilio ostendere. Atque ille lacrimabundus 'gratum est' inquit; 'crastina die vestra opera utar; sponsorum nunc satis est.' Ita vindicatur Verginia spondentibus propinquis.*

La expresión poco clara con la que termina la escena: *ita vindicatur Virginia spondetibus propinquis*) parece referirse, como ya hemos advertido con anterioridad, a una posible *vindicatio* por parte de Icilio[256]. Un poco

---

255. Estos personajes coinciden en ambos relatos, lo que podría demostrar que en este punto Tito Livio y Dionisio de Halicarnaso manejan las mismas fuentes.

256. P. NOAILLES, *Fas et ius*, cit., pp. 204 ss. es partidario de entender que Livio malinterpreta la fuente y maneja el término "*vindicare*" de modo no técnico. En este mismo sentido, J. BAYET, *Tite-Live. Histoire romaine*, cit., pp. 141 s. afirma que Livio parece utilizar a menudo la misma palabra, a veces en sentido técnico, a veces en sentido general.

después, Livio repite esta idea: así es como Virginia es reclamada con sus parientes como garantes (*Ita vindicatur Verginia spondentibus propinquis*). Asimismo, es el momento de prestar *praedes litis et vindiciarum* para garantizar la entrega de Virginia[257], si bien echamos en falta el *sacramentum*[258].

Escena 8ª. Regreso de Virginio

Al día siguiente, Apio ha llenado el foro con sus partidarios armados y Virginio, de luto, se presenta ante Apio Claudio con su hija, vestida con ropa sencilla y acompañada por varias matronas y una gran multitud de seguidores (*advocati*).

Liv. 3.47.1: *At in urbe prima luce cum civitas in foro exspectatione erecta staret, Verginius sordidatus filiam secum obsoleta veste comitantibus aliquot matronis cum ingenti advocatione in forum deducit.*

Se abre paso entre la multitud, estrechando manos y solicitando ayuda, no solo por compasión, sino porque la situación también les afecta. Les recuerda que él está en el frente día tras día, protegiendo a sus hijos y esposas y nadie más puede contar tantas hazañas ni demostrar tanta tenacidad como él. Se pregunta de qué sirve todo eso si, mientras la ciudad está a salvo, sus hijos se enfrentan a un destino peor que si hubieran sido capturados. Los hombres se agrupan a su alrededor mientras habla como si se dirigiera a la Asamblea e Icilio le sigue con la misma intensidad. Las mujeres que lo acompañan impresionan más con su silencio que con cualquier palabra que pudieran decir.

Liv. 3.47.2-3: *Circumire ibi et prensare homines coepit et non orare solum precariam opem, sed pro debita petere: se pro liberis eorum ac coniugibus cottidie in acie stare, nec alium virum esse cuius strenue ac ferociter facta in bello plura memorari possent: quid prodesse si, incolumi urbe, quae capta ultima timeantur liberis suis sint patienda? Haec prope contionabundus circumibat homines. Similia his ab Icilio iactabantur. Comitatus muliebris plus tacito fletu quam ulla vox movebat.*

---

257.   J. BAYET, *Tite-Live. Histoire romaine*, cit., p. 141 cree que estamos ante un *vadimonium certo die sisti* que garantiza la presencia de Virginia ante el magistrado el día siguiente.

258.   Como dice J. BAYET, *Tite-Live. Histoire romaine*, cit., p. 137, y ya hemos advertido en el apartado anterior, Icilio debe aportar dos tipos de fianza: *vades* para asegurar la representación de la joven y la suya propia; y *praedes sacramenti* al magistrado. C. St. TOMULESCU, *Sur le maxime Vindiciae*, cit., p. 151, afirma que no estamos ante un aplazamiento del juicio porque Apio no reconoce ni a Numitorio ni a Icilio como partes del proceso, de modo que, al margen del juicio, Icilio se compromete mediante *sponsio* a que Virginia comparezca al día siguiente.

Escena 9ª. Segundo decreto

Lo que sucede a continuación es otro de los momentos cruciales de este proceso. El plan de Apio ha fracasado. Virginio ha conseguido estar presente y se produce entonces un acto de fuerza. No le queda otra opción que llevar a cabo una violación formal y material de la ley.

En esta escena encontramos importantes diferencias entre los relatos de los historiadores, si bien podemos extraer una idea común: la decisión de Apio es tomada sin observar las legalidades pertinentes, lo que evidencia que la falsa acusación contra la joven ha sido urdida por él. Veamos primero las diferentes versiones de los historiadores.

Liv. 3.47.4-5: *Adversus quae omnia obstinato animo Appius—tanta vis amentiae verius quam amoris mentem turbaverat—in tribunal escendit, et ultro querente pauca petitore quod ius sibi pridie per ambitionem dictum non esset, priusquam aut ille postulatum perageret aut Verginio respondendi daretur locus, Appius interfatur. Quem decreto sermonem praetenderit, forsan aliquem verum auctores antiqui tradiderint: quia nusquam ullum in tanta foeditate decreti veri similem invenio, id quod constat nudum videtur proponendum, decresse vindicias secundum servitutem.*

Dion. Hal. 11.33.5-6: ὡς δὲ ἀπήγγειλεν Ἀππίῳ τις τὸν Οὐεργίνιον ἐληλυθότα παρὰ τὴν ὑπόληψιν, ἔξω τῶν φρενῶν γενόμενος παρῆν μετὰ πολλοῦ στίφους ἐπὶ τὸ βῆμα καὶ προσάγειν ἐκέλευσε τοὺς τῆς κόρης συγγενεῖς. προσελθόντων δ᾽ αὐτῶν ὁ μὲν Κλαύδιος τοὺς αὐτοὺς πάλιν διεξελθὼν λόγους ἠξίου τὸν Ἄππιον γενέσθαι δικαστὴν τοῦ πράγματος μηδεμίαν ἀναβολὴν ποιησάμενον, τόν τε μηνυτὴν παρεῖναι λέγων καὶ τοὺς μάρτυρας καὶ τὴν θεράπαιναν αὐτὴν παραδούς· ἐφ᾽ οἷς ἅπασι πολὺς ὁ προσποιητὸς σχετλιασμὸς ἦν εἰ μὴ τεύξεται τῶν ἴσων τοῖς ἄλλοις, ὡς πρότερον, ὅτι πελάτης ἦν αὐτοῦ, καὶ παράκλησις μὴ τοῖς ἐλεεινότερα λέγουσιν ἀλλὰ τοῖς δικαιότερα ἀξιοῦσι βοηθεῖν.

En este punto, las versiones de Tito Livio y Dionisio de Halicarnaso se alejan y presentan la escena de manera muy distinta.

Tito Livio señala que Apio constituye el tribunal. Las alegaciones de las partes y el decreto final se suceden rápidamente. El decenviro apenas da tiempo al demandante para quejarse de la denegación de justicia que ha sufrido el día anterior, ni al acusado para replicar, sino que inmediatamente atribuye la muchacha a Marco Claudio. Tito Livio lo expresa de la siguiente manera: *Decresse vindicias secundum servitutem.* La medida judicial adopta en este caso la forma de un *decretum*[259]. Livio prefiere limitarse a registrar exclusivamente el hecho del decreto sin recoger las razones que le han lle-

259. Gai. 4.140: *vocantur autem decreta, cum fieri aliquid iubet, veluti cum praecipit, ut aliquid exhibeatur aut restituatur*. En este sentido, también Liv. 3.45.9; 3.46.3; 3.47.5. *Vid.* P. NOAILLES, *Fas et ius*, cit., pp. 209 s.

vado a emitirlo, dado que ninguna versión de los relatos antiguos[260] le parece creíble para una sentencia tan vergonzosa.

En cambio, Dionisio de Halicarnaso se separa del relato de Livio. Cuando Apio se entera de que Virginio ha llegado inesperadamente, se dirige furioso a la tribuna con una gran escolta y ordena que los parientes de la joven se presenten. Claudio reitera sus argumentos y pide a Apio que resuelva el asunto sin más demoras, presentando a los testigos y a la esclava en cuestión. Además, expresa su indignación por no recibir un trato justo y suplica a Apio que apoye a quienes buscan justicia. A continuación, el padre de Virginia y sus pariente exponen diferentes argumentos en su defensa[261]: la ausencia de un motivo por parte Numitoria, que se casó joven y tuvo un hijo al poco tiempo de casarse; la elección de un niño de una esclava, en vez del de una persona libre de confianza; la verosimilitud del testimonio, pues tratándose de un acto discreto, no tiene sentido que Numitoria lo hiciera con testigos; el tiempo transcurrido, que es demasiado largo para que los testigos lo hayan mantenido en secreto; el testimonio de mujeres distinguidas que podrían declarar que Numitoria estuvo embarazada; y, por último, la lactancia de su madre. Lo expuesto por este historiador, hasta este momento, hace pensar que tienen lugar, al menos, las alegaciones de las partes. A continuación, Marco Claudio presenta a Apio como testigo, lo cual, sin duda, llama la atención[262].

---

260. Utiliza la expresión "*auctores antiqui*" que es equivalente a la de "*scriptores antiqui*", utilizada en Liv. 4.23.2, para referirse a los analistas de la Roma del siglo v a. C.; entre otros, Fabio Píctor. Por sus palabras, parece que sus relatos son más detallados y que ofrecen las razones invocadas por Apio para justificar su inicuo decreto.

261. Dion. Hal. 11.34: Ὁ δὲ τῆς κόρης πατὴρ καὶ οἱ λοιποὶ συγγενεῖς ἀπελογοῦντο περὶ τῆς ὑποβολῆς πολλὰ καὶ δίκαια καὶ ἀληθῆ λέγοντες, ὡς οὔτ᾽ αἰτίαν οὐδεμίαν εἶχεν ὑποβολῆς εὔλογον ἡ Νομιτωρίου μὲν ἀδελφή, Οὐεργινίου δὲ γυνή, παρθένος γαμηθεῖσα νέῳ ἀνδρὶ καὶ μετ᾽ οὐ πολλοὺς τοῦ γάμου τεκοῦσα χρόνους· οὔτ᾽ εἰ τὰ μάλιστα ἐβούλετο γένος ἀλλότριον εἰς τὸν ἴδιον οἶκον εἰσαγαγεῖν, δούλης ἀλλοτρίας ἂν ἐλάμβανε παιδίον μᾶλλον ἢ οὐ γυναικὸς ἐλευθέρας κατὰ γένος ἢ φιλίαν αὐτῇ προσηκούσης, παρ᾽ ἧς πιστῶς τε ἅμα καὶ βεβαίως ἕξει τὸ ληφθέν. ἐξουσίαν τε ἔχουσαν ὁποῖον ἐβούλετο λαβεῖν, ἄρρεν ἂν ἑλέσθαι παιδίον μᾶλλον ἢ θῆλυ. τεκοῦσαν μὲν γὰρ ἀνάγκην τῶν τέκνων δεομένην στέργειν καὶ τρέφειν ὅ τι ἂν ἡ φύσις ἐξενέγκῃ, ὑποβαλλομένην δὲ τὸ κρεῖττον ἀντὶ τοῦ χείρονος εἰκὸς εἶναι λαβεῖν. πρός τε τὸν μηνυτὴν καὶ τοὺς μάρτυρας, οὓς ὁ Κλαύδιος ἔφη πολλοὺς καὶ ἀξιοχρέους παρέξεσθαι, τὸν ἐκ τῶν εἰκότων παρείχοντο λόγον, ὡς οὐκ ἄν ποτε ἡ Νομιτωρία πρᾶγμα σιγῆς δεόμενον καὶ δι᾽ ἑνὸς ὑπηρετηθῆναι προσώπου δυνάμενον, φανερῶς ἔπραττε καὶ μετὰ μαρτύρων ἐλευθέρων, ἵν᾽ ἐκτραφεῖσαν τὴν κόρην ὑπὸ τῶν κυρίων τῆς μητρὸς ἀφαιρεθείη. τὸν χρόνον οὐ μικρὸν ἔλεγον εἶναι τεκμήριον τοῦ μηδὲν ὑγιὲς λέγειν τὸν κατήγορον· οὔτε γὰρ ἂν τὸν μηνυτὴν οὔτε τοὺς μάρτυρας κατασχεῖν ἐν πεντεκαίδεκα ἔτεσιν ἀπόρρητον τὴν ὑποβολήν, ἀλλ᾽ ἔτι πρότερον 5εἰπεῖν. διαβάλλοντες δὲ τὰς τῶν κατηγόρων πίστεις ὡς οὔτ᾽ ἀληθεῖς οὔτε πιθανάς, ἀντιπαρεξετάζειν ταύταις ἠξίουν τὰς ἑαυτῶν, πολλὰς καὶ οὐκ ἀσήμους γυναῖκας ὀνομάζοντες ἃς ἔφασαν εἰδέναι Νομιτωρίαν ἐγκύμονα γενομένην ἐκ τοῦ περὶ τὴν γαστέρα ὄγκου. χωρὶς δὲ τούτων τὰς ἐπὶ τοῦ τόκου καὶ τῆς λοχείας παραγενομένας διὰ τὸ συγγενὲς καὶ τικτόμενον τὸ παιδίον ἰδούσας ἐπεδείκνυντο καὶ ἀνακρίνειν ἠξίουν. ὃ δὲ πάντων τεκμήριον ἦν περιφανέστατον ἔκ τε τῶν ἀνδρῶν πολλῶν καὶ γυναικῶν μαρτυρούμενον, οὐ μόνον ἐλευθέρων ἀλλὰ καὶ δούλων, τοῦτ᾽ ἔλεγον τελευτῶντες, ὅτι τῷ γάλακτι τῆς μητρὸς ἐτράφη τὸ παιδίον· ἀμήχανον δ᾽ εἶναι γάλακτος πληρωθῆναι μαστοὺς γυναικὶ μὴ τεκούσῃ.

262. V. PUNTSCHART, *Prozess der Virginia*, cit., p. 92, observa que su conocimiento de los poderes del magistrado no es correcto, porque considera posible que el magistrado, en la audiencia

Dion. Hal. 11.36: Ἔτι γὰρ αὐτῶν λεγόντων ἡσυχίαν γενέσθαι κελεύσας, ἐπειδὴ σιωπή τ' ἐγένετο καὶ πᾶς ὁ κατὰ τὴν ἀγορὰν ὄχλος τὴν ὁρμὴν ἐλάμβανεν ἐπιθυμίᾳ γνώσεως τῶν ὑπ' αὐτοῦ λεχθησομένων προαχθείς, πολλάκις ἐπιστρέψας τὸ πρόσωπον τῇδε καὶ τῇδε καὶ τὰ στίφη τῶν ἑταίρων οἷς διειλήφει τὴν ἀγορὰν τοῖς ὄμμασι διαριθμησάμενος τοιάδ' εἶπεν· "Ἐγὼ δὲ περὶ τοῦδε τοῦ πράγματος, ὦ Οὐεργίνιε, καὶ ὑμεῖς οἱ σὺν τούτῳ παρόντες, οὐ νῦν πρῶτον ἀκήκοα, ἀλλὰ παλαίτερον ἔτι πρὶν ἢ τήνδε τὴν ἀρχὴν παραλαβεῖν. ὃν τρόπον δ' ἔγνων, ἀκούσατε. ὁ πατὴρ ὁ Μάρκου Κλαυδίου τουδὶ τελευτῶν τὸν βίον ἠξίωσέ με τὸν υἱὸν αὐτοῦ παῖδα καταλειπόμενον ἐπιτροπεῦσαι· πελάται δ' εἰσὶ τῆς οἰκίας ἡμῶν ἐκ προγόνων. ἐν δὲ τῷ χρόνῳ τῆς ἐπιτροπείας μήνυσις ἐγένετό μοι περὶ τῆς παιδός, ὡς ὑποβάλοιτο αὐτὴν Νομιτωρία λαβοῦσα παρὰ τῆς Κλαυδίου δούλης, καὶ τὸ πρᾶγμα ἐξετάσας ἔμαθον οὕτως ἔχον. ἐφάπτεσθαι μὲν οὖν ἐνῆν αὐτὸν οὐ προσῆκέ μοι, βέλτιον δὲ ἡγησάμην τούτῳ τὴν ἐξουσίαν καταλιπεῖν, ὁπότε γένοιτο ἀνήρ, εἴτε βουληθείη τὴν παιδίσκην ἀπάγειν, εἴτε διαλύσασθαι πρὸς τοὺς τρέφοντας αὐτὴν χρηματισθεὶς ἢ χαρισάμενος. ἐν δὲ τοῖς μεταξὺ χρόνοις ἐγὼ μὲν εἰς τὰς πολιτικὰς πράξεις ἐγκυλισθεὶς οὐδὲν ἔτι τῶν Κλαυδίου πραγμάτων εἶχον ἐν φροντίδι. τούτῳ δ', ὡς ἔοικε, τὸν ἴδιον ἐξετάζοντι βίον καὶ περὶ τῆς παιδίσκης ἡ μήνυσις ἀπεδόθη καθάπερ ἐμοὶ πρότερον, καὶ οὐδὲν ἄδικον ἀξιοῖ τὴν ἐκ τῆς ἑαυτοῦ θεραπαίνης γεγονυῖαν ἀπάγειν βουλόμενος. εἰ μὲν οὖν ἀλλήλους ἔπεισαν αὐτοί, καλῶς ἂν εἶχεν· ἐπεὶ δ' εἰς ἀμφισβήτησιν ἦλθε τὸ πρᾶγμα, μαρτυρῶ τ' αὐτῷ ταῦτα καὶ κρίνω εἶναι τοῦτον τῆς παιδίσκης κύριον."

Es evidente que las palabras que Dionisio pone en boca de Apio no se han transmitido, de modo que muestran únicamente la idea que el historiador tiene de la situación. No obstante, pueden ayudarnos a entender las razones que expuso Apio para dictar este segundo decreto y que Livio decide no recoger: Apio advierte que conoce el caso antes de asumir el cargo y explica de qué manera lo ha sabido. El padre de Marco Claudio, a su muerte, le había pedido que cuidara de su hija y durante su tutela descubrió que Numitoria había adoptado a la niña de una esclava de Claudio. En ese momento decide que sea Marco Claudio, cuando se haga mayor, el que decida si quiere reclamar a la muchacha o llegar a un acuerdo con la familia. Ahora que ya es mayor, ha decidido reclamar a Virginia y él testifica a su favor, declarando que es el dueño de la joven.

Si intentamos hacer una reconstrucción de lo sucedido a partir de estos dos relatos tan contrapuestos, procede preguntarse si estamos ante un decreto de Apio autorizando *vindiciae* o ante una sentencia[263]. Para ello, hay que tomar en consideración la bipartición procesal característica del procedimiento *per legis actiones*. Es evidente que Dionisio vuelve a tergiversar las reglas elementales del procedimiento romano, como consecuencia de su

---

in iure, fije la fecha del *iudicium* para la mañana del día siguiente, e *in iudicio* actúe también como *iudex* y testigo.

263. Esta posibilidad es excluida por la mayor parte de la doctrina porque se considera un error que un magistrado dicte sentencia. *Vid.* también nt. 269.

poco conocimiento sobre el mismo[264]. El magistrado no puede ser testigo y juzgar el caso en cuanto al fondo; sólo puede pronunciarse sobre la posesión provisional. Por tanto, todo parece indicar que estamos ante un decreto[265]. Sin embargo, a primera vista no tiene sentido que conceda la posesión provisional a favor de Marco Claudio estando presente su padre y, por tanto, pudiendo asumir la condición de *adsertor libertatis*. Contradice lo afirmado hasta ese momento por Apio sobre la norma de las XII Tablas que concede la posesión provisional del presunto esclavo al *pater familias*[266]. Sin embargo, Apio había aceptado a Icilio como *adsertor libertatis* el día anterior, de modo que puede entenderse que el decenviro no está denegando *vindiciae* al *pater familias*, sino a Icilio[267]. Virginio tendría después la posibilidad de reclamar contra el resultado de este primer juicio a través de una *vindicatio in libertatem*, pero de nada serviría ya porque Apio habría podido satisfacer sus deseos. Esta interpretación parece la más razonable si tenemos en cuenta que Apio busca en todo momento mantener la apariencia de legalidad y de este modo lo consigue en cierta medida. Y decimos en cierta medida porque su decisión tampoco se ajusta a la norma, sino que evidencia claramente un acto de fuerza, dado que el día anterior él mismo da a entender que si no llega el *pater familias* actuará con firmeza y atribuirá *vindiciae* a Marco Claudio. Virginio consigue presentarse ante él y a pesar de ello Apio actúa como si el padre no estuviera presente y decreta *vindiciae* a favor de su cliente, lo cual no debe extrañarnos teniendo en cuenta todas las ilegalidades en que dicho decenvirato ha incurrido durante su mandato, así como la tiranía y crueldad con la que lo han ejercido. En este sentido, más adelante Virginio acusa a Apio Claudio de estar completamente fuera de la ley y de toda convención propia de la sociedad y de la naturaleza humana:

Liv. 3.57.1: *Contra ea Verginius unum Ap. Claudium et legum expertem et civilis et humani foederis esse aiebat...*

Por lo que se refiere a la posibilidad recogida por Dionisio de Halicarnaso de que Apio dicta una sentencia, ya hemos advertido que un magistrado

---

264. En esta misma línea Diod. 12.24.3.

265. También lo corroboran otras alusiones de Livio a estas *vindiciae*. Por ejemplo, Liv. 3.57.5: *Proinde ut ille iterum ac saepius provocet, sic se iterum ac saepius iudicem illi ferre ni vindicias ab libertate in servitutem dederit; si ad iudicem non eat, pro damnato in vincla duci iubere*; Liv. 3.56.4: *te ab libertate in servitutem contra leges vindicias non dedisse, in vincla te duci iubebo.*

266. Esta referencia al hecho de que Apio conceda la libertad provisional de Virginia a su cómplice en contra de la norma reproducida en las XII Tablas se encuentra también en Asconio, *ad Cic. pro Corn.*, § 68K: *et breviter et aporte ab ipso dicitur; nomina sola non addicit quia ille ex Decemviris ... L. Verginium*; y Cic. *rep.* 3.32: *quid cum decemviri Romae ... amisisset ipsa liberas*. Posteriormente, también es mencionada en Pomponio, *libro singulari Enchiridii*, D. 1.2.2.24: *Appium Claudium contra ius ... dixisse.*

267. En este sentido, C. APPLETON, *Trois épisodes de l'histoire ancienne de Rome*, cit., pp. 610 s. y 613, nt. 2; J. BAYET, *Tite-Live. Histoire romaine*, cit., p. 137.

no puede juzgar el caso en cuanto al fondo[268]; le corresponde al juez. Debemos tener claro que Apio Claudio preside el tribunal como decenviro *legibus scribundis*, no como decenviro *stilitibus iudicandis*. Es cierto que la actuación de Apio parece más la de un juez que la de un magistrado, pero no podemos obviar la bipartición característica del procedimiento[269].

Descartada la posibilidad de que la controversia se solvente en presencia de un juez, queda por abordar el posible juez/tribunal que habría sido elegido por las partes si Apio no hubiera emitido inmediatamente su decreto.

Es una cuestión muy oscura quién juzga *causae liberales* en época primitiva. Una de las grandes dificultades de los juicios de libertad son las diferentes jurisdicciones que se disputan la competencia en materia de libertad desde los primeros tiempos hasta el Bajo Imperio. Por un lado, los decenviros, los centumviros, los recuperadores y el *iudex unus*, si hablamos de las jurisdicciones del *ordo*; por otro, los cónsules, el pretor *de liberalibus causis*, el pretor fiduciario y los gobernadores de provincias, si aludimos a las jurisdicciones administrativas, juzgando *extra ordinem*[270].

Dado que aquí no es posible abordar la cuestión *ex professo*, nos centramos en la época decenviral y en la *vindicatio in servitutem*, que es el caso que nos ocupa, y abordamos brevemente las diferentes posibilidades que se plantean. Así, en estos momentos los procesos de libertad podrían haberse

---

268. G. FRANCIOSI, "Sui *decemviri stilitibus iudicandis*", en *Labeo* 9 (1963), p. 173, atribuye a Servio Tulio la bipartición del proceso y la separación de la jurisdicción civil y criminal en base a Dion. Hal. 4.25.

269. No han faltado quienes han creído ver una posible conexión entre el decenvirato judicial y el decenvirato legislativo, tomando como base el propio proceso de Virginia y el relato de Dionisio de Halicarnaso. Así, los *decemviri legibus scribundis* hubieran tenido competencia judicial en procesos de *status*, pues en estos momentos todavía no se habría desarrollado la distinción entre fase *in iure* y *apud iudicem*, de modo que Apio Claudio hubiera emitido la sentencia definitiva. *Vid.* E. PAIS, *Storia di Roma*, cit., pp. 565 ss.; ID., *Ricerche sulla storia e sul diritto pubblico di Roma*, cit. pp. 85 ss.; J. C. VAN OVEN, *Le procès de Virginie*, cit., p. 122, nt. 1. En contra, L. GAGLIARDI, *Decemviri e centumviri*, cit., pp. 16 ss. Esta teoría nos convenció en un primer momento cuando afrontamos el estudio sobre el posible ejercicio del *ius vitae ac necis* por parte de Virginio (*vid.* GARCÍA GÉRBOLES, L., "El ejercicio de la *vitae necisque potestas* y el episodio de Virginia" en *El sujeto de derecho: experiencia jurídica romana y actualidad*, Sevilla 2024, pp. 307 ss.). Sin embargo, a medida que nos hemos ido adentrando en el estudio de esta peculiar *causa liberalis*, nos hemos ido inclinando por la existencia de la bipartición procesal en los primeros momentos de Roma.

270. Al existir jurisdicciones concurrentes, parte de la doctrina ha buscado soluciones para identificar la jurisdicción competente en cada caso, como, por ejemplo, la elección por las partes o por el propio magistrado. En cambio, M. NICOLAU, *Causa liberalis* cit., p. 15, entiende que no hay jurisdicciones concurrentes y delimita el ámbito de competencia preciso de cada jurisdicción.

resuelto ante los *decemviri stilitibus iudicandis*[271] o ante un *iudex unus*[272]. Por lo que se refiere a esta última opción, hay quienes creen que en la época de las XII Tablas los juicios de libertad —al menos, en lo que se refiere a la *vindicatio in servitutem*— son juzgados por un *iudex unus*, que será sustituido más tarde por los *decemviri stilitibus iudicandis* y toman como referencia el testimonio de Liv. 3.44.10: *id se indicio compertum adferre probaturumque vel ipso Verginio iudice.*

Respecto a los *decemviri stilitibus iudicandis*, su origen está envuelto en un gran misterio como consecuencia del escaso número de fuentes y de las contradicciones entre ellas[273]. Apenas contamos con tres textos que se refieren a esta cuestión, por lo que la reconstrucción del origen en época antigua es difícil de alcanzar. En los últimos tiempos se han formulado diversas hipótesis. La primera, sitúa su origen en época regia, en particular en el reinado de Servio Tulio[274] y supone que los *decemviri stilitibus iudicandis* son

---

271. Este colegio, al menos en época más avanzada, es el competente en las contiendas relacionadas con la libertad de las personas. La primera referencia que encontramos a los *decemviri* se encuentra en la piedra conmemorativa funeraria de C. Cornelius Scipio Hispanus, pretor en el año 139 a.C. y *decemvir stilitibus iudicandis* unos años antes. [CIL. 1.38= 6.1293)]. Hay constancia de la pertenencia de los *decemviri* al colegio de los *vigintisexviri* en la época republicana tardía y constituyen uno de los escalones del *cursus honorum senatorio*. También en época clásica, Cic. *de domo* 29.78 y *pro Caec.* 33.97 confirman la competencia de los *decemviri stilitibus iudicandis* en los procesos de libertad. Son magistrados menores (Cic. *de leg.* 3.3.6; Dio. Cass. 54.26) y, como tales, son elegidos por los comicios por tribus (Gell. *Noct. Att.* 13.15.4; Dio. Cass. 54.26). Sin embargo, todas estas referencias son posteriores al suceso que nos ocupa y, por tanto, no ayudan a concretar la existencia de este colegio en época antigua. Sobre estos *decemviri, vid.* B. KÜBLER, voz *"Decemviri"*, en *PWRE* 4.2, Stuttgart 1901, coll. 2256 ss.; F. P. GAROFALO, "A Liv. III.55.7: sui *decemviri stilitibus iudicandis"*, en *BIDR* 15 (1903), pp. 313 ss.; W. SOLTAU, "Der dezemvirat in Sage und Geschichte", en *ZSS* 38 (1917), pp. 1 ss.; P. DE FRANCISCI, voz *"Decemviri (st)ilitibus iudicandis"*, en *Enciclopedia Italiana*, 12 (1931), p. 458; M. NICOLAU, *Causa liberalis*, cit., pp. 16 ss.; G. I. LUZZATTO, *Procedura civile romana*, cit., pp. 258 ss.; G. PUGLIESE, *l processo formulare*, I, *Introduzione. Nozioni fondamentali — I soggetti del processo*, Torino 1948, pp. 247 s.; F. DE MARTINO, *Storia della costituzione romana*, vol. II, Napoli 1954, pp. 224 s.; F. LA ROSA *"Decemviri e centumviri"*, en *Labeo* 4 (1958), pp. 14 ss.; G. FRANCIOSI, *Il processo di libertà*, cit., pp. 14 ss.; ID., "Sui *decemviri stilitibus iudicandis"*, en *Labeo* 9 (1963), pp. 163 ss.; F. HERNÁNDEZ TEJERO, "Sobre el origen de los *decemviri stilitibus iudicandis"*, en *Revista de la Facultad de derecho de la Universidad de Madrid*, serie antigua, 8 (1964), pp. 415 ss.; H. STIEGLER, voz *"Decemviri stilitibus iudicandis"*, en *Der Kleine Pauly*, I, Stuttgart 1964, col. 1406; E. FERENCZY, "Vom Ursprung der *decemviri stilitibus iudicandis"*, en *ZSS* 89 (1972), pp. 338 ss.; U. COLI, *"Decemviri"*, en *Grande Dizionario Enciclopedico*, VI, Torino 1986, pp. 325 ss. (*Scritti di diritto romano*, Milano 1973, pp. 1003 ss.); C. GIZEWSKI, voz *"Decemviri (st)ilitibus iudicandis"*, en *Der Neue Pauly*, III, Stuttgart-Weimar 1997, p. 343; L. GAGLIARDI, *Decemviri e centumviri*, cit. pp. 341 ss.; ID., "I collegi giudicanti: *decemviri, centumviri, septemviri, recuperatores*. Idee vecchie e nuove su origini, competenze, aspetti procedurali", en *Il giudice privato nel processo civile romano. Omaggio ad Alberto Burdese*, vol. II, 2012, pp. 341 ss.

272. De esta opinión, C. St. TOMULESCU, *Sur le maxime Vindiciae*, cit., p. 141, nt. 1.

273. *Vid.* Liv. 3.55.7; Dion. Hal. 4.25.2; Pomponio, *libro singulari Enchiridii*, D. 1.2.2.29.

274. P. E. HUSCHKE, *Die Verfassung des Königs Servius Tullius als Grundlage zu einer römischen Verfassungsgeschichte*, Heidelberg 1838, p. 593, formula po primera vez esta teoría. De la misma opinión, M. A. BETHMANN-HOLLWEG, *Der römische Civilprozess. I. Legis Actiones*, Bonn, 1864, pp. 57

los jueces competentes para todas las contiendas privadas en las que se ejercita la *legis actio per sacramentum*, si bien con el tiempo su competencia queda restringida a las cuestiones sobre el *status libertatis* como consecuencia de su concurrencia con otros órganos juzgadores que han sido instituidos. Esta teoría se basa en un texto de Dionisio de Halicarnaso[275], que alude a la creación de los jueces privados por Servio Tulio.

Dion. Hal. 4.25.2: Ὁ δὲ Τύλλιος ... τῶν γὰρ πρὸ αὑτοῦ βασιλέων ἁπάσας ἀξιούντων ἐφ' ἑαυτοὺς ἄγειν τὰς δίκας καὶ πάντα τὰ ἐγκλήματα τά τ' ἴδια καὶ τὰ κοινὰ πρὸς τὸν ἑαυτῶν τρέπον δικαζόντων, ἐκεῖνος διελὼν ἀπὸ τῶν ἰδιωτικῶν τὰ δημόσια, τῶν μὲν εἰς τὸ κοινὲν φερόντων ἀδικημάτων αὐτὸς ἐποιεῖτο τὰς διαγνώσεις, τῶν δ' ἰδιωτικῶν ἰδιώτας ἔταξεν εἶναι δικαστάς, ὅρους καὶ κανόνας αὐτοῖς τάξας οὓς αὐτὸς ἔγραψε νόμους.

Una segunda hipótesis remonta su origen al año 449 a. C. con las *leges Valeriae-Horatiae* y toman como referencia un texto de Tito Livio.

Liv. 3.55.7: *L. Valerius M. Horatius ... tum lege etiam fecerunt, sanciendo ut qui tribunis plebis aedilibus iudicibus decemviris*[276] *nocuisset, eius caput Iovi sacrum esset, familia ad aedem Cereris Liberi Liberaeque venum iret ...*

Nos situamos en el momento de aprobación de las *leges Valeriae Horatiae* del 449 a. C. que buscan poner fin a la inestabilidad sociopolítica causada por el gobierno despótico de los *decemviri legibus scribundis*. Bajo el consulado de Lucio Valerio y Marco Horacio, se vuelve a establecer el carácter *sacrosancti* de los tribunos de la plebe y se fija por ley que cualquiera que ofenda a los magistrados plebeyos, sean tribunos, ediles o jueces decenviros, será considerado "*sacer*", de modo que pueda ser matado libremente por cualquiera y sus bienes serán confiscados y entregados a las divinidades de la plebe.

La lectura de este fragmento plantea la cuestión sobre la posible distinción sintáctica entre *iudicibus* y *decemviri*[277] y, por tanto, la necesidad de aclarar si la expresión "*iudices decemviri*" debe interpretarse como un todo

---

y 60; F. L. von KELLER, *Il processo civile romano e le azioni*, trad. it., Napoli 1872, p. 17, nt. 65; B. ALBANESE, *Il processo privato romano delle legis actiones*, cit., p. 123.

275. Sobre este texto, *vid.* las reflexiones recogidas en L. GAGLIARDI, *Decemviri e centumviri*, cit., 2002, pp. 4 ss.

276. En la mayoría de las ediciones críticas se lee "*tribunis plebis, aedilibus, iudicibus decemviris*". *Vid.*, por ejemplo, las ediciones de R. M. OGILVIE y J. BAYET. Otros, en cambio, admiten la distinción sintáctica entre *iudicibus* y *decemviri* y se lee "*tribunis plebis, aedilibus, iudicibus, decemviri*". *Vid.*, por ejemplo, U. GIANPAOLO, *Cassio Dione e i magistrati: le origini della repubblica nei frammenti della Storia romana*, Milano 2005, p. 95.

277. M. NICOLAU, *Causa liberalis* cit., p. 20, considera posible que se trate de una glosa cuyo objetivo sea diferenciar los *decemviri stilitibus iudicandis* de los *decemviri legibus scribundis*. Asimismo, deduce del texto que estos *decemviri* no son jueces como los *decemviri stilitibus iudicandis*, sino magistrados plebeyos, de modo que el historiador pudo confundirse y creer que estaban incluidos en la *lex Valeria Horatia* del 449 a.C. De esta misma opinión, F. LA ROSA, *Decemviri e centumviri*, cit., p. 14.

que designa una única institución o como dos términos que deben considerarse separadamente y referidos a instituciones diferentes. Además, en el primer supuesto (sintagma único) se plantea también si estos *iudices decemviri* se identifican con los *decemviri stilitibus iudicandis*[278] o se refieren a otros eventuales juzgadores[279]. En el segundo caso (dos términos separados), se cuestiona quiénes son los *iudices*[280] y quiénes los *decemviri*[281]. Todas las teorías formuladas giran en torno a la distinción sintáctica entre *iudicibus* y *decemviri,* si bien se podría buscar esa unidad sintáctica en *aedilibus iudicibus*, dado que hay constancia de la función judicial de los ediles y podría tener sentido que ambos términos vayan unidos.

Por último, una tercera hipótesis sitúa su origen entre el 242 y el 227 a. C.[282]. La base de esta opinión se encuentra en la referencia de Pomponio, *liber singularis enchiridii*, D. 1.2.2.29[283]:

---

278. Esta hipótesis ha sido defendida por un amplio sector doctrinal, siguiendo a T. MOMMSEN, *Römische Forschungen*, cit. pp. 69 ss. Junto a los ediles populares, que asisten como auxiliares a los tribunos de la plebe, se encuentran los *iudices decemviri*, llamados después *decemviri stilitibus iudicandis*, cuya competencia no es bien conocida. Por tanto, se habrían creado en una época anterior a las *leges Valeriae Horatiae*, probablemente en los tiempos de las *leges sacratae* del 494-492 a. C. En un primer momento, habría sido un órgano plebeyo encargado de resolver las controversias civiles cuando al menos una de las partes era plebeya y después habría evolucionado hasta convertirse en una magistratura con competencia exclusiva en causas relacionadas con el *status libertatis* de una persona. En esta misma línea, M. VOIGT, "Über die *centumviri, iudices decemviri* und *decemviri stilitibus iudicandis*", en *Studi giuridici in onore di C. Fadda pel 25 anno del suo insegnamento*, I, Napoli 1906, pp. 153 ss.; G. DE SANCTIS, *Storia dei Romani*, cit., p. 38; G. FRANCIOSI, *Il processo di libertà*, cit., p. 21.

279. M. WLASSAK, *Römische Processgesetze*, vol I, Leipzig 1888, pp. 139 ss p. 145 ss.; P. F. GIRARD, *Histoire de l'organisation judiciaire*, cit., p 159, nt. 2; E. LEFÈVRE, *Du rôle des tribuns de la plèbe en procédure civile*, Paris 1910, pp. 32 ss.; consideran que los *iudices decemviri* serían una magistratura plebeya que no se identificaría con los *decemviri stilitibus iudicandis* y que habría desaparecido poco después. Sin embargo, algunos autores no se explican cómo una magistratura pudo desaparecer sin dejar huella. *Vid.* G. FRANCIOSI, *Sui decemviri stilitibus iudicandis*, cit., p. 171: L. GAGLIARDI, *Decemviri e centumviri*, cit., p. 11, nt. 21.

280. M. A. BETHMANN-HOLLWEG, *Der römische Civilprozess*, cit., pp. 59 ss., identifica estos *iudices* con los *centumviri*. En cambio, A. G. HEFFTER, *Gaii Iurisconsulti Institutionum commentarius quartus sive de actionibus*, Berolini 1827, p. 9, los identifica con los cónsules. Por último, recientemente, L. GAGLIARDI, *Decemviri e centumviri*, cit., pp. 27, entiende que estos *iudices* son aquellos jueces plebeyos que procesan y juzgan a los *decemviri legibus scribundis*.

281. U. BAHR, *Die Geschichte der decemviri stilitibus iudicandis und der centumviri*, Greifswald 1919, pp. 13 ss., identifica estos *decemviri* con los *decemviri legibus scribundis*. En esta misma línea, recientemente, L. GAGLIARDI, *Decemviri e centumviri*, cit., pp. 27. En cambio, E. COCCHIA, *Il tribunato della plebe e la sua autorità giudiziaria studiata in rapporto colla procedura civile*, Napoli 1917, pp. 77 ss.; ID., "I *iudices decemviri* e la loro formazione giudiziaria", en *Rivista indo-greco-italica*, 5 (1921), pp. 26 y ss. Por su parte, A. G. HEFFTER, *Gaii Iurisconsulti Institutionum commentarius*, cit. p. 9, los relaciona con los *decemviri stilitibus iudicandis*.

282. *Vid.* M. WLASSAK, *Römische Prozessgestze*, cit., pp. 131 ss.

283. Quienes se han opuesto a esta teoría, han contrapuesto los textos de Suet. *Aug.* 36 y Dio. Cas. 54.26.6.

Deinde cum esset necessarius magistratus qui hastae praeesset, decemviri in litibus[284] iudicandis sunt constituti.

Pomponio fijaría la fecha de nacimiento entre el 242 y el 227 a.C. Sin embargo, confunde la competencia original del colegio con la que desempeña en su época, pues habla de la presidencia del tribunal centunviral[285], en vez de recoger la competencia sobre cuestiones de libertad que tiene originariamente. Esto hace cuestionarse la validez de este testimonio[286].

Expuestas todas las posibles hipótesis interpretativas sobre el posible tribunal competente, a nuestro parecer la expresión *"iudicibus decemviris"* sería un único sintagma. Livio habla de los jueces decenviros como si ya existieran, de modo que su origen (al igual que el de los ediles y el de los tribunos de la plebe) sería anterior a ese momento. Asimismo, los enumera dentro de los magistrados plebeyos, lo que llevaría a pensar que, en un primer momento, son competentes en procesos civiles en los que al menos una de las partes sea plebeya. Así pues, en época antigua la competencia para juzgar una *causa liberalis* correspondería a los *decemviri stilitibus iudicandis*, los cuales conocen exclusivamente de las controversias relativas al *status libertatis* en la fase *in iudicio*[287]. Por su parte, los *decemviri legibus scribundis* habrían sido los magistrados encargados de la fase *in iure*.

Vistas todas las cuestiones relacionadas con el proceso contra Virginia, y a modo de conclusión de este apartado, todo lo expuesto nos lleva a concluir que el proceso de Virginia es una *causa liberalis*, aun cuando en las fuentes se observan ciertas irregularidades. No podemos estar de acuerdo con quienes ven el ejercicio de una *actio in rem* ordinaria con la oposición de dos poderes por varios motivos. Es posible encontrar el *iter* del proceso de una *legis actio sacramenti in rem*, si bien algunos de los actos procesales no están bien definidos, lo cual está justificado porque los relatos son de historiadores que, en ningún momento, son rigurosos con la información que ofrecen del proceso. Es lógico pensar que Livio no recoja con precisión los actos procesales y que no ajuste su relato a escenificar la *vindicatio* desde un punto de vista procesal, puesto que su objetivo es otro.

---

284. F. LA ROSA, *Decemviri e centumviri*, cit., p. 14, nt. 2, afirma que *"in litibus"* es probablemente una interpretación errónea del amanuense en lugar de *"stilitibus"*.

285. Esta competencia es atribuida por una reforma de Augusto. Suet. *Aug.* 36 confirma que con anterioridad corresponde a los excuestores.

286. Sobre esta cuestión, *vid.* M. WLASSAK, *Römische Prozessgestze*, cit., pp. 139 ss.; E. LEFÈVRE, *Du rôle des tribuns de la plèbe*, cit., pp. 32 ss.; E. COCCHIA, *Il tribunato della plebe e la sua autorità giudiziaria*, cit., pp. 77 ss.; M. NICOLAU, *Causa liberalis*, pp. 17 s.; G. PUGLIESE, *Il processo formulare*, cit., p. 247; R. M. OGILVIE, *A Commentary on Livy*, cit., p. 501.

287. M. NICOLAU, *Causa liberalis*, pp. 26 ss., precisa que los *decemviri stilitibus iudicandis* tendrían competencia en las *vindicationes in servitutem*, pero no en las *vindicationes in libertatem*.

III.1.4. Consecuencias de esta *causa liberalis*

No cabe duda de que la actuación de Apio provoca gravísimas consecuencias tanto para Virginia como para el devenir histórico del decenvirato.

La primera de estas consecuencias es la muerte de Virginia a manos de su padre.

Retomamos la historia en el momento en el que Apio emite su injusto decreto y todos los presentes mantienen silencio horrorizados ante semejante iniquidad. Marco Claudio intenta llevarse a Virginia, pero las matronas lo impiden mientras Virginio desafía a Apio, declarando que su hija ha sido criada para el matrimonio y no para la deshonra.

Liv. 3.47.6-7: *Primo stupor omnes admiratione rei tam atrocis defixit; silentium inde aliquamdiu tenuit. Dein cum M. Claudius, circumstantibus matronis, iret ad prehendendam virginem, lamentabilisque eum mulierum comploratio excepisset, Verginius intentans in Appium manus, 'Icilio' inquit, 'Appi, non tibi filiam despondi et ad nuptias, non ad stuprum educavi. Placet pecudum ferarumque ritu promisce in concubitus ruere? Passurine haec isti sint nescio: non spero esse passuros illos qui arma habent.' Cum repelleretur adsertor virginis a globo mulierum circumstantiumque advocatorum, silentium factum per praeconem.*

A continuación, el decenviro, lleno de cólera, afirma que no solo por las injurias de Icilio y la violencia de Virginio, sino también por pruebas de reuniones nocturnas con fines de levantamiento, ha descendido al foro con hombres armados para castigar a los perturbadores de la paz. Ordena al lictor que despeje el camino para que el amo tome posesión de su esclava, lo que provoca que la multitud retroceda, dejando a la muchacha desprotegida. En esta misma línea, Dionisio de Halicarnaso señala que Apio, imponiendo silencio, advierte a los perturbadores que cesen de dividir la ciudad y ordena a Claudio llevarse a la chica bajo la protección de sus doce hachas.

Liv. 3.48.1-3: *Decemvir alienatus ad libidinem animo negat ex hesterno tantum convicio Icili violentiaque Vergini, cuius testem populum Romanum habeat, sed certis quoque indiciis compertum se habere nocte tota coetus in urbe factos esse ad movendam seditionem. Itaque se haud inscium eius dimicationis cum armatis descendisse, non ut quemquam quietum violaret, sed ut turbantes civitatis otium pro maiestate imperii coerceret. 'Proinde quiesse erit melius. I,' inquit, 'lictor, submove turbam et da viam domino ad prehendendum mancipium.' Cum haec intonuisset plenus irae, multitudo ipsa se sua sponte dimovit desertaque praeda iniuriae puella stabat.*

Dion. Hal. 11.37.1-3: Ὡς δὲ ταῦτ' ἤκουσαν, ὅσοι μὲν ἦσαν ἀκέραιοί τε καὶ τῶν τὰ δίκαια λεγόντων παράκλητοι τὰς χεῖρας ἄραντες εἰς τὸν οὐρανὸν ἀνέκραγον ὀδυρμῷ καὶ ἀγανακτήσει μεμιγμένην κραυγήν, οἱ δὲ τῆς ὀλιγαρχίας κόλακες τὴν ἐπικελεύουσάν τε καὶ θάρσος ἐμποιῆσαι δυναμένην τοῖς κρατοῦσι φωνήν. ἐρεθισμένης δὲ τῆς ἀγορᾶς καὶ παντοδαπῶν γεμούσης λόγων τε καὶ παθῶν σιωπὴν 2γενέσθαι κελεύσας Ἄππιος ἔλεξεν· "Εἰ μὴ παύσεσθε διαστασιάζοντες τὴν πόλιν καὶ ἀντιστρατηγοῦντες ἡμῖν οἱ ταραχώδεις, μηδαμῇ χρήσιμοι μήτ' ἐν εἰρήνῃ μήτε κατὰ πολέμους, ὑπὸ τῆς ἀνάγκης σωφρονισθέντες εἴξετε. μὴ τούτους οἴεσθε τοὺς ἐπὶ τοῦ Καπιτωλίου καὶ τῆς ἄκρας φρουροὺς ἐπὶ τοὺς ἔξωθεν πολεμίους ἡμῖν παρεσκευάσθαι μόνον, ὑμᾶς δὲ τοὺς ἔνδον ὑποκαθημένους καὶ πάντα σήποντας τὰ τῆς πόλεως πράγματα ἐάσειν. γνώμην δὴ λαβόντες κρείττονα ἧς ἔχετε νῦν ἄπιτε, οἷς μή τι πρᾶγμα, καὶ πράσσετε τὰ ἑαυτῶν, εἰ σωφρονεῖτε· σὺ δ' ἄγου τὴν παιδίσκην ἔχων, Κλαύδιε, μηδένα δεδοικὼς δι' ἀγορᾶς· οἱ γὰρ Ἀππίου σε προπέμψουσι δώδεκα πελέκεις."

Virginio, desesperado, al ver que nadie le va a prestar ayuda, pide permiso a Apio para interrogar a la nodriza de su hija con el objetivo de que le confirme si ha sido considerado padre equivocadamente. Al obtenerlo, lleva a su hija y a la nodriza a un lugar cercano y, en un acto desesperado, mata a su hija para darle la libertad.

Liv. 3.48.3-5: *I.' inquit, 'lictor, submove turbam et da viam domino ad prehendendum mancipium.' Cum haec intonuisset plenus irae, multitudo ipsa se sua sponte dimovit desertaque praeda iniuriae puella stabat. Tum Verginius ubi nihil usquam auxilii vidit, 'quaeso' inquit, 'Appi, primum ignosce patrio dolori, si quo inclementius in te sum invectus; deinde sinas hic coram virgine nutricem percontari quid hoc rei sit, ut si falso pater dictus sum aequiore hinc animo discedam.' Data venia seducit filiam ac nutricem prope Cloacinae ad tabernas, quibus nunc Novis est nomen, atque ibi ab lanio cultro arrepto, 'hoc te uno quo possum' ait, 'modo, filia, in libertatem vindico.' Pectus deinde puellae transfigit, respectansque ad tribunal 'te' inquit, 'Appi, tuumque caput sanguine hoc consecro.'*

Dion. Hal. 11.37.4-6: Ὡς δὲ ταῦτ' εἶπεν, οἱ μὲν ἄλλοι στένοντες καὶ τὰ μέτωπα παίοντες καὶ τὰ δάκρυα κατέχειν οὐ δυνάμενοι παρεχώρουν ἐκ τῆς ἀγορᾶς, ὁ δὲ Κλαύδιος ἀπῆγε τὴν παῖδα τῷ πατρὶ περιπεπλεγμένην καὶ καταφιλοῦσαν καὶ ταῖς ἡδίσταις φωναῖς ἀνακαλοῦσαν. ἐν τοιούτοις δὴ κακοῖς Οὐεργίνιος ὢν ἔργον εἰς νοῦν βάλλεται πατρὶ μὲν ταλαίπωρον καὶ πικρόν, ἐλευθέρῳ δ' ἀνδρὶ καὶ μεγαλόφρονι πρέπον. αἰτησάμενος γὰρ ἐξουσίαν ἀσπάσασθαι τὴν θυγατέρα τοὺς τελευταίους ἀσπασμοὺς ἐπ' ἐλευθερίας[1] καὶ διαλεχθῆναι μόνῃ μόνος ὁπόσα βούλεται πρὶν ἐκ τῆς ἀγορᾶς αὐτὴν ἀπαχθῆναι, συγχωρήσαντος τοῦ στρατηγοῦ καὶ τῶν ἐχθρῶν μικρὸν ἀναχωρησάντων ὑπολαβὼν αὐτὴν ἐκλυομένην τε καὶ καταρρέουσαν καὶ κατέχων τέως μὲν ἀνεκολεῖτό τε καὶ κατεφίλει καὶ τὰς λιβάδας ἐξέματτε τῶν δακρύων, ἔπειτα κατὰ μικρὸν ὑπάγων, ὡς ἦν ἐγγὺς ἐργαστηρίου μαγειρικοῦ, μάχαιραν ἐξαρπάσας ἀπὸ τῆς τραπέζης παίει τὴν θυγατέρα διὰ τῶν σπλάγχνων τοσοῦτον εἰπών· "Ἐλευθέραν σε καὶ εὐσχήμονα, τέκνον, ἀποστέλλω τοῖς κατὰ γῆς προγόνοις· ζῶσα γὰρ ταῦτα οὐκ ἐξῆν ἔχειν ἀμφότερα διὰ τὸν τύραννον."

Ambos historiadores coinciden en destacar el profundo dolor y desesperación de Virginio como padre que le lleva a pedir al decenviro un momento privado con su hija antes de tomar una acción drástica. En el caso de Livio pide hablar con la nodriza para aclarar la cuestión de su paternidad; en el relato de Dionisio de Halicarnaso, en cambio, solicita dar los últimos abrazos a su hija y hablar a solas con ella.

A continuación, Virginio se lleva a su hija a las proximidades del templo de Cloacina[288] —según Dionisio, en el Foro— y, echando mano del cuchillo de un carnicero da muerte a su hija pronunciando las siguientes palabras: "*hoc te uno quo possum' ait, 'modo, filia, in libertatem vindico*", en el relato de Livio; "Ἐλευθέραν σε καὶ εὐσχήμονα, τέκνον, ἀποστέλλω τοῖς κατὰ γῆς προγόνοις· ζῶσα γὰρ ταῦτα οὐκ ἐξῆν ἔχειν ἀμφότερα διὰ τὸν τύραννον", en el relato de Dionisio de Halicarnaso.

No entramos en este momento a analizar el posible ejercicio del *ius vitae ac necis* por parte de Virginio, puesto que le dedicamos a esta escena el último capítulo de este trabajo dada su importancia, no sólo desde el punto de vista político sino también desde una perspectiva jurídica. En todo caso, la injustica de este episodio queda reflejada posteriormente por Livio cuando afirma que los espíritus de Virginia se calman finalmente cuando el último culpable ha desaparecido[289].

Sin embargo, la muerte de Virginia a manos de su padre no será la única consecuencia que se derive de la actuación abusiva de Apio. Su muerte provoca el levantamiento de la plebe. Como expresa Livio al inicio del episodio de Virginia, el atropello contra Virginia tendrá las mismas consecuencias que la violación y muerte de Lucrecia.

Liv. 3.44.1: *Sequitur aliud in urbe nefas, ab libidine ortum, haud minus foedo eventu quam quod per stuprum caedemque Lucretiae urbe regnoque Tarquinios expulerat, ut non finis solum idem decemviris qui regibus sed causa etiam eadem imperii amittendi esset.*

Tras la muerte de Virginia, Apio intenta, en vano, apresar a Virginio que consigue huir y llegar al campamento de Álgido acompañado de un gran número de hombres que deciden acompañarle. Entretanto se quedan en Roma Icilio y Numitorio que muestran el cuerpo de la hija de Virginio al pueblo, lamentando el crimen de Apio y provocando a la multitud con sus discursos sobre los abusos de los decenviros. Apio intenta arrestar a Icilio, pero se encuentra con la resistencia de la multitud y de los líderes Lucio Valerio y Marco Horacio, lo que provoca una violenta refriega. Temiendo por su vida, Apio se refugia en su casa. Espurio Opio intenta ayudarle, pero se encuentra superado por la situación y convoca al Senado[290], que decide no

---

288. El *sacellum Cloacinae* es el santuario que estaba situado frente a la última de las tiendas conocidas como *tabernae novae*, donde la *Cloaca Maxima* llegaba al Foro.

289. Liv. 3.58.11: ... *manesque Verginiae, mortuae quam vivae felicioris, per tot domos ad petendas poenas vagati, nullo relicto sonte tandem quieverunt.*

290. Dionisio en este punto se aleja de Tito Livio y señala que Apio sube al templo de Vulcano y convoca al pueblo en asamblea (Dion. Hal. 11.39.1).

agitar más a la plebe y toma medidas para evitar que la llegada de Virginio cause revuelo en el ejército[291].

Por otro lado, en el campamento, Virginio expone lo que ha sucedido, presentando como testigos a quienes los han acompañado desde la ciudad. El ejército levanta el campamento y marcha sobre la ciudad ocupando el Aventino. A su vez, el ejército de la sabina dirigido por Icilio y Numitorio, viene a reforzarlo en el monte Aventino. Cada uno de los ejércitos nombra a diez tribunos militares para el mando supremo y eligen a Marco Opio y Sexto Manlio como líderes[292]. Mientras tanto, el Senado se reúne diariamente, acusando a los decenviros de varios abusos (el asesinato de Licio, la lujuria de Apio y los desastres militares) y exigiendo su renuncia.

Liv. 3.51.12: … *Sicci caedes decemviris et Appiana libido et dedecora militiae obiciebantur.*

Se propone que Lucio Valerio y Marco Horacio vayan al Aventino, pero ambos se niegan a menos que los decenviros entreguen las insignias de una magistratura que ha expirado el año anterior. Los decenviros se oponen a abdicar hasta que las leyes que han redactado sean debidamente promulgadas.

Tras ser informada la plebe por Marco Duilio sobre las discusiones infructuosas en el Senado, se traslada del Aventino al monte Sacro para presionar a los patricios y restaurar sus derechos. En el Senado, Horacio y Valerio, junto con otros senadores, critican a los decenviros por aferrarse al poder y advierten sobre las consecuencias de su obstinación. Finalmente, los decenviros, abrumados por las críticas, se ponen a disposición del Senado, pidiendo que les protejan contra el odio de la plebe[293].

Valerio y Horacio llegan al campamento e Icilio les presenta las condiciones que previamente se han acordado: que se restablezca el poder tribunicio y el derecho de apelación y que no haya represalias contra nadie que haya participado del levantamiento del ejército y de la plebe. Aunque también piden castigar a los decenviros, los delegados responden que es más importante recuperar la libertad y evitar caer en la crueldad.

Liv. 3.53.4-5: *Potestatem enim tribuniciam provocationemque repetebant, quae ante decemviros creatos auxilia plebis fuerant, et ne cui fraudi esset concisse milites aut plebem ad repetendam per secessionem libertatem. De decemvirorum modo supplicio atrox postulatum fuit; dedi quippe eos aequum censebant vivosque igni concrematuros minabantur.*

Valerio y Horacio exponen las propuestas de la plebe ante el Senado y no presentan oposición. Se decreta que los decenviros dimitan de su cargo de inmediato, que el pontífice máximo proceda a la elección de los tribunos

---

291. Liv. 3.48.7-49.8; Dion. Hal. 11.37.6-38.2.
292. Liv. 3.50-51; Dion. Hal. 11.40-44.
293. Liv. 3.52.

de la plebe y que nadie sea perseguido como consecuencia de la secesión del ejército y de la plebe.

Liv. 3.54.5: *Factum senatus consultum ut decemviri se primo quoque tempore magistratu abdicarent, Q. Furius pontifex maximus tribunos plebis crearet; et ne cui fraudi esset secessio militum plebisque.*

La plebe, agradecida, acepta regresar a Roma y se traslada del monte Sacro al Aventino. Allí elige nuevos tribunos de la plebe, incluyendo a Lucio Virginio, Lucio Icilio, Publio Numitorio, Gayo Sicinio y Marco Duilio, entre otros, distinguidos por su iniciativa durante la crisis y su compromiso con la causa plebeya.

Reunida la asamblea plebeya, los nuevos tribunos proponen y la plebe decreta que nadie sea perseguido por haberse rebelado contra los decenviros. A su vez, Marco Duilio logra que se apruebe el nombramiento de cónsules y el derecho de apelación. A continuación, un *interrex* proclama cónsules a Lucio Valerio y Marco Horacio[294] y su primera medida será que las decisiones de la plebe reunida por tribus obliguen a todo el pueblo, con el objeto de fortalecer el poder de los tribunos.

Liv. 3.55.3: *Omnium primum, cum velut in controverso iure esset tenerenturne patres plebi scitis, legem centuriatis comitiis tulere ut quod tributim plebes iussisset populum teneret; qua lege tribuniciis rogationibus telum acerrimum datum est.*

Además, restablecen y aseguran el derecho de apelación, abolido por los decenviros, sancionando una nueva ley que prohíbe la creación de magistraturas *sine provocatione* y que permite que cualquier persona, que cree tal magistratura, pueda ser ejecutada sin juicio. También proclaman la inviolabilidad de las magistraturas plebeyas.

Liv. 3.55.4-7: *Aliam deinde consularem legem de provocatione, unicum praesidium libertatis, decemvirali potestate eversam, non restituunt modo, sed etiam in posterum muniunt sanciendo novam legem, ne quis ullum magistratum sine provocatione crearet; qui creasset, eum ius fasque esset occidi, neve ea caedes capitalis noxae haberetur. Et cum plebem hinc provocatione, hinc tribunicio auxilio satis firmassent, ipsis quoque tribunis, ut sacrosancti viderentur, cuius rei prope iam memoria aboleverat, relatis quibusdam ex magno intervallo caerimoniis renovarunt, et cum religione inviolatos eos, tum lege etiam fecerunt, sanciendo ut qui tribunis plebis aedilibus iudicibus decemviris nocuisset, eius caput Iovi sacrum esset, familia ad aedem Cereris Liberi Liberaeque venum iret.*

---

294. Lucio Valerio y Marco Horacio son los cónsules que reemplazan a los decenviros en el año 449 a. C. Se pone en duda su existencia real, pues, por ejemplo, la *Lex Hortensia*, atribuida a ellos, fue propuesta por Quinto Hortensio en el año 286 a. C. Cic. *Brut.* 14.54.2: *ne L. Valerium quidem Potitum arbitror non aliquid potuisse dicendo, qui post decemviralem invidiam, plebem in patres incitatam legibus et contionibus suis mitigaverit.*

Asentado el poder tribunicio y la libertad de la plebe, se inicia el procesamiento de los exdecenviros. Los tribunos deciden que se haga uno a uno para evitar que se ayuden entre ellos y deciden que Apio sea el primero y que su acusador sea Virginio[295]. Virginio le acusará de un único delito —negar la libertad provisional a una persona libre decretando ilegalmente su esclavitud—, si bien no deja de recordar que Apio ha estado, en todo momento, fuera de la ley y de toda convención propia de la sociedad y de la naturaleza humana.

Liv. 3.57.3-5: *... iam ab rapinis et caedibus animo ad libidinem verso virginem ingenuam in oculis populi Romani, velut bello captam, ab complexu patris abreptam ministro cubiculi sui clienti dono dederit; ubi crudeli decreto nefandisque vindiciis dextram patris in filiam armaverit; ubi tollentes corpus semianime virginis sponsum auumque in carcerem duci iusserit, stupro interpellato magis quam caede motus. Et illi carcerem aedificatum esse quod domicilium plebis Romanae vocare sit solitus. Proinde ut ille iterum ac saepius provocet, sic se iterum ac saepius iudicem illi ferre ni vindicias ab libertate in servitutem dederit; si ad iudicem non eat, pro damnato in vincla duci iubere.*

Apio es encarcelado y se señala la fecha del juicio. Entretanto su tío Gayo Claudio, que se había retirado a Regilio movido por su rechazo a los crímenes de los decenviros y especialmente por su aversión a la tiranía de su sobrino, regresa para intentar salvar con sus súplicas a aquel de cuyos vicios había huido. Vestido de luto y acompañado por su familia y clientes, solicita que no permitan que la familia de los Claudios sea marcada con la deshonra de la cárcel y las cadenas. Argumenta que un hombre cuya imagen es muy honrada por la posteridad, un legislador y fundador del derecho romano, no puede estar encadenado entre asaltantes nocturnos y bandidos.

Liv. 3.58.1-4: *C. Claudius, qui perosus decemvirorum scelera et ante omnes fratris filii superbiae infestus Regillum, antiquam in patriam, se contulerat, is magno iam natu cum ad pericula eius deprecanda redisset cuius vitia fugerat, sordidatus cum gentilibus clientibusque in foro prensabat singulos orabatque ne Claudiae genti eam inustam maculam vellent ut carcere et vinculis viderentur digni. Virum honoratissimae imaginis futurum ad posteros, legum latorem conditoremque Romani iuris, iacere vinctum inter fures nocturnos ac latrones.*

Tras varios intentos de obtener clemencia y perdida toda esperanza, Apio se quita la vida (Liv. 3.58.6)[296]. A su vez, su cliente M. Claudio es demandado y condenado, pero indultado de la pena capital por el propio L. Virginio y enviado al exilio en Tibur.

---

295. Dion. Hal. 11.46.1-2.

296. En cambio, Dion. Hal. 11.46.4 dice que es condenado a morir en la cárcel por orden de los tribunos de la plebe.

Espurio Opio, otro de los decenviros más odiado, también es sometido a un proceso penal por parte de Publio Numitorio. Tras el testimonio de un joven soldado que había sido acosado por él, se ordena su encarcelamiento preventivo y Opio se suicida antes de la fecha fijada para el juicio.

Liv. 3.58.7-9: *Subinde arreptus a P. Numitorio Sp. Oppius, proximus invidiae, quod in urbe fuerat cum iniustae vindiciae a collega dicerentur. Plus tamen facta iniuria Oppio quam non prohibita invidiae fecit. Testis productus, qui septem et viginti enumeratis stipendiis, octiens extra ordinem donatus donaque ea gerens in conspectu populi, scissa veste, tergum laceratum virgis ostendit, nihilum deprecans quin si quam suam noxam reus dicere posset, privatus iterum in se saeviret. Oppius quoque ductus in vincula est, et ante iudicii diem finem ibi vitae fecit.* [297]

En definitiva, la ocupación militar del Aventino y la retirada a la Montaña Sagrada por parte de los ejércitos y de la multitud llevan a la renuncia de los decenviros y al restablecimiento de las magistraturas anteriores, poniendo fin a la revolución sin derramamiento de sangre. Los principales culpables, Apio Claudio y Espurio Opio, son detenidos, con Opio muriendo en prisión y Apio suicidándose, mientras que los demás decenviros optan por el exilio para evitar acusaciones y condenas.

Por lo que se refiere al enjuiciamiento de los *decemviri legibus scribundis*, deberían haber sido sometidos a juicios populares (*iudicia populi*) tras la *provocatio* de los propios decenviros. Sin embargo, estos juicios no se llevan a cabo porque los decenviros más odiados (Apio Claudio y Espurio Opio) mueren antes de que comiencen los procesos[298].

En el caso de Apio es sometido a un acto de *coercitio* tribunicia. Apio, quien había reprimido la provocación y pisoteado los derechos del pueblo, apela primero al *tribunitium auxilium* y luego invoca el derecho de *provocatio ad populum*, lo que llevaría a un *iudicium populi* con el tribuno Lucio Virvius como acusador. El propio Livio lo destaca en el relato: *...provocare qui provocationem sustulisset, et implorare praesidium populi qui omnia iura populi obtrisset, rapique in vincla egentem iure libertatis qui liberum corpus in servitutem addixisset*[299]. Temiendo el odio popular y sin esperanza de justicia o misericordia, Apio pide a los tribunos que fijen la primera audiencia del juicio, pero se suicida antes de que termine el proceso.

---

297. *Vid.* también Dion. Hal. 11.46.4.

298. En este sentido, S. SCIORTINO, *Studi sulle liti di libertà*, p. 188.

299. Liv. 3.56.8.

III.2. LA FIGURA DEL *ADSERTOR LIBERTATIS*

Hasta ahora hemos concluido que el proceso de Virginia es una *causa liberalis* y, en concreto, una *vindicatio in servitutem*. En dicho proceso destaca una figura de especial relevancia sobre la que orbita la controversia sobre el *status libertatis* de Virginia: el *adsertor libertatis*[300], un ciudadano que defiende en juicio a quien no puede defenderse por sí mismo. Su importancia nos ha llevado a estudiar con mayor profundidad esta figura jurídica.

Pese a las discusiones suscitadas sobre el origen de los procesos de libertad, resulta razonable admitir la existencia de la *causa liberalis* en la época primitiva, lo que a su vez justifica la presencia del *adsertor libertatis*, un ciudadano que interviene para defender la libertad del que ha sido atacado injustamente, ayudándole a recuperar su libertad y restablecer su derecho[301].

Inicialmente, el término *"adsertor"* debió utilizarse para mencionar a ambas partes del proceso: por un lado, haría referencia a la persona que reclamaba la libertad del individuo sometido a esclavitud, en cuyo caso, hablaríamos de *adsertor libertatis*; por otro, aludiría al que asumía la posición de *dominus*, en cuyo caso, haríamos uso del término *"adsertor servitutis"*[302]. Abolidas las *legis actiones*, el nombre de *adsertor* se mantendría en el primer caso, suprimiéndose en el segundo.

La primera mención del sustantivo *"adsertor"* se encuentra, precisamente, en el momento en el que el decenviro Apio Claudio, en complicidad con su

---

300. Sobre el *adsertor libertatis*, *vid.* M. NICOLAU, *Causa liberalis*, cit., pp. 94 ss.; R. DÜLL, "Vom *vindex* zum *iudex*", en *ZSS* 54 *(1934)*, pp. 135 ss.; G. I. LUZZATTO, *Procedura civile romana*, cit., pp. 278 s.; P. NOAILLES, *Fas et ius*, cit., pp. 187 ss.; ID., *Du Droit sacré*, cit., pp. 177 ss.; G. FRANCIOSI, *Il processo di libertà*, cit., pp. 135 ss.; E. FERENCZY. "L'*adsertor liberatis* nell'età della Repubblica romana arcaica", en *Studi in memoria di Guido Donatuti*, vol. I, Milano 1973, pp. 387 ss.; R. REGGI, La *vindicatio in libertatem* e l'*adsertor libertatis*», en *Studi in memoria di Guido Donatuti*, vol. II, Milano 1973, pp. 1005 ss.; R. LEONHARD, *voz "adsertor"*, en Paulys Realencyclopädie der classischen Altertumswissenschaft, I (1984), pp. 42 ss. ; A. RUSSO, "Note sull *adsertor libertatis*", en Φιλία. *Scritti per G. Franciosi, a cura di F. M. D'Ippolito*, vol. IV, Napoli, 2007, pp. 2363 ss.

301. Esta figura del derecho arcaico perdura a lo largo de toda la historia de Roma hasta que es suprimida por Justiniano en el año 528 d. C., CI. 7.17.1.*pr.*: *de adsertione tollendo: Lites super seroili condicione movendas ad clementiorem tam examinationem quam terminum transferimus iubentes, si quis vel adhuc seroiens liberum se esse dixerit vel in libértate commorans ad servitutem vocatus fuerit, adsertoris difficultatem in utroque casu cessare ipsumque per se ad intentiones eius qui dominum sese adserit respondere et, si ex possessione libertatis ad servitutem ducitur, etiam procuratorem daré minime prohiberi, quod his, qui ex servitute ad libertatem prosiluerint, penitus interdicimus*. Con anterioridad, en el año 393 d. C., una constitución de Valentiniano, Teodosio y Arcadio, C. Th. 4.8.9, lo descarta para ciertos casos.

302. *Vid.* M. NICOLAU, *Causa liberalis*, cit., p. 124 s.; P. NOAILLES, *Fas et ius*, cit., p. 203; ID., *Du Droit sacré*, cit. p. 189.

cliente Marco Claudio, trama un plan para iniciar una *causa liberalis* contra Virginia.

Liv. 3.44.8: *Iam a vi tuta erat, cum adsertor nihil opus esse multitudine concitata ait...*

Liv. 3.47.7: *Cum repelleretur adsertor virginis a globo mulierum circumstantiumque advocatorum, silentium factum per praeconem...*

Para comprender su significado, es necesario acudir a uno de los testimonios que se conservan en los escritos de Pablo el Diácono, quien en *Excerpta ex libris Pompei Festi de significatione verborum* reproduce una parte del contenido lingüístico del epítome *De significatione verborum* del historiador y gramático latino Sexto Pompeyo Festo[303].

Fest. *s. v. Sertorem* (L.460): *quidam putant dictum a prendendo, quia cum cuipiam adserat manu, educendi eius gratia ex servitute in libertatem, vocetur adsertor.*

A nuestros efectos actuales, conviene destacar que el *adsertor* recibe este nombre debido a la función procesal que está llamado a cumplir y, por tanto, "*adserere*" tiene un significado específico que hace referencia a un acto que se realiza con la mano. No sólo implica el objeto de la acción, sino que también está ligado a un gesto físico, el uso de la mano que simboliza la acción de reclamar algo[304]. Más tarde, adquiere el significado general de "afirmar".

Una prueba de esa primera interpretación se encuentra en algunos fragmentos de Plauto, en donde el verbo *adserere* va siempre acompañado del ablativo *manu*.

Plaut. *Curc.* 490-491: *Memento promisisse te, si qui-*
[squam hanc liberali
causa manu assereret, mihi omne argentum redditum iri.
Plaut. *Curc.* 709-710: *Promistin, si liberali quisquam hanc adsereret*
[manu,
te omne argentum redditurum?
Plaut. *Poen.* 905-906: *quo id facilius fiat, manu eas*
[adserat,
suas popularis, liberali causa.
Plaut. *Poen.* 964: *Eas liberali iam adseres causa manu*
Plaut. *Poen.* 1347-1348: *miratus fui*
neminem venire, qui istas adsereret manu.

---

303. Esta obra toma como referencia el tratado sobre la lengua latina del lexicógrafo Marco Verrio Flaco. *Vid.* W. M. LINDSAY, *Sexti Pompei Festi. De verborum significatu quae supersunt cum Pauli Epitome*, Leipzig 1933.

304. También se relaciona con otros términos como "*manus iniectio*" y "*manum tibi depello*" que también enfatizan el acto físico en el proceso de reivindicación.

No cabe duda de que los citados textos están atestiguando el uso del verbo *adserere* junto con el ablativo *"manu"*, motivo por el cual es útil compararlo con el verbo *"conserere"*, que también se utiliza con las palabras *"manu"* o *"manum"* y que describe la acción de los dos demandantes que juntan sus manos sobre un objeto que están reclamando.

Aunque resulta complicado rastrear el significado de ambos verbos, la terminología empleada refleja los gestos que los litigantes realizan con las manos y que acompañan a sus palabras. En este procedimiento el formalismo domina todo el juicio, de modo que las palabras y los gestos de las partes no son espontáneos, sino que deben encajar en unos marcos preestablecidos.

Para aclarar el significado del verbo *"conserere"* resulta de utilidad acudir a la definición que ofrece Aulo Gelio en las *Noctes Atticae*. *"Manum conserere"* significa apoderarse de la cosa presente al mismo tiempo que el adversario y realizar *vindicatio* sobre la cosa con todas las palabras[305].

Gell. *Noct. Att.* 20.10.7-10: «*Manum conserere*» ... *Nam de qua re disceptatur in iure in re praesenti, sive ager sive quid aliud est, cum adversario simul manu prendere et in ea re sollemnibus verbis vindicare, id est «vindicia». Correptio manus in re atque in loco praesenti apud praetorem ex duodecim tabulis fiebat, in quibus ita scriptum est: «si qui in iure manum conserunt.» Sed postquam praetores propagatis Italiae finibus datis iurisdictionibus negotiis occupati proficisci vindiciarum dicendarum causa ad longinquas res gravabantur, institutum est contra duodecim tabulas tacito consensu, ut litigantes non in iure apud praetorem manum consererent, sed «ex iure manum consertum» vocarent, id est alter alterum ex iure ad conserendam manum in rem, de qua ageretur, vocaret atque profecti simul in agrum, de quo litigabatur, terrae aliquid ex eo, uti unam glebam, in ius in urbem ad praetorem deferrent et in ea gleba tamquam in toto agro vindicarent. Idcirco Ennius significare volens non, ut ad praetorem solitum est, legitumis actionibus neque ex iure manum consertum, sed bello ferroque et vera vi atque solida ...; quod videtur dixisse conferens vim illam civilem et festucariam, quae verbo diceretur, non quae manu fieret, cum vi bellica et cruenta.*

En este fragmento se contemplan, por un lado, el rito de la *festuca* para la reivindicación de bienes muebles que están presentes ante el magistrado, y por otro, el de la *consertio manuum* para la reivindicación de bienes inmuebles. En el primer caso, se llama *"vindicia"* al acto de poner la mano encima de la cosa objeto de litigio al mismo tiempo que el adversario y

---

305. En época clásica la comprensión de los verbos *"adserere"* y *"conserere"* evoluciona y pierde su significado original y preciso. Se usan de manera similar y el complemento para ellos es también a veces *manu*, a veces *manum*. Cfr. Varro, *de ling. lat.* 6.64 (*Adserere manum in libertatem, cum prendimus*) y Gell. *Noct. Att.* 20.10.7-10.

reivindicar la cosa con palabras solemnes. En cambio, cuando la cosa es inmueble, queda instituido, por consentimiento tácito, que los litigantes no pongan la mano sobre ella ante el magistrado, sino que se recurra a lo que se llama *ex iure manum consertum*, esto es, los litigantes se citan primero el uno al otro conforme a la ley para poner la mano sobre la cosa y llevan un símbolo de la misma (por ejemplo, un puñado de tierra si se trata de una finca) ante el magistrado y sobre ese símbolo hacen las reclamaciones como si fuera la cosa en su totalidad. En nuestro caso, interesa especialmente el primer supuesto, puesto que el objeto de litigio en una *causa liberalis* es una persona que está presente ante el magistrado.

Llegados a este punto disponemos ya de un conjunto de datos que permiten vislumbrar una respuesta que nos aproxime al significado de los verbos *"adserere"* y *"conserere"*. Todo parece indicar que los dos verbos se refieren al mismo acto procesal desde diferentes puntos de vista[306]. Mientras *"conserere"* sugiere que los gestos con las manos, acompañados de las palabras, ocurren al mismo tiempo y con el mismo propósito (ambos se apoderan del objeto de litigio), *"adserere"* implica que el segundo gesto se lleva a cabo en relación con el primero, pero no es idéntico ni sucede al mismo tiempo. Esto tiene sentido teniendo en cuenta que la posición de los dos demandantes y la de los dos *adsertores* parece similar (con una mano se apoderan de la cosa y con la otra colocan la *festuca* sobre ella), pero la diferencia en sus palabras significa que no son idénticos.

En esta línea, hay quienes consideran que el verbo *"adserere"* estaría reservado a la *causa liberalis*[307] y toman como referencia un fragmento de Varrón que recoge la comparación entre *conserere manu* y *adserere manu*.

Varro, *de ling. lat.* 6.64: *Sic conserere manum dicimur cum hoste; sic ex iure manum consertum vocare; hinc adserere manu in libertatem cum prendimus. Sic augures dicunt: Si mihi auctor es verbenam manu asserere, dicito consortes.*

---

306. Sobre este particular, M. NICOLAU, *Causa liberalis*, p. 122, entiende que etimológicamente el verbo *"adserere"* es similar a *"conserere"*. Ambos se refieren al mismo acto, pero desde dos ángulos o puntos de vista diferentes, de modo que el primer verbo, *"adserere"*, se refiere más específicamente al acto en cuanto a su finalidad y resultado, mientras que el segundo, *"conserere"*, revela en particular la noción de reciprocidad implícita en el mismo acto.

307. *Vid.* M. NICOLAU, *Causa liberalis*, cit., p. 123. En contra, G. FRANCIOSI, *Il processo di libertà*, cit., pp. 144 ss., considera que *"manu adserere"* no sería una expresión propia de los procesos de libertad, sino que sería el acto común de reivindicar en la *actio in rem*. De hecho, al pretendido *dominus* se le llama también *"adsertor"*. En este sentido, varios textos de Livio: Liv. 3.44.8 (*Iam a vi tuta erat, cum adsertor nihil opus esse multitudine concitata ait; se iure grassari, non vi*); Liv. 3.46.7 (*Cum instaret adsertor puellae ut vindicaret sponsoresque daret, atque id ipsum agi diceret Icilius*); Liv. 3.47.7 (*Cum repelleretur adsertor virginis a globo mulierum circumstantiumque advocatorum, silentium factum per praeconem*). Asimismo, otro texto de Plauto (*Rud.* 972-4) permite deducir que la expresión *manu adserere* se refiere también al acto del *vindicans* en la *actio sacramenti in rem*.

Sin embargo, esta interpretación no termina de encajar con la idea de que *"manum adserere"* vendría a indicar el acto de agarrar con la mano al individuo sobre cuyo *status* se discute y, por tanto, equivaldría también a las expresiones *manu prendere* o *manu capere*. En todo caso, y aunque esa denominación haga referencia al acto común de reivindicar en la *legis actio per sacramentum*, es posible que vaya evolucionando y reservándose en la práctica para señalar la afirmación realizada por el *adsertor* en la *causa liberalis*.

Aclarada esta cuestión, el papel de parte procesal es asumido por el *adsertor libertatis*, mientras que objeto de litigio es el individuo cuyo *status* se discute[308], de modo que el *adsertor libertatis* actúa como demandante en la *vindiciatio in libertatem*, correspondiéndole la carga de la prueba, y como demandado en la *vindicatio in servitutem*, gozando, al menos en época clásica, del *commodum possesionis*[309].

Todo parece indicar que en época clásica cualquier ciudadano puede actuar como *adsertor libertatis*[310]. No debía suceder lo mismo en época antigua. Lo más probable es que se tratara de un *gentilis*, que asumía la causa de un miembro de su familia para sacarlo de una situación que era considerada injusta[311]. Sólo con la posterior disolución del fenómeno gentilicio, el derecho a hacer valer la libertad de un hombre se habría atribuido a cualquier ciudadano[312]. Es logico pensar que primara el posible interés de la persona que asumía la condición de *adsertor* en los procesos de libertad de modo que no todas las personas se considerarían cualificadas para serlo. Por ejemplo, si una persona estaba bajo *potestas*, tenía sentido que el *adsertor* más adecuado fuera quien tenía *potestas* sobre dicha persona, de otro modo se hubiera considerado sospechoso. Así, el padre se presentaría como *adsertor* del hijo y el patrono como *adsertor* del liberto.

---

308. En esta misma línea de pensamiento, E. JOBBÉ-DUVAL, *Histoire de la procédure civile* cit., pp. 391 s.; G. PUGLIESE, *Il processo formulare*, cit., p. 267; M. NICOLAU, *Causa liberalis*, cit., pp. 128 s.; P. NOAILLES, *Du Droit sacré*, cit., p. 197; G. I. LUZZATTO, *Procedura civile romana*, cit., p. 278; G. FRANCIOSI, *Il processo di libertà*, cit., p. 136.

309. *Vid.* Ulpiano, *54 ad. Ed.*, D. 40.12.7.5; Ulpiano, 55 *ad. Ed.*, D. 40.12.12.3. En cambio, en un primer momento parece que ambas partes asumen la carga de la prueba y que será con posterioridad cuando el *commodum possessionis* permita al demandado resistir sin probar y convertirse a su vez en demandante. Sobre este tema, *vid.* G. FRANCIOSI, *Il processo di libertà*, cit., p. 57.

310. Liv. 3.45.2: *in eis enim, qui adserantur in libertatem, quia quivis lege agere possit, id iuris esse*.

311. En las *legis actiones* sólo los ciudadanos romanos *sui iuris* pueden ser parte en un proceso. En esta línea, Gai. 2.96, con relación a la *in iure cessio*, advierte que los sujetos que no son *sui iuris* no pueden llevar a cabo ninguna *vindicatio* para afirmar *in iure* un *meum esse aio*. *Vid.* P. NOAILLES, "Vindicta", en *Fas et ius. Études de droit romain*, Paris, 1948, pp. 45 ss. ; A. RUSSO, *Note sull adsertor libertatis*, cit., pp. 2363 ss.

312. En esta línea, M. NICOLAU, *Causa liberalis*, cit., p. 130; E. FERENCZY. *L'adsertor liberatis*, cit., pp. 387 ss.; R. REGGI, *La vindicatio in libertatem*, cit., p. 1005; A. RUSSO, *Note sul! adsertor libertatis*, cit., pp. 2363 ss.

A pesar de tratarse de una cuestión debatida, es probable que el proceso pudiera ser reiniciado indefinidamente[313] por un *adsertor libertatis*, sujeto a un nuevo *sacramentum*, independientemente del hecho de que la *vindicatio* anterior hubiera sido *in servitutem* o *in libertatem*.

Cic. *de domo* 29.77-78: *Quia ius a maioribus nostris, qui non ficte et fallaciter populares sed vere et sapienter fuerunt, ita comparatum est ut civis Romanus libertatem nemo possit invitus amittere. Quin etiam si decemviri sacramentum in libertatem iniustum iudicassent, tamen, quotienscumque vellet quis, hoc in genere solo rem iudicatam referri posse voluerunt.*

Se trata, como puede observarse, de una sentencia que declara *iniustum* el *sacramentum in libertatem* y que, por tanto, declara esclavo al sujeto objeto de litigio. Esta sentencia no impide que se vuelva a plantear la cuestión sobre el *status libertatis* de esa persona, puesto que en estos casos se deroga la eficacia normal de la *res iudicata*[314]. Se discute, en cambio, si el mismo *adsertor* pudiera repetir tanto la *vindicatio in libertatem* como la *vindicatio in servitutem* sin necesidad de ser sustituido por otro[315].

---

313. Mientras Cicerón afirma que el proceso podría ser reiniciado indefinidamente, Mart. 1.52.8-9, limita esta posibilidad a tres o cuatro veces (*hoc si terque quaterque clamitaris impones plagiario pudorem*) y CI. 7.17.1.*pr.* habla genéricamente de dos o tres veces (... *illis legibus quae dudum et secunda et tertia uice adsertorias lites examinari praecipiebant...*).

314. No todos los autores consideran que la sentencia en un proceso de libertad deroga la *auctoritas rei iudicatae* que impide que se vuelva a juzgar el mismo asunto. M. NICOLAU, *Causa liberalis*, pp. 202 ss., excluye la posibilidad de repetir la *vindicatio in libertatem*, mientras admite que se repita indefinidamente la *vindicatio in servitutem* que termina con una sentencia *pro servitutem*. Aporta a su favor los textos de Cic. *de domo* 29.78 y Gai. *ad. ed. Praetoris urbani titulo de lib. Causa*, D. 40.12.25.1). De esta misma opinión, M. MARRONE, *L'efficacia pregiudiziale della sentenza nel processo civile romano*, cit., p. 330, nt. 631. En contra, S. PEROZZI, *Istituzioni di diritto romano*, cit., p. 286; R. REGGI, *La vindicatio in libertatem e l'assertor libertatis*, cit., pp. 1007 ss.; G. FRANCIOSI, *Il processo di libertà*, cit., pp. 264 ss. Este autor entiende, con razón, que una medida impuesta por la plebe al patriciado no podría haber sido que el liberto, injustamente sometido a esclavitud, hubiera permanecido en esclavitud para siempre, mientras que el liberto podría ver desautorizado su *status* en cualquier momento mediante la repetición de la *vindicatio in servitutem*. En todo caso, Justiniano, CI.7.17.1.*pr.*, en la misma constitución que elimina la figura del *adsertor libertatis*, deroga la regla que permite repetir la *adsertio in libertatem*.

315. Parte de la doctrina confirma la necesidad de que sea un nuevo *adsertor libertatis*. Vid. R. LEONHARD, *s.v. adsertor,* cit., p. 423; P. BONFANTE, *Corso di diritto romano*, I, *Diritto di famiglia*, Milano 1963, p. 210; C. APPLETON, *Trois épisodes de l'histoire ancienne de Rome*, cit., p. 599; P. F. GIRARD, *Manuel elementaire*, cit., p. 104; S. PEROZZI, *Istituzioni di diritto romano*, cit., p. 286. Sin embargo, el texto de Marcial (*Epigr.* 1.52.8-9) permite inferir que el mismo *adsertor libertatis* podría tener la capacidad de reactivar la *vindicatio in libertatem*. En este, el poeta utiliza un lenguaje metafórico para pedir a un amigo que actúe como su *adsertor* en defensa de algunos de sus poemas que un competidor sin creatividad reclama como propios. Marcial sugiere a su amigo que renueve la *adsertio in libertatem* contra los *libri manumissi* varias veces (incluso tres o cuatro veces) hasta que demuestre el plagio que ha sufrido: *Adsertor venias satis que praestes,/ Et, cum se dominum vocabit ille,/ Dicas esse meos manuquemissos./ Hoc si terque quaterque clamitabis,/ Impones plagiario pudorem.* En este sentido, G. FRANCIOSI, *Il processo di libertà*, cit., 271 s.; A. SPINA, "Giudicato e cause di libertà", en *Res iudicata a cura di Luigi Garofalo*, I (Napoli 2015), p. 273, nt. 38.

Introducida brevemente la figura del *adsertor libertatis*, son varias las cuestiones que debemos abordar. La primera, si su presencia sería necesaria únicamente en los casos de *vindicatio in libertatem*, pudiendo el pretendido esclavo actuar por sí mismo en los casos de *vindicatio in servitutem*. Toda la discusión doctrinal gira en torno a la constitución recogida en C. Th. 4.8.5 del año 322 d. C., donde Constantino prevé el procedimiento de la *circumductio* con el objeto de facilitar la búsqueda de un *adsertor libertatis*.

Si quis libertate utentes eiusque compotes inopinatos in discrimen ingenuitatis adducat, si eos forte adsertio defecerit, circumductio praebeatur, adsertorem quaeri titulo per literas indicante, ne causam per silentium ignoretur vel absurde etiam proclametur, ut qui comperissent vellent adserere vel cunctantes etiam cogerentur, ne, si adsertor defuerit, vincti, multis eos scientibus liberos, a dominis ducantur, Ideoque sancimus, si quis, adsertoris inops atque ignotus circumlustratis provinciae populis desertus, tradatur ei, qui servum dixerit, non infracta sed dilata libertas: adsertore invento vires recolligat...

La intervención del *adsertor libertatis* es indiscutible en la *vindicatio in libertatem*. En cambio, cuando hablamos de la *vindicatio in servitutem* la situación resulta más ambigua, puesto que se debe valorar si una persona, que ha vivido como libre, se convierte en incapaz desde el momento en que se pone en duda su *status* por efecto de una *vindicatio in servitutem*. Son diversas las teorías formuladas por la doctrina sobre este punto: desde quienes consideran esta incapacidad como un efecto de la reclamación judicial[316], o de la imposibilidad de que una persona pueda ser sujeto y objeto de litigio al mismo tiempo[317], hasta quienes suponen que el hombre cuya libertad está en juego puede defenderse por sí mismo en el juicio.

Si entramos a analizar el fragmento referido, podría interpretarse que Constantino solicita por primera vez la presencia de un *adsertor libertatis* en la *vindicatio in servitutem*[318] y, por tanto, en los casos de *vindicatio in ser-*

---

316. En este sentido, por ejemplo, E. JOBBÉ-DUVAL, *Histoire de la procédure civile*, cit., p. 390, que entiende que desde el momento en que existe alguna duda sobre la libertad de una persona, ésta queda reducida a objeto de litigio.

317. De esta opinión C. FADDA, *L'azione popolare: studio di diritto romano ed attuale, I. Parte storica- Diritto romano*, Roma 1972, pp. 39 y 334; M. NICOLAU, *Causa liberalis*, cit., p. 128; C. St. TO-MULESCU, *Sur le maxime Vindiciae*, cit., p. 142, nt. 2. En esta misma línea, G. FRANCIOSI, *Il processo di libertá*, cit., pp. 136 ss., sostiene que el individuo carece de capacidad para ser juzgado ya que no es más que el objeto de litigio, de modo que se le impide comparecer en juicio por sí mismo. Dicha incapacidad del individuo es una lógica consecuencia de la *actio sacramenti in rem* que presupone la presencia de la *res* sobre la que se cumplen los gestos rituales de las partes.

318. En este sentido, M. VOIGT, *Die XII Tafeln. Geschichte und System des Civil —und Criminalrechtes wie— Processes der XII Tafeln nebst deren Fragmenten. Erster Band. Geschichte und Allgemeine Juristische Lehrbegriffe der XII Tafeln nebst deren Fragmenten*, Leipzig 1883, p. 120, nt. 14; CUQ, *Les Institutions*, pp. 82 s.

vitutem de épocas anteriores el individuo es libre y puede asumir el papel de parte procesal.

Analizando con detenimiento el texto en cuestión, no es probable que la medida de Constantino sea una novedad por lo que se refiere a la presencia del *adsertor libertatis* en la *vindicatio in servitutem*. Lo que sí parece novedoso es que el individuo, que ve cuestionado su *status libertatis*, pueda recorrer la provincia para encontrar a alguien dispuesto a asumir su defensa.

Son varios los motivos que permiten sugerir esta conclusión. El primero, la ausencia de una referencia por parte de Constantino a la novedad de la medida aludida[319]. Resulta, al menos, extraño que Constantino no mencione explícitamente una novedad de este calado en los procesos de libertad.

Otro factor adicional que favorecería esta opinión estriba en la tendencia de la época a mejorar la posición del esclavo (*favor libertatis*). En este sentido, C. Th. 4.8.9 del año 393 d.C. permite que el presunto esclavo pueda ir a juicio por sí mismo contra el presunto *dominus* en algunos casos particulares.

Si cui super statu suo quaestio moveatur, qui diuturno tempore, hoc est per viginti annorum spatia, in libertatis possessione duravit, vel quem asserant suffragia munerum et privilegia meritorum, quive his praesentibus, qui dominos se esse contendunt, in hominum erit celebritate versatur, nulla ei dandi adsertoris necessitas imponatur, sed liber adsistat et statum suum ipse tueatur, calumniantem repellat, redarguat persequentem, ne fluctuet dubiis, si de alieno necesse habebit pendera fastidio. De aliis vero, quos nec honor aliquis neo super scriptione praedicti temporis privilegium militare defendit, antiqui iuris forma defendit.

Esta constitución de Valentiniano, Teodosio y Arcadio exime de la necesidad de contar con un *adsertor libertatis* a aquellos individuos que hayan disfrutado de la condición de libres durante veinte años o a los que hubieran ocupado un cargo público. Por tanto, resulta en cierta medida contradictorio que en esta época se acometan reformas tendentes a favorecer la libertad de los individuos al mismo tiempo que se publican otras que dificultan el proceso de libertad para la persona cuyo *status* se cuestiona. Asimismo, el hecho de que se especifiquen los casos en que se excluye la necesidad de un *adsertor libertatis* podría suponer que haya una regla general que imponga la necesidad de acudir a juicio con él.

En definitiva, lo dicho hasta ahora pone de manifiesto que el *adsertor libertatis* sería la única persona legitimada para defender la libertad de un individuo en época antigua, tanto si nos encontramos en una *vindicatio in libertatem* como en una *vindicatio in servitutem*. La propia configuración de la *legis actio per sacramentum in rem* no permite que el presunto esclavo

---

319. Esta idea ha sido apuntada ya por G. FRANCIOSI, *Il processo di libertà*, cit., p. 139.

sea parte procesal dada la necesidad de ocupar una posición parecida respecto a *qui vindicat*.

La segunda cuestión a tratar con relación a la figura del *adsertor libertatis* sería la posible fórmula de la *adsertio in libertatem* en esta época de las *legis actiones*. En el *sacramentum* ordinario, a la *vindicatio* del primer demandante se opone una *contravindicatio* rigurosamente equivalente. Sin embargo, en una *causa liberalis* el *adsertor* pronuncia una fórmula distinta de la del primer demandante dada la diferente posición entre el *adsertor* y el presunto propietario[320].

Por lo que se refiere a la fórmula que pronuncia el presunto *dominus* vendría a ser como la recogida en Gai. 4.16:

Hunc ego hominem ex iure Quiritium meum esse aio secundum suam causam, sicut dixi ecce tibi, vindictam inposui[321].

En cambio, Gayo nada dice de la fórmula del *adsertor libertatis*, si bien su propia existencia viene confirmada por un texto de Cicerón:

Cic. *pro Caec.* 33.96-97: *Qui enim potest iure Q. liber esse is qui in numero Quiritium non est? Atque ego hanc adulescentulus causam, cum agerem contra hominem disertissimum nostrae civitatis, C. Cottam, probavi. Cum Arretinae mulieris libertatem defenderem, et Cotta decemviris religionem iniecisset non posse nostrum sacramentum iustum iudicari, quod Arretinis adempta civitas esset, et ego vehementius contendissem civitatem adimi non posse, decemviri prima actione non iudicaverunt; postea, re quaesita et deliberata, sacramentum nostrum iustum iudicaverunt.*

Ya hemos analizado al inicio de este trabajo las fuentes que evidencian a ojos de la doctrina dominante el significado de las expresiones *manu adserere* o *liberali causa manum adserere* y que justifican la fórmula que pronunciaría el *adsertor libertatis*. Sin embargo, las expresiones *adserere in libertatem* o *vindicare in libertatem* hacen referencia al acto procesal que realiza el *adsertor libertatis* para asumir su papel en el litigio, pero no a la fórmula que opone a la *vindicatio* pronunciada por el pretendido *dominus*[322].

La fórmula del *adsertor libertatis* no se ha conservado en las fuentes. Sin embargo, entre los autores modernos existe cierta consonancia en admitir que lo que pronunciaría el *adsertor libertatis* sería aproximadamente del siguiente tenor:

---

320. *Vid.* E. JOBBÉ-DUVAL, *Histoire de la procédure civile*, cit., p. 193; P. NOAILLES, *Du droit sacré*, cit., pp. 62 y 97 ss.

321. B. ALBANESE, "Riflessioni in tema di *legis actiones*", en *Studi in onore di Edoardo Volterra*, II (Milano 1971), pp. 164 ss., recoge un patrón del diálogo de las partes ante el magistrado.

322. Esta opinión queda refrendada por los textos de Varro, *de ling. lat.* 6.64 (*hinc adserere manu in libertatem cum prendimus*) y Fest., *s.v. Sertorem* (*quidam putant dictum a prendendo, quia cum cuipiam adserat manu, educendi eius gratia ex servitute in libertatem, vocetur adsertor*).

Hunc ego hominem ex iure Quiritium liberum esse aio[323].

Hunc ego hominem ex iure Quiritium liberum esse aio eumque liberali causa manu adsero[324].

Hunc ego hominem (o hunc ego puellam) ex jure Quiritium, liberali causa, manu adsero[325].

Como última cuestión debemos abordar aquella relacionada con su naturaleza jurídica y, por tanto, en primer lugar, aclarar la posible identificación del *adsertor libertatis* con el *vindex*[326] y, por ende, la posible confusión entre la *causa liberalis* y la *manus iniectio*. A partir de un análisis detenido de los textos nos formaremos una idea sobre la función del *vindex* y su posible conexión con el *adsertor libertatis*.

Hay autores, como Nicolau, que afirman que el término *"vindex"* alude tanto al *adsertor libertatis* que debe realizar el acto de violencia convencional implícito en su propio nombre como al tercero implicado en la *actio per manus iniectionem* que realiza la *manus depulsio*[327].

En nuestra opinión, en cambio, no es posible identificar ambas figuras. Tanto en la *legis actio per sacramentum in rem* como en la *legis actio per*

---

323. En este sentido, E. JOBBÉ-DUVAL, *Histoire de la procédure civile*, cit., p. 393 y nt. 5. Por su parte, B. ALBANESE, *Il processo privato romano delle legis actiones*, cit., p. 91, también es partidario de la formula: *Ego hominem exi iure quiritium liberum ese aio*, seguida de las palabras relativas a la *causa* y al *vindictam imponere*.

324. M. NICOLAU, *Causa liberalis*, cit., p. 120, ofrece una posición más ecléctica y considera que la segunda parte de la frase es necesaria para indicar que se está asumiendo el papel de *adsertor libertatis*. Por su parte, E. FERENCZY, *L'adsertor libertatis*, cit., p. 388, nt. 6, propone tres posibles modelos de fórmula: *"Hunc ego hominem liberali causa manu adsero"*; *"Hunc ego hominem liberum esse eumque liberali causa manu adsero"*; *"Hunc ego hominem ex iure Quiritium liberum esse aio"*.

325. P. NOAILLES, *Fas et ius*, cit., p. 69; ID., *Du droit sacré*, cit., pp. 63 y 188 s. Este autor cree que existe un modelo fijo que todos los autores tienen en mente cuando consideran la *adsertio*, pues todos ellos utilizan las mismas palabras: *"Liberali causa manu illam aserere"*. En este sentido, por ejemplo, Cic. *pro Flac.* 40; Mart. 1.15.8; Plaut. *Poen.* 905; 964 y 1162.

326. E. BETTI, "La *vindicatio* romana primitiva e il suo svolgimento storico nel diritto romano e nel processo", en *Il Filangieri* 40.1 (1915), pp. 350 y 352, nt. 2; R. DÜLL, *Vom vindex*, cit., pp. 134 s. Por su parte, H. LÉVY-BRUHL, *Recherches sur les actions de la loi*, cit., p. 174, nt. 1, señala que la palabra *"vindiciae (vindicia)"* está indudablemente relacionada con *"vindex"*. Por su parte, P. NOAILLES, *Du droit sacré*, cit., p. 187, señala que el demandante ordinario nunca es *vindex*, y, en cambio, el papel del *adsertor* es exactamente el del *vindex*.

327. M. NICOLAU, *Causa liberalis*, cit., pp. 123 ss., subraya también la relación etimológica entre *vindex, vindicare* y *vindiciae* y afirma que las palabras *"adsertor"* y *"vindex"* son dos términos realmente equivalentes. Por lo que se refiere a su significado, el de *"vindicia"* es extremadamente próximo al de *"adsertio"* y toma como base para esta afirmación los textos de Fest. *sv. uindiciae (… quod potius dicitur uis quam fit inter eos qui contendun)* y Gell. *Noct. Att.* 20.10.10 (*Uindicia id est correptio manus in re atque in loco praesenti*). Otros textos combinan ambas palabras: Sen. *controv.* 9.1.4: *Persicae potentiae uindex, libertatis publicae adsertor*; Iul. Val. 1.18: *non modo eius (matris) adsertor, sed uindex patris*; Plin. *Nat. Hist.* 20.160: *Vindicem adsertorem illum a Nerone libertatis*. Respecto a su historia, advierte también que la palabra *"adsertor"* es muy reciente, puesto que aparece por primera vez en Tito Livio. Ni Plauto ni Cicerón parecen conocerla, aunque utilizan el verbo *adserere*. Por su parte, el término *"vindex"* es más antiguo y se encuentra ya en un texto de las XII Tablas (1.3).

manus iniectionem se debe llevar a cabo un acto procesal para asumir un papel en el litigio que implica un acto de violencia convencional (*vis civilis*)[328]. Sin embargo, esta circunstancia no significa que la función de ambas figuras sea la misma y, por tanto, podamos identificarlas.

La confusión viene motivada, en cierta medida, como consecuencia de la alusión que algunos textos literarios hacen al *adsertor libertatis* como *vindex*. Así, en primer lugar, un texto de Donato:

Donat. *ad Ter. adelph.* 194: *(Nam ego liberali illam adsero causa manu) Sunt iuris verba a quibus etiam adsertores dicuntur vindices alienae libertatis. Nam et causa ipsa liberalis dicitur quae adsertionem in se continet libertatis.*

Se afirma que los *adsertores* son llamados también *vindices* de la libertad, pues aquel proceso que contiene en sí la afirmación de la libertad se denomina también proceso de libertad. Sin embargo, Donato es un autor del siglo IV d. C., ciertamente muy posterior a la Ley de las XII Tablas, de modo que estos podrían no ser los significados originales.

El *adsertor libertatis* todavía se describe como *vindex* en otros fragmentos literarios, como los de Seneca, Plinio el Viejo y Julio Valerio.

Sen. *controv.* 9.1.4: *VIBI GALLI. Nullo mihi felicior videor quam quod Miltiadis pretium fui. Alligatus iacebat Persicae potentiae vindex, libertatis publicae adsertor, alligatus iacebat crimen ingratae civitatis.*

Plin. *Nat. Hist.* 20.160: *Vindicem adsertorem illum a Nerone libertatis.*

Iul. Val. 1.18: *non modo eius (matris) adsertor, sed uindex patris.*

El hecho de que estas referencias se encuentren en pasajes literarios permite cuestionar su rigurosa terminología. Si, en cambio, acudimos a los textos jurídicos, observamos claramente definidas las diferencias entre ambas figuras, no sólo en cuanto a sus requisitos, sino también por lo que se refiere a las consecuencias de su intervención[329].

Por lo que respecta al *vindex* en la *manus iniectio*, se exige que tenga la misma condición económica del deudor, de modo que sólo puede serlo

---

328. P. NOAILLES, *Du droit sacré*, cit., p. 148 ss., señala que el acto del *vindex* es una *uindicatio* y así queda probado tanto por el nombre de *vindex* como por el fragmento de las XII Tablas extraído de Gell. *Noct. Att.* 20.1 45 (*endo eo in iure vindicit*), así como por la definición de *vindex* dada por Festo (*vindex ab eo quod vindicat*). Conservaría su significado primitivo de realizar un acto ritual sobre una persona o sobre una cosa que conlleva tanto la realización de determinados gestos como el pronunciamiento de ciertas palabras. El gesto consistiría en tomar la mano de quien solicita la ejecución y la aparta de la persona sobre la que se solicita dicha ejecución. Por lo que se refiere a la fórmula del *vindex* hace la siguiente reconstrucción sobre el modelo de la *manus iniectio*: *Quod tu huic homini injuria sestertium decem milium judicati manum injecisti, ego tibi manum depello. Secundum suam causam, sicut dixi, vindictam imposui.*

329. P. NOAILLES, *Du droit sacré*, cit., p. 178, advierte que la intervención del *adsertor libertatis* no tiene la eficacia total y definitiva de la del *vindex*.

un *adsiduus* si así lo es el deudor. Se recoge en un fragmento de las XII Tablas (1.4) tomado de Gell. *Noct. Att.* 20.1.45:

Adsiduo vindex adsiduus esto; proletario [iam civi] quis volet vindex esto[330].

En cambio, la norma no exige requisitos concretos para asumir la condición de *adsertor libertatis* en una *causa liberalis*. La elección del *adsertor libertatis* depende del magistrado y sólo a éste se le permite recusar al *adsertor suspectus*. No está prohibido que nadie emprenda una *adsertio*, a menos que sea sospechoso para el magistrado.

Frag. Vat. 3.2.4: *Adsertionem non prohibentur suscipere, nisi suspecti praetori.*

Además, cuando la persona reclamada como esclavo está *in potestate*, sólo la persona que lo tiene bajo su poder, es decir, su *pater familias*, puede ser *adsertor libertatis*. Así, se extrae de la información que Tito Livio ofrece sobre el proceso de Virginia.

Liv. 3.45.1-3: *Appio decreto praefatus, quam libertan faverit, eam ipsam legem declarare, quam Vergini amici postulationi suae praetendant; ceterum ita in ea firmum libertati fore praesidium, si nec causis nec personis variet: in iis enim, qui adserantur in libertatem, quia quivis lege agere possit, id iuris esse; in ea, quae in patris manu sit, neminem esse alium, cui dominus posessione cedat: placeré itaque patrem arcessiri; interea iuris sui iacturam adsertorem non facere, quin ducat puellam sistendamque in adventum eius, qui pater dicatur, promittat.*

Por otro lado, el *status* del *addictus* es el de un hombre libre hasta su venta *trans Tiberim* o su condena a muerte[331]. Por su parte, cuando hablamos del *adsertor libertatis*, el presunto esclavo también mantendrá la condición de hombre libre. Sin embargo, existe una diferencia en los derechos protegidos. En el caso del *vindex* se busca recuperar el dinero y el acreedor siempre tendrá un deudor que, incluso, puede ser mejor que el *iudicatus* si se trata de un deudor insolvente, mientras que, en los casos relacionados con la libertad, lo que el demandante busca es recuperar su propiedad, esto es, su *res*.

Por otro lado, el *vindex* realiza una *vindicatio*[332] y parece que el verbo *vindicare* conserva su significado primitivo tanto para el *adsertor libertatis* como para el *vindex*: hacer la demostración de la fuerza ritual que libera al presunto esclavo. Ni el *adsertor libertatis* ni el *vindex* afirman tener derecho

---

330. En este sentido también la *lex coloniae Genetivae Juliae sive Ursonensis*, cap. 61: *Vindex arbitratu IIuiri qui que i(ure) d(icundo) p(raerit) locuples esto.*

331. En esta línea, P. NOAILLES, *Fas et ius*, cit., pp. 115 ss. y 133 ss; ID., *Du Droit sacré*, cit., pp. 196 s.; G. FRANCIOSI, *Il processo di libertà*, cit., p. 11.

332. La expresión técnica de su acción es *vindicare in libertatem*. Vid. Cic. *pro Flac.* 25; *Brut.* 38.212; Paulo, D. 40.12.32.

sobre el presunto esclavo, de modo que *vindicare* no puede tener el significado de reivindicar una cosa o reclamarla propia. Sin embargo, la intervención del *vindex* marca el final de la *manus iniectio*, mientras que la mediación del *adsertor* no señala el final, sino que la *legis actio per sacramentum* continua en su forma ordinaria.

Asimismo, la intervención del *vindex* libera definitivamente al deudor y lo convierte en civilmente responsable, con la obligación de pagar el *duplum* si se aprecia que ha llevado a cabo una mala actuación[333]:

Gai. 4.21[334]: *"Per manus iniectionem aeque his rebus agebatur, de quibus ut ita ageretur, lege aliqua cautum est; velut iudicati lege XII tabularum. quae actio talis erat: qui agebat, sic dicebat: QUOD TU MIHI IUDICATUS SIVE DAMNATUS ES SESTERTIUM X MILIA, QUAE DOLO MALO NON SOLVISTI, OB EAM REM EGO TIBI SESTERTIUM X MILIUM IUDICATI MANUS INIICIO; et simul aliquam partem corporis ejus prendebat. nec licebat iudicato manum sibi depellere, et pro se lege agere; set vindicet dabat, qui pro se causam agere solebat: qui vindicem non dabat, domum ducebatur ab actore et vinciebatur"*.

En cambio, la *vindicatio* del *adsertor libertatis* sólo consigue la libertad provisional (*vindiciae secundum libertatem*) y, en caso de pérdida del litigio, únicamente responde de la *summa sacramenti* de 50 ases:

Gai. 4.14: *At si de libertate hominis controversia erat, etiamsi pretiosissimus homo esset, tamen ut L assibus sacramento contenderetur eadem lege cautum est, favore scilicet libertatis, ne onerarentur adsertores.*

Otra confusión habitual es la de identificar en época primitiva al *adsertor libertatis* con la figura del representante procesal[335]. En el procedimiento de las *legis actiones*[326] rige el principio *alieno nomine agere non liceret*; esto es, las partes deben comparecer personalmente tanto ante el magistrado como ante el juez, no existiendo la posibilidad de actuar a través de representante.

Gayo en sus Instituciones reconoce que no existe la posibilidad de *agere nomine alieno*. Tiene sentido teniendo en cuenta el carácter formalista de las *legis actiones* que supone una serie de palabras solemnes que deben pro-

---

333. Para doctrina, *vid.* A. BERETTA, *L'esecuzione contro il debitore nel diritto romano ed il nexum*, Udine 1937, pp. 18 s.; L. WENGER, *Istituzioni di procedura civile romana*, Milano 1938, p. 244; P. NOAILLES, *Fas et ius.* cit., pp. 151 y 159 s.

334. *Vid.* también Gai 4.171; *Lex coloniae Genetivae Juliae sive Ursonensis*, cap. 61.

335. En este sentido, M. A. BETHMANN-HOLLWEG, *Der römische Civilprozess*, cit., p. 139 nt. 15; M. VOIGT, *Die XII Tafeln*, cit., pp. 575 s.; R. DÜLL, *Vom vindex*, cit., pp. 134 s. En contra, E. JOBBÉ-DUVAL, *Histoire de la procédure civile*, cit., pp. 390 y 393 nt 6; C. FADDA, *L'azione popolare*, cit., pp. 334 s.; M. NICOLAU, *Causa liberalis*, cit., pp. 128 ss.; P. NOAILLES, *Du Droit sacré*, cit., p. 196; G. I. LUZZATTO, *Procedura civile romana*, cit., pp. 276 s.

336. J. ARIAS RAMOS, "La representación procesal en el Derecho romano", en *Boletín de la Universidad de Santiago de Compostela* 28 (abril-junio 1936), p. 46, recoge las causas que suelen recordarse para explicar lo que se ha llamado el principio romano de la no representación.

nunciar los litigantes y gestos que deben adoptar y que se no se avienen con la idea de que otra persona pueda hacerlo en su lugar.

Gai. 4.82: *Nunc admonendi sumus agere nos aut nostro nomine aut alieno, veluti cognitorio, procuratorio, tutorio, curatorio, cum olim, quo tempore legis actiones in usu fuissent, alieno nomine agere non liceret, praeterquam ex certis causis.*

Sin embargo, como también dice Gayo, se admite esta situación en ciertos casos excepcionales, *praeterquam ex certis causis*. Por tanto, la necesidad de que los sujetos de la relación jurídica sustancial sean los mismos que los de la relación jurídica procesal, conoce varias excepciones, entre las que se encuentra la representación *pro libertate*[337]. Así se recoge en las Instituciones de Justiniano y en la Paráfrasis de Teófilo.

I. 4.10.*pr*.: *Nunc admonendi sumus agere posse quemlibet aut suo nomine aut alieno...cum olim in usu fuisset alterius nomine agere non posse nisi pro populo, pro libertate, pro tutela...*

Paraphr. 4.10: *...Scire oportet posse non iudicio agere aut per nosmet ipsos, idest nostro nomine, aut per alios, idest alieno nomine, Et alieno nomine agimus, veluti ut procuratores tutores vel curatores: ex iure nimirum, quod hodie optinet. Olim enim in usu non erat alieno nomine agere, nisi ex certis causis; ut ecce pro populo quis litem inire poterat, aut pro libertate. Nam cum quis in posessione esset servitutis et in libertate proclamaret, non poterat ipse agere, ne forte, lite conestata,servus esse probaretur et fieret ut servus reapse cum domino ageret. Et ideo alius pro eo iudicium subibat, qui dicebatur adsertor...*

Como ya hemos señalado en varias ocasiones, en una *causa liberalis* el esclavo carece de capacidad para actuar ante los órganos jurisdiccionales, de modo que se hace necesaria la existencia de una tercera persona. Lo más probable es que esta incapacidad derive de la característica de la *vindicatio* que no permite que una misma persona sea al mismo tiempo sujeto y objeto de litigio; sobre todo, teniendo en cuenta que la *actio sacramenti in rem* requiere de la presencia de la cosa para que las partes efectúen los gestos rituales característicos de esta acción[338]. Por tanto, es necesaria la intervención del *adsertor libertatis*.

El hecho de que el presunto esclavo no pueda ser parte procesal y, por tanto, se sirva de una persona que le representase en juicio parece ofrecer una excepción clara al principio romano de la no representación y, por tanto, admitir la presencia de un *adsertor libertatis* en la tramitación de la *causa*

---

337. M. NICOLAU, *Causa liberalis*, cit., p. 135, advierte que la excepción *pro libertate* no es una invención de Justiniano, pero debía tener un significado diferente en la antigüedad. *Vid.* también G. FRANCIOSI, *Il processo di libertà*, cit., p. 152.

338. C. FADDA, *L'azione popolare*, cit., p. 39; R. LEONHARD, *s.v. adsertor*, cit., p. 423; G. I. LUZZATTO, *Procedura civile romana*, cit., p. 278; G. FRANCIOSI, *Il processo di libertà*, cit., p. 136.

liberalis. Sin embargo, si bien en el caso de salir victorioso su papel de representante puede verse claro, no ocurre lo mismo cuando la *causa liberalis* se falla en contra suya. En estos casos, el carácter de objeto de derecho que tiene el declarado esclavo y, en cuyo nombre actua el *adsertor libertatis*, se contradice con la idea de representación. Es posible que la idea de que el *servus* tenga personalidad desde el punto de vista del *ius naturale* puede suavizar este inconveniente.

No obstante, al igual que ocurre con el *vindex*, la función y naturaleza del *adsertor libertatis* es diferente del representante procesal. Las razones que llevan a tal conclusión son básicamente las que siguen[339]: la primera, que la representación presupone la capacidad del representado y ésta falta al presunto esclavo por considerarse objeto de litigio; la segunda, que el *adsertor libertatis* puede desarrollar su función incluso contra la voluntad del individuo considerado esclavo[340]; y la tercera y última, que el *adsertor libertatis* se presenta ante el magistrado para rebatir la acusación de quien atenta contra la libertad de una persona o para defender que el esclavo es verdaderamente un hombre libre[341], pero no por un encargo expreso y privado de la persona afectada. Cuando interviene en el proceso no cumple con una obligación asumida ni ha prometido nada a nadie. Como dice Tito Livio cualquier ciudadano puede actuar a favor de una persona cuyo *status* se cuestiona:

Liv. 3.45.2: *In iis enim qui adserantur in libertatem, quia quivis lege agere possit...*

Asimismo, es de destacar que su representación comienza en momentos diferentes según que estemos ante una *vindicatio in libertatem* o ante una *vindicatio in servitutem*. En el primer caso, se inicia ya con la propia *in ius vocatio*, mientras que en el segundo, tiene lugar cuando procede a la *contravindicatio in libertatem*, puesto que el pretendido dueño puede encontrar en cualquier lugar a la persona cuyo *status* se cuestiona y obligarle a presentarse ante el magistrado para proceder a la *vindicatio in rem praesentem*.

---

339. L. MITTEIS, *Die Lehre von der Stellvertretung nach römischen Recht mit Berücksichtigung des österreichisten Rechts*, Wien 1885, p. 1 afirma que el fenómeno y el concepto de la representación habrían sido un producto del pensamiento jurídico moderno.

340. Cualquier persona puede intervenir en juicio, no sólo cuando lo solicita el presunto esclavo, sino también en contra de su voluntad. Una enumeración no exhaustiva de estos casos se recoge en Ulpiano, 50 *ad Ed.*, D. 40.12.1-6 y parecen ser restos de un antiguo sistema más que innovaciones de la época. Según M. NICOLAU, *Causa liberalis*, cit., p. 132, el carácter "popular" de los procesos de libertad se justifica por el interés que el grupo (pueblo, tribu, etc.) puede tener en reclamar la libertad de uno de sus miembros.

341. Su papel podría explicarse por las razones que llevan a los romanos a crear las acciones populares. *Vid.* E. JOBBÉ-DUVAL, *Histoire de la procédure civile*, cit., p. 390; S. SCHLOSSMANN, "Über di *proclamatio in libertatem*", en *ZSS* 13 (1892), p. 245.

IV.
LA *VITAE NECISQUE POTESTAS*

Finalmente, y como hemos apuntado al inicio del trabajo, resta todavía aludir a una cuestión de sumo interés relacionada con uno de los momentos más delicados que acontece en los últimos compases de esta historia: la muerte de Virginia a manos del que era su *pater familias*.

Nuestro propósito es aclarar, entre otras cosas y en la medida de lo posible, hasta qué punto podemos hablar de un supuesto de aplicación de la *vitae necisque*[342] *potestas* y, por tanto, si se puede tomar como referencia para analizar las posibles limitaciones al ejercicio de este poder. Con este objetivo abordamos, en primer lugar, un breve estudio sobre el carácter limitado o ilimitado de la *vitae necisque potestas* y sus posibles requisitos; para pasar a continuación a analizar el caso de Virginia.

---

342. Sobre el problema de interpretación de la expresión *vita nexque*, Y. THOMAS, "*Vitae necisque potestas. Le pére, la cité, la mort*", en AA.VV., *Du châtiment dans la cité. Supplices corporels et peine de mort dans le monde antique*, Roma 1984, pp. 508 ss., afirma que no se trata de dos facultades singulares, cada una con su propia historia, sino de un mismo derecho, de modo que el poder de matar incluye el poder de mantener con vida. En cambio, E. GIANNOZZI, "*Vitae necisque potestas o ius vitae ac necis: una riflessione a partire dell'opera di Yah Thomas*", en *Fundamentos Romanísticos del Derecho Contemporáneo. III. Derecho de familia*, Madrid 2021, p. 355, considera, en contra de la opinión de Y. Thomas, que las expresiones "*ius vitae ac necis*" y "*vitae necisque potestas*" no se pueden utilizar indistintamente.

IV.1. LÍMITES A SU EJERCICIO

Como es sabido, dentro de los poderes que la *patria potestas* otorga al *pater familias* se enmarca la *vitae necisque potestas*[343], como uno de los poderes de mayor alcance y, al mismo tiempo, de mayor atrocidad que en la época arcaica puede ejercer el *pater familias*[344]. Esta *potestas*, que posteriormente se transforma en la conciencia popular en el *ius vitae ac necis*" [345], se concibe como una potestad de aplicación general y, por tanto, circunscrita a contextos o circunstancias no predeterminados[346].

La existencia de este poder se remonta a la época de las *leges regiae*[347]. Según la tradición, la *vitae necisque potestas* es un elemento esencial del poder paterno al que se le imponen algunas limitaciones.

Dionisio de Halicarnaso[348] atribuye a Rómulo una ley que otorga un poder absoluto al padre sobre su hijo que llega hasta el *ius vitae ac necis*. Le confiere el derecho a matarlo, encerrarlo, azotarlo, mantenerlo encadenado dedicado a los trabajos del campo, o venderlo.

Dion. Hal. 2.26.4-6: ὁ δὲ τῶν Ῥωμαίων νομοθέτης ἅπασαν ὡς εἰπεῖν ἔδωκεν ἐξουσίαν πατρὶ καθ᾽ υἱοῦ καὶ παρὰ πάντα τὸν τοῦ βίου χρόνον, ἐάν τε εἴργειν, ἐάν τε μαστιγοῦν, ἐάν τε δέσμιον ἐπὶ τῶν κατ᾽ ἀγρὸν ἔργων κατέχειν, ἐάν τε ἀποκτιννύναι προαιρῆται, κἂν τὰ πολιτικὰ πράττων ὁ παῖς ἤδη τυγχάνῃ κἂν ἐν ἀρχαῖς ταῖς μεγίσταις ἐξεταζόμενος κἂν διὰ τὴν εἰς τὰ κοινὰ φιλοτιμίαν ἐπαινούμενος. κατὰ τοῦτόν γέ τοι τὸν νόμον ἄνδρες ἐπιφανεῖς δημηγορίας διεξιόντες ἐπὶ τῶν ἐμβόλων ἐναντίας μὲν τῇ βουλῇ,

---

343. La *patria potestas* se trata de un poder propio de los ciudadanos romanos, desconocido para otros pueblos. En este sentido, Gai. 1.55: *Item in potestate nostra sunt liberi nostri, quos iustis nuptiis procreauimus. quod ius proprium ciuium Romanorum est. fere enim nulli alii sunt homines, qui talem in filios suos habent potestatem, qualem nos habemus. idque diuus Hadrianus edicto, quod proposuit de his, qui sibi liberisque suis ab eo ciuitatem Romanam petebant, significauit. nec me praeterit Galatarum gentem credere, in potestate parentum liberos esse.*

344. Esta *potestas* se ha descrito como el "*Kernstück*" de la *patria potestas*. Cfr. M. KASER, *Das romische Privatrecht* I, München 1955, p. 52.

345. La expresión "*ius vitae ac necis*" no aparece en las fuentes jurídicas clásicas y hay que esperar hasta una constitución de Constantino del 323 d. C. (C. Th. 4.8.6.*pr*. = CI. 8.46.10) para descubrir la fórmula "*ius vitae ... necisque potestatis*": *libertati a maioribus tantum impensum est, ut patribus, quibus ius vitae in liberos necisque potestas permissa est, eripere libertatem non liceret.* No obstante, localizamos la expresión "*ius vitae necisque*" dos siglos antes en Quint. *decl.* 19.5: *Iam vero quid impudentius, quid indignius, quam cum sibi de liberis credunt licere tantundem, et aequum ius patris ac matris ese contendunt, quasi nesciant nobis arbitrium vitae necisque commissum?* Sobre el uso de los términos *ius* y *potestas*, *vid.* E. GIANNOZZI, *Vitae necisque potestas*, cit., pp. 46 ss.; Y. THOMAS, *Vitae necisque potestas*, cit., pp. 499 ss.

346. Como dice Y. THOMAS, *Vitae necisque potestas*, cit., p. 499, la muerte se prescribe categóricamente, de forma abstracta, fuera de contexto, y no se formula como sanción por una falta.

347. Según THOMAS, *Vitae necisque potestas*, cit., los romanos consideran muy antiguo este poder y algunos lo asocian a los reyes.

348. Dion. Hal. 2.26.4. También Pomponio, *libro singulari Enchiridii*, D. 1.2.2.24 y D. 50.16.195.1. Hay quienes consideran que el término "*liber*" hace referencia a aquel que no está sujeto a otra potestad. *Vid.* G. FRANCIOSI, *Il processo di Virginia*, cit., p. 26 y literatura allí indicada.

κεχαρισμένας δὲ τοῖς δημοτικοῖς, καὶ σφόδρα εὐδοκιμοῦντες ἐπὶ ταύταις, κατασπασθέντες ἀπὸ τοῦ βήματος ἀπήχθησαν ὑπὸ τῶν πατέρων, ἣν ἂν ἐκείνοις φανῇ τιμωρίαν ὑφέξοντες· οὓς ἀπαγομένους διὰ τῆς ἀγορᾶς οὐδεὶς τῶν παρόντων ἐξελέσθαι δυνατὸς ἦν οὔτε ὕπατος οὔτε δήμαρχος οὔτε ὁ κολακευόμενος ὑπ' αὐτῶν καὶ πᾶσαν ἐξουσίαν ἐλάττω τῆς ἰδίας εἶναι νομίζων ὄχλος. ἐῶ γὰρ λέγειν ὅσους ἀπέκτειναν οἱ πατέρες ἄνδρας ἀγαθοὺς ὑπ' ἀρετῆς καὶ προθυμίας ἕτερόν τι διαπράξασθαι γενναῖον ἔργον προαχθέντας ὃ μὴ προσέταξαν αὐτοῖς οἱ πατέρες, καθάπερ ἐπὶ Μαλλίου Τορκουάτου καὶ πολλῶν ἄλλων παρειλήφαμεν, ὑπὲρ ὧν κατὰ τὸν οἰκεῖον καιρὸν ἐρῶ.

El *pater familias* tiene un poder que le permite castigar a los hijos severamente o incluso matarlos, sin que las autoridades ni el pueblo puedan intervenir e independientemente de que el hijo ya se dedique a la política.

En un sentido parecido, Dion Crisóstomo enumera, entre los poderes de un *pater familias*, los de encadenar, vender e incluso dar muerte a sus hijos, sin juicio y sin cargo alguno.

Dio Chrys. *orat.* 15.20: ἐφεῖται γὰρ αὐτοῖς ἀποκτεῖναι μήτε κρίναντας μήτε ὅλως αἰτιασαμένους.

Por su parte, Papiniano también confirma que una *lex regia* de Rómulo concede al padre el derecho de vida y muerte sobre su hijo.

Coll. 4.8.1: *cum patri lex regia dederit in filium vitae necisque potestatem.*

Las mismas fuentes, que conceden este derecho de vida y muerte al padre[349], imponen algunas reglas limitativas a su ejercicio. Dionisio de Halicarnaso refiere que el propio Rómulo, al mismo tiempo que otorga el derecho de vida y muerte, fija unos límites a su ejercicio, estableciendo la obligación de que sus habitantes crien a todo hijo varón y a las hijas primogénitas y que no maten a ningún niño menor de tres años, a no ser que sea lisiado o monstruoso desde su nacimiento. Sin embargo, no impide que sus padres lo expongan tras mostrarlos antes a cinco hombres, sus vecinos más cercanos, si también ellos están de acuerdo. Contra quienes incumplan la ley fija entre otras penas la confiscación de la mitad de sus bienes.

Dion. Hal. 2.15.2: ... πρῶτον μὲν εἰς ἀνάγκην κατέστησε τοὺς οἰκήτορας αὐτῆς ἅπασαν ἄρρενα γενεὰν ἐκτρέφειν καὶ θυγατέρων τὰς πρωτογόνους, ἀποκτιννύναι δὲ

---

349. También Liv. 1.26.9 presupone claramente que Publio Horacio tiene derecho a juzgar y ejecutar a su hijo por la muerte de su hermana: *Moti homines sunt in eo iudicio maxime P. Horatio patre proclamante se filiam iure caesam iudicare; ni ita esset, patrio iure in filium animadversurum fuisse.* En esta misma línea, dos fragmentos relacionados con la arrogación dan testimonio de este derecho. Por un lado, Cicerón presenta la *vitae necisque potestas* como un elemento esencial de la *patria potestas* en el contexto de la arrogación de P. Clodio Pulcro por parte de P. Fonteyo y Aulo Gelio cita una fórmula más antigua. Cic. *de domo* 77.10: *"tamen te esse interrogatum auctorne esses, ut in te P. Fonteius vitae necisque potestatem haberet, ut in filio"*; Gell. *Noct. Att.* 5.19.9: *"Eius rogationis uerba haec sunt: 'Velitis, iubeatis, uti L. Valerius L. Titio tam iure legeque filius siet, quam si ex eo patre matreque familias eius natus esset, utique ei uitae necisque in eum potestas siet, uti patri endo filio est. Haec ita, uti dixi, ita uos, Quirites, rogo.*

μηδὲν τῶν γεννωμένων νεώτερον τριετοῦς, πλὴν εἴ τι γένοιτο παιδίον ἀνάπηρον ἢ τέρας εὐθὺς ἀπὸ γονῆς. ταῦτα δ᾽ οὐκ ἐκώλυσεν ἐκτιθέναι τοὺς γειναμένους ἐπιδείξαντας πρότερον πέντε ἀνδράσι τοῖς ἔγγιστα οἰκοῦσιν, ἐὰν κἀκείνοις συνδοκῇ. κατὰ δὲ τῶν μὴ πειθομένων τῷ νόμῳ ζημίας ὥρισεν ἄλλας τε καὶ τῆς οὐσίας αὐτῶν τὴν ἡμίσειαν εἶναι δημοσίαν.

Estas disposiciones, existieran o no, fueron, en todo caso, efímeras porque no queda constancia en la legislación posterior ni tampoco son recogidas, o al menos no nos consta, en las XII Tablas[350], salvo la relativa al nacimiento con alguna deformidad[351].

XII Tab. 4.1: *cito <necatus> tamquam ex XII tabulis insignis ad deformitatem puer.*

Entrando ya a analizar la posible existencia de requisitos en el ejercicio de la *vitae necisque potestas*, los autores están muy distanciados en sus planteamientos y son muchas las teorías formuladas al respecto[352]. Sea como fuere, es difícil pensar que no existan ciertos límites religiosos, morales o consuetudinarios que busquen impedir un ejercicio arbitrario o injusto de la *patria potestas* y, en concreto, del *ius vitae ac necis*, si bien dicha capacidad de intervención será muy limitada[353]. Es cierto que estamos hablando de la época temprana de Roma, pero en esos momentos ya descubrimos los rudimentos de un sistema legal que bien podría fijar ciertas limitaciones al poder del *pater familias*[354].

---

350. Respecto al infanticio, Tertuliano afirma que se practica el infanticidio a pesar de la prohibición de las leyes. Tert. *ad nat.* 1.15.3: ...*infantes editos enecantes legibus quidem probibemini, sed nullae niagis legis tam impune, tam secure sub omnium conscientia... eluduntur...* T. MOMMSEN, *Rom. Strafrecht* cit., p. 619 nt. 3, considera que Tertuliano, con el término *legibus*, se refiere a la *lex regia* de Rómulo, a la que se refiere Dion. Hal. 2.15.2, mientras que para E. CUQ, *Manuel des institutions juridiques des romains*, Paris 1928, p. 135, las *leges* de las que habla Tertuliano serían sin duda las leyes decemvirales, que son impunemente burladas.

351. Cic. *de leg.* 3.19: ... *deinde cum esset cito necatus, tamquam ex XII tabulis insignis ad deformitatem puer, brevi tempore nescioquo pacto recreatus multoque tactrior et foedior natus est.;* Sen. *ira* 1, 15, 2: *portentosos fetus extinguimus, libere quoque, si debilis monstruosique editi sunt, mergimus, nec ira, sed ratio est a sanis inutilia scernere.*

352. Son muchas las voces que defienden la existencia de mecanismos que atenúan el ejercicio del *ius vitae ac necis*, si bien hay quienes defienden su carácter absoluto. En este último sentido, E. VOLTERRA, "Il preteso tribunal domestico in diritto romano", en *Scritti Giuridici*, vol. II, Napoli 1995, pp. 243 ss., y "Sui *mores* della familia romana", en *Rediconti dell'Accademia Nazionale dei Lincei* serie VIII.4 (1949), pp. 521 ss., defiende el carácter absoluto del *ius vitae ac necis* y, por tanto, niega la existencia del *iudicium domesticum*. En la misma línea, E. SACHERS, voz *Potestas patria*, en *RE* 43 (Halbband 1953), col. 1081, interpreta que se trataría de un poder arbitrario e ilimitado, afín al derecho de propiedad. En contra de la opinión de E. Sachers, R. YARON, *"Vitae necisque Potestas"*, en *Tijdschrift voor Rechtsgeschiedenis* 30 (1962), p. 249.

353. En este sentido, C. CASTELLO, *Studi sul diritto familiare e gentilizio romano*, cit., p. 104 y C.F. AMUNÁTEGUI PERELLÓ, *Origen de los poderes del paterfamilias. El paterfamilias y la patria potestas*, Madrid 2009, p. 51.

354. M. KASER, "Der Inhalt der *patria potestas*", en *ZSS* 58 (1938), pp. 66 ss., estima que los límites a la *patria potestas* y, en concreto, al *ius vitae ac necis*, vienen introducidos o por las normas sa-

Si decidimos concretar los requisitos que podrían exigirse con relación al ejercicio del *ius vitae ac necis* en época antigua, considero oportuno proponer, por un lado, la existencia de un *consilium domesticum* y, por otro, la necesidad de una *iusta causa*.

La existencia de una especie de consejo de carácter doméstico[355], integrado por parientes, amigos y allegados, y encargado de determinar qué posición debe adoptar la familia frente al comportamiento de un pariente que despierta una especial reprobación social, ha sido y es una cuestión que ha suscitado y suscita un prolongado debate en la doctrina. Todo parece indicar que esta institución ya existe en el tiempo de nuestra historia[356] y, aunque no es objeto de este trabajo, no es probable que los conflictos que se resuelven en un *iudicium domesticum* puedan equipararse a las controversias propias de la jurisdicción pública romana.

Por lo que se refiere a la necesidad o no de una *iusta causa*, considero de sumo interés la referencia que a ella se hace en uno de los fragmentos de Autun, a pesar de que sea un pasaje bastante incompleto y que haya quienes consideran que no puede extraerse de él ninguna conclusión. Así,

---

crales o por el ordenamiento censorio, si bien es partidario de entender que dichas limitaciones son extrajurídicas. En contra, B. ALBANESE, *Note sull'evoluzione storia del ius vitae ac necis*, cit., p. 359 no pone en duda que el ejercicio de la *patria potestas* esté sometido a límites jurídicos desde la época arcaica. En esta línea también, C. CASTELLO, *Studi sul diritto familiare e gentilizio romano*. cit., pp. 69 ss. Por otra parte, E. SACHERS, *Potestas patria*, cit., cols. 1081 s., mantiene que el ejercicio de este poder por parte del *pater familias* es regulado por la moral pública, por las costumbres y por la opinión, si bien también habla de un poder del *pater familias* similar al del propietario respecto a su propiedad. Asimismo, P BONFANTE, *Corso di diritto romano* I. *Diritto di famiglia* (Milano 1963) pp. 100 ss. sostiene que las reglas impuestas al ejercicio de la *patria potestas* no son reglas morales sino normas concretas y determinadas derivadas de la costumbre, esto es, son *mores maiorum*. Posteriormente, en cambio, C. FAYER, *La familia romana. Aspetti giuridici ed antiquari*, Roma 1994, p. 128, considera que esta teoría está ya superada y que queda demostrada la inexistencia de *mores* familiares, entendidas como normas jurídicas internas que regulan la conducta de los miembros de la familia y a las que también estaría sujeto el *pater familias*.

355. Sobre la existencia del *consilium domesticum*, así como sobre si es un consejo familiar consultivo o vinculante, *vid*. R. DÜLL, "*Iudicium domesticum, abdicatio* und apoceryxis", en *ZSS* 63 (1943), pp. 55 ss.; W. KUNKEL, *Das Konsilium im Hausgericht*, cit., pp. 210-251; A. BALDUCCI, "Intorno al *iudicium domesticum*", en *AG* 191 (1976), pp. 69 ss.; A. RUGGIERO, "Nuovi riflessioni in tema di tribunale domestico", en *Sodalitas, Scritti in onore di Antonio Guarino* 4 (1984), pp. 1593 ss.; E. VOLTERRA, *Il preteso tribunale domestico in diritto romano*, cit., pp. 103 ss.; C. RUSSO RUGGIERO, "Ancora in tema di *iudicium domesticum*", en *Iuris Antiqui Historia. An International Journal on Ancient Law* 2 (2010), pp. 51 ss.; N. DONADIO, "*Iudicium domesticum*, riprovazione sociale e persecuzione pubblica di atti commessi da sottoposti alla *patria potestas*", en *Index* 40 (2012), pp. 175 ss.; M. J. BRAVO BOSCH, *Mujeres y símbolos en la Roma republicana. Análisis jurídico-histórico de Lucrecia y Cornelia*, Madrid 2017, pp. 140 ss.; M. HERRERO MEDINA, *La muerte de Lucrecia*, cit., pp. 50 ss.

356. Val. Max. 6.1.1: *Dux Romanae pudicitiae Lucretia, cuius uirilis animus maligno errore fortunae muliebre corpus sortitus est, a <Sex.> Tarquinio regis Superbi filio per uim stuprum pati coacta, cum grauissimis uerbis iniuriam suam in concilio necessariorum deplorasset, ferro se, quod ueste tectum adtulerat, interemit causamque tam animoso interitu imperium consulare pro regio permutandi populo Romano praebuit.*

en el texto, después de la referencia al *ius vitae ac necis* y hablando de la *noxae deditio* del cadáver, se recoge que el *pater familias* no puede matar al *filius* sin una *iusta causa*.

Fragm. Aug. 4.85-86: *... cum patris potestas talis est ut habeat vitae et necis pot<estatem>* (86) *De filio hoc tractari crudele est sed ... non est post ... r... <occi>dere sine iusta causa, ut constituit lex XII tabularum. sed deferre iu<dici> debet propter calumniam*[357].

Si bien las lagunas del texto son importantes y en el pasaje correspondiente del manuscrito veronés solamente se lee la mención a las XII Tablas[358], parece legítimo sostener que, al menos, desde la época de la ley decenviral el ejercicio del *ius vitae ac necis* estaría condicionado a la presencia de una *iusta causa*[359]. Precisamente esta justa causa sería una evolución natural del ejercicio de este poder absoluto, dado que carece de sentido pensar en un poder tan arbitrario sin ningún tipo de limitación. Ahora bien, si aceptamos su existencia, lo siguiente y más arduo es resolver otra cuestión: ¿qué se entendería por *iusta causa* para el ejercicio del *ius vitae ac necis* en esta época? Al margen de las posibles causas fijadas por el propio ordenamiento como, por ejemplo, la posibilidad de dar muerte a un hijo que nace con una deformidad[360] o dar muerte a una mujer que ha bebido vino[361], el concepto de *iusta causa* debería ir más allá e interpretarse en un sentido

---

357. F. DE VISSCHER, *"De l'abandon du cadavre"*, en *RHD* 23 (1943), p. 81, n. 8, propone introducir *"permissum"* después de *"post"*.

358. El pasaje correspondiente del manuscrito veronés (Gai. 4.80) está mucho más mutilado y se lee solamente la mención a las XII Tablas: *(XII) tabu (arum)*. Las veinte líneas relativas a nuestro tema son ilegibles.

359. En esta misma línea, B. ALBANESE, "Note sull'evoluzione storica del *ius vitae ac necis*", en *Scritti per la beatificazione di Contardo Ferrini*, vol. III, Milano 1948, p. 357, afirma que las XII Tablas fijan un límite significativo al ejercicio de la *vitae necisque potestas* a través del requisito de la *iusta causa*. Siguiendo la misma opinión de Albanese, W. KUNKEL, *Das Konsilium im Hausgericht*, cit., pp. 140 ss., sostiene que ya las XII Tablas establecen el requisito de la *iusta causa* como límite al ejercicio de la *vitae necisque potestas*. Por su parte, A. WATSON, *Rome of the XII Tables*, cit., p. 42, n. 11, entiende que existe una fuerte evidencia textual de que las XII Tablas contienen una cláusula según la cual un *pater familias* puede dar muerte a un hijo sólo *ex iusta causa* y P. VOCI, "Storia della *patria potestas* da Augusto a Diocleciano", en *Iura* 31 (1980), p. 79, sostiene que el requisito de la *iusta causa* se fija después de la ley decenviral.

360. XII Tab. 4.1 (*cito necatus tamquam ex XII tabulis insignis ad deformitatem puer*) y Cic. *de leg.* 3.19 (*... deinde cum esset cito necatus, tamquam ex XII tabulis insignis ad deformitatem puer, brevi tempore nescioquo pacto recreatus multoque taetrior et foedior natus est*).

361. Val. Max. 6.3.9 recoge uno de los episodios más conocidos que acontece en tiempos de Rómulo: *Magno scelere horum seueritas ad exigendam uindictam concitata est, Egnati autem Meceni longe minore de causa, qui uxorem, quod uinum bibisset, fusti percussam interemit, idque factum non accusatore tantum, sed etiam reprehensore caruit, uno quoque existimante optimo illam exemplo uiolatae sobrietati poenas pependisse. et sane quaecumque femina uini usum immoderate appetit, omnibus et uirtutibus ianuam claudit et delictis aperit*. En este sentido también Plin. *Nat. Hist.* 14.89: *Non licebat id (uinum) feminis Romae bibere. Inuenimus inter exempla Egnati Maetenni uxorem, quod uinum bibisset e dolio, interfectam fusti a marito, eumque caedis a Romulo absolutum*.

amplio[362], que permitiera abarcar situaciones no predeterminadas. Teniendo en cuenta la finalidad asumida por el *consilium domesticum*, como mecanismo de protección de la reputación familiar, y los episodios narrados por las fuentes literarias[363], es probable que *iusta causa*, en un sentido estricto, haga referencia a un comportamiento moral o socialmente reprobable y, por tanto, el *pater familias* pueda ejercitar este derecho cuando la conducta del hijo o de la hija merezca realmente ser castigada con la muerte. Así, se puede observar, por ejemplo, en el caso de Atilio Falisco que mata a su hija cuando descubre que ha cometido *stuprum*. Sin embargo, me planteo si se pudiese dar al concepto de *iusta causa* un significado mucho más amplio e incluir situaciones que afecten a la reputación familiar sin que el hijo o la hija haya observado un comportamiento socialmente reprobable. Aunque esta cuestión no puede ser objeto de este trabajo, entiendo que sí. Como ya he advertido en otros momentos, la *vitae necisque potesas* es un poder de aplicación general que no está circunscrito a contextos predeterminados, de modo que debe interpretarse con amplitud.

IV.2. SU APLICABILIDAD A ESTE EPISODIO

La defensa que hace Virginio del honor y la reputación de su hija justifica, a ojos de todos, su actuación. Así lo constata el hecho de que Valerio Máximo incluya este episodio dentro de los relatos de *pudicitia* romana. Cantarella[364] afirma que en los primeros siglos de la ciudad las virtudes de una mujer son la castidad, la reserva, la modestia y la piedad, y este sería otro ejemplo de la historia de una mujer en la que la *pudicitia*, que debe mantener una mujer virtuosa, es más valiosa que la vida. Las fuentes, principalmente literarias, muestran algunos episodios de este poder punitivo del *pater familias* sobre las personas sometidas a su *patria potestas*. Sin embargo, no es tan habitual descubrir estos sucesos y cuando los encontramos se tratan como algo excepcional e, incluso, en algunos casos es difícil pensar que se trate de verdaderos supuestos de *vitae necisque potestas*[365]. Así, tra-

---

362. Como remarca B. ALBANESE, *Note sull'evoluzione storia del* ius vitae ac necis, cit., p. 357, n. 4, tampoco hay que olvidar que "*iusta*" suele significar "conforme al *ius*".

363. *Vid.* infra, apartado IV.2.

364. *Pasado próximo*, cit., p. 73.

365. Valerio Máximo narra algunos de estos episodios, que podemos contrastar también en Livio y Orosio. G. CORNIL, "Contribution à l'étude de la *patria potestas*", en *RHD* 21 (1897), pp. 449 ss., recoge los casos que se dan en esta época y distingue, por un lado, entre los delitos políticos que comprometen la seguridad del Estado y ante los que el *pater familias* tiene que primar el interés de la República y el amor por la patria sobre el afecto de sus hijos, y, por otro, ante los casos en los que el *pater familias* debe mantener intacto el honor familiar. Asimismo, T. MCGINN, *La familia e i poteri del pater*, en M. F. Cursi (a cura di), *XII Tabulae. Testo e comment*, vol. I, Napoli 2018 p. 207, sostiene que

tándose de hijos varones, hallamos, por ejemplo, los relatos del cónsul Bruto, que mata a sus hijos por conspirar para restaurar la tiranía de Tarquinio[366], o el de Espurio Casio, condenado a muerte en el 486 a.C. por aspirar a la tiranía[367]. Referidos, en cambio, a las hijas[368], tenemos, por ejemplo, el caso de Atilio Filisco, que mata a su hija cuando descubre que ha cometido *stuprum*[369], el de Poncio Aufidiano, que mata a su hija de la que había abusado sexualmente un esclavo enseñante[370], o el de Lucio Virginio, en el que nos vamos a centrar a partir de este momento.

Si entramos ya a valorar la existencia de los posibles límites del *ius vitae ac necis* en el episodio de Virginia, no encontramos propiamente ninguno de ellos. Lucio Virginio no convoca un *consilium domesticum* y su hija, Virginia, no tiene una conducta reprobable ni ha vulnerado las normas de comportamiento social.

---

los casos documentados de un *pater familias* que ejerce el *ius vitae ac necis* datan de antes del nacimiento de una tradición literaria a finales del siglo III a. C.

366. Val. Max. 5.8.1: *Comicae lenitatis hi patres, tragicae asperitatis illi. L. Brutus, gloria par Romulo, quia ille urbem, hic libertatem Romanam condidit, filios suos dominationem Tarquini a se expulsam reducentes summum imperium obtinens conprebensos proque tribunali uirgis caesos et ad palum religatos securi percuti iussit. exuit patrem, ut consulem ageret, orbusque uiuere quam publicae uindictae deesse maluit.* Cfr. también, Liv. 2.3-5.

367. Val. Max. 5.8.2 recoge que la condena y el castigo fueron infligidos por el *pater familias* en el seno de la familia tras haber consultado al *consilium domesticum*: *Huius aemulatus exemplum Cassius filium <suum Sp. Cassium>, qui tribunus pl. agrariam legem primus tulerat multisque aliis rebus populariter <actis> animos hominum amore sui deuinctos tenebat, postquam illam potestatem deposuit, adhibito propinquorum et amicorum consilio adfectati regni crimine domi damnuit uerberibusque adfectum necari iussit ac peculium eius Cereri consecrauit.* Vid. también Plin. *Nat. Hist.* 34.4. En cambio, Liv. 2.41 cree más probable la hipótesis de que Espurio Casio sea procesado por los cuestores Cesón Fabio y Lucio Valerio ante el pueblo y condenado por traición a la patria: *Invenio apud quosdam, idque propius fidem est, a quaestoribus Caesone Fabio et L. Valerio diem dictam perduellionis, damnatumque populi iudicio, dirutas publice aedes.* Vid. también Dion. Hal. 8.77. Dejando a un margen la discusión sobre si la condena se lleva a cabo o no por su *pater amilias* en el seno de la familia, lo importante es que, ejecutado un cónsul recién salido del cargo, un padre ofrece un monumento de este sacrificio, una especie de *piaculum* destinado a Ceres, a quien su hijo ofende particularmente, lo que, en todo caso, refleja un ejemplo de ejercicio del *ius vitae ac necis*.

368. *Vid.* W. HARRIS, "The Roman Father's Power of Life and Death", en R. S. BAGNALL et al. (eds.), *Studies in Roman Law in Memory of Arthur Schiller*, Leiden 1986, pp. 81 ss.

369. Val. Max. 6.1.6: *Dicerem censorium uirum nimis atrocem extitisse, nisi P. Atilium Philiscum in pueritia corpore quaestum a domino facere coactum tam seuerum postea patrem cernerem: filiam enim suam, quia stupri se crimine coinquinauerat, interemit. quam sanctam igitur in ciuitate nostra pudicitiam fuisse existimare debemus, in qua etiam institores libidinis tam seueros eius uindices euasisse animaduertimus?* Se entendía por *stuprum* cualquier tipo de relación sexual mantenida por una mujer fuera del matrimonio con independencia de que consintiera o no. Sobre este concepto, *vid.* G. RIZZELLI, *Lex Iulia de adulteriis. Studi sulla disciplina di adulterium, lenocinium, stuprum*, Lecce 1997, pp. 176 ss.

370. Val. Max. 6.1.3: *Nec alio robore animi praeditus fuit Pontius Aufidianus eques Romanus, qui, postquam conperit filiae suae uirginitatem a paedagogo proditam Fannio Saturnino, non contentus sceleratum seruum adfecisse supplicio etiam ipsam puellam necauit. ita ne turpes eius nuptias celebraret, acerbas exequias duxit.*

Las fuentes relatan varios casos de aplicación del derecho de vida y muerte sobre las hijas y, sin embargo, todos ellos son diferentes al del Virginia, por una singularidad: en este caso, y a pesar de que a ojos de todos Lucio Virginio sigue siendo su padre, recae un decreto que concede la posesión provisional de Virginia a Marco Claudio y que, justo o injusto, pone en duda su *patria potestas*. Tito Livio (3.47.5) afirma de manera categórica y escueta dicha decisión: ... *decresse vindicias secundum servitutem*.

Por tanto, el decreto de Apio Claudio impide a Virginio hacer uso del *ius vitae ac necis* propio de un *pater familias* dado que ha sido reconocida la posesión provisional de Virginia a favor de Marco Claudio. Y todos los que están presentes en el momento en el que se da muerte a Virginia son conscientes de ello, incluido el propio Virginio que, una vez muerta su hija, tiene que huir protegido por la multitud. Lo constatan, de nuevo, las palabras de Titio Livio[371].

Liv. 3.48.6: *Clamore ad tam atrox facinus orto excitus, Appius comprebendi Verginium iubet.*

Verbos como *iubere* o *confugire* en las diferentes narraciones de este episodio permiten pensar que el propio Virginio es consciente de la ilicitud de su acto. Asimismo, el fragmento de Pomponio da a entender que Virginio no puede dar sepultura a su hija y tiene que salir huyendo:

Pomponio, *libro singulari Enchiridii*, D. 1.2.2.24: ... *ac protinus recens a caede, madenteque adhuc filiae cruore, ad conmilitones confugit.*

A todo ello habría que añadir que también los distintos relatos coinciden en remarcar la desesperación de Virginio ante el ultraje sufrido. Tito Livio recoge la siguiente frase de Virginio en el momento en que mata a su hija: *hoc te uno quo possum modo, filia, in libertatem vindico*[372], y a continuación dirige una *consecratio* a Apio: ... *Appi, tuumque caput sanguine hoc consecro*[373]. Este momento se encuentra narrado en las distintas fuentes, y las versiones son más o menos coincidentes. Así, por ejemplo, D. 1.2.2.24, que reproduce de manera muy sintética los hechos, no refiere la frase que pronuncia Lucio Virginio, pero su testimonio muestra también la desesperación de Virginio que se ve abocado a matar a su hija para evitar la afrenta del estupro: *ut norte virginis contumeliam stupri arceret.*

Junto al inconveniente del decreto recaído, nos topamos con otro más: Virginia es completamente inocente de cualquier actuación que pudiera justificar el *ius vitae ac necis*. No es posible apreciar una conducta reprobable o contraria a las normas de comportamiento social; todo lo contrario, es un

---

371. *Vid.* también Diod. 12.24.5.
372. Liv. 3.48.5. Cfr. Dion. Hal. 11.37.6.
373. Liv. 3.48.5-6. Con la *consecratio* un hombre es entregado a los dioses y con ello excluido de la sociedad y de la ley, convirtiéndose en un *homo sacer*.

ejemplo de virtud y modestia[374]. Virginia es uno de esos ejemplos de personajes femeninos de comportamiento intachable y de indiscutible virtud[375]. Y,
sin embargo, su muerte está justificada a ojos de todos, pues existe una
causa que permite a Virginio proceder de este modo: la defensa del honor
familiar y de la libertad personal de la joven. No es el único episodio relatado por las fuentes en que un buen *pater familias* se ve abocado a dar
muerte a un hijo para salvaguardar el honor y el buen nombre de la familia.
Esta defensa al honor y a la castidad de la mujer se recoge también en uno
de los fragmentos del capítulo de Valerio Máximo dedicado a la *pudicitia*.
Virginio prefiere dar muerte a una muchacha virtuosa, antes que ser el padre
de una hija deshonrada.

Val. Max. 6.1.2: *Atque haec inlatam iniuriam non tulit: Verginius plebei
generis, sed patricii vir spiritus, ne probo contaminaretur domus sua, pro-
prio sanguini non pepercit: nam cum App. Claudius decenvir filiae eius virginis stuprum potestatis viribus fretus pertinacius expeteret, deductam in
forum puellam occidit pudicaeque interemptor quam corruptae pater ese maluit.*

Por tanto, y a modo de conclusión, tendríamos que volver a la cuestión
que planteábamos al inicio de este apartado: ¿la muerte de Virginia podría
entenderse como un caso de aplicación del *ius vitae ac necis*? Desde mi
punto de vista hay indicios más que razonables para sostener que no estaríamos, en sentido técnico, ante un episodio de *vitae necisque potestas*[376]. No
debe verse como un ejemplo de este derecho, sino como un acontecimiento
extraordinario que se justifica, no tanto por la *patria potestas* de Virginio,
que ha sido puesta en duda como consecuencia del decreto de Apio, sino
por las circunstancias y por la desesperación de un padre ante una situación
que le ha puesto entre la espada y la pared.

Cuando los autores recogen los casos en los que un *pater familias* ejerce
su poder de vida y muerte sobre sus hijos e hijas e incluyen el caso de Virginia, no lo considero oportuno, pues creo que no estamos propiamente ante
un episodio de ese tipo. Sus circunstancias excepcionales provocan que Virginio no tenga otra opción para preservar el honor familiar que dar muerte

---

374. E. CANTARELLA, *Passato prossimo. Donne romane da Tacita a Sulpicia* cit. p. 76, advierte
que durante todo el relato de Livio Virginia no pronuncia una sola palabra ni exprese jamás sus sentimientos. *Vid.* también H. KALNIN-MAGGIORI, "Une *uirgo* offerte aux dieux et à la *libertas*: Virginie,
figure femenine silencieuse (Liv. 3.44-48) ", en *Euphrosyne. Revista de filología clássica* 34 (2006), pp.
289 ss.

375. Son muchos los que ven en este texto una muestra de la posición de la mujer en época arcaica. No sólo prima el honor y la pureza, sino que, en ningún momento, se hace constar la opinión
de Virginia en todo este proceso.

376. Así ocurre también con otros episodios como el de los hijos de Bruto, Póstumo y Manlio, si
bien en estos casos, podría ser más una aplicación del *imperium* de los magistrados que del *ius vitae
ac necis* de los *patres familias*.

a su hija, que en ningún momento ha tenido una conducta reprochable socialmente. Para Virginio lo único importante es que su hija no sea víctima de una violación que destruya la reputación familiar y su libertad personal y esta solución resulta razonable a los ojos de la primitiva sociedad romana. De todos modos, y aunque no estamos ante un caso de *ius vitae ac necis*, sí me parece razonable que la *iusta causa* en este derecho pudiera incluir un caso como este donde se vea afectada la fama y el honor de la familia de cuya conservación era responsable el *pater familias*.

V.
CONCLUSIONES

Han sido diversas y muy variadas las dificultades con las que nos hemos encontrado a la hora de afrontar el estudio de esta *causa liberalis*. El escaso número de fuentes, las incongruencias y contradicciones entre ellas y su posible carácter legendario han sido algunas de ellas. Muchas de estas dificultades tienen como causa que las fuentes principales provienen de historiadores, como Tito Livio y Dionisio de Halicarnaso, que no tienen un conocimiento exhaustivo de la historia jurídica de la época decenviral y, por tanto, en algunas ocasiones, asumen los principios que, en su época, prevalecen sobre esa cuestión. Todo ello provoca que sus versiones tengan contradicciones, como ocurre entre Tito Livio y Dionisio de Halicarnaso, o que sean demasiado breves para que puedan ayudarnos en la reconstrucción del proceso, como sucede con Diodoro de Sicilia. Asimismo, sus conocimientos técnicos no siempre son suficientes. En el caso de Dionisio de Halicarnaso se encuentran errores importantes; en el caso de Tito Livio ciertas incongruencias. Asimismo, no son partidarios de proporcionar demasiados detalles jurídicos o procesales porque seguramente los consideran tediosos para el lector, motivo por el cual en muchas ocasiones la intención literaria o dramática envuelve los aspectos procesales. A pesar de estas dificultades, hemos podido alcanzar algunas conclusiones y llevar a cabo una reconstrucción del proceso contra Virginia.

Nos situamos, a grandes rasgos, en un momento convulso y extraordinario de la historia republicana en el que un decenviro abusa de su poder llevado por el calor de su pasión, lo que provoca que un padre mate a su hija para salvarla de la deshonra. Su muerte provoca el descontento del pueblo y desencadena una revolución popular con la consecuente caída de los decenviros[377]. Así, puede verse en el proceso de Virginia el detonante de la revolución, si bien nutrido ya de todos los ultrajes y excesos ejercidos por ese segundo triunvirato. No sólo su actitud tiránica, sino también los contratiempos en el extranjero y otros crímenes contra la plebe influyen sin duda en su declive.

Por lo que se refiere a la autenticidad de esta historia, no existe constancia sobre el posible carácter legendario de la historia de Virginia, si bien los relatos seguramente presentan retoques respecto a la versión más antigua, probablemente motivados por la época en la que son escritos. Si bien pudieron incorporar nuevos elementos a los relatos, todo hace pensar que tanto Tito Livio como Dionisio de Halicarnaso cuentan la historia fielmente, al menos en sus rasgos esenciales. El relato de Tito Livio sobre Virginia es una representación de la tradición romana, lo cual se evidencia por su concordancia con el relato de Dionisio de Halicarnaso. Esta tradición es valiosa, incluso si los eventos no ocurren exactamente como se describen, pues su importancia reside en el interés histórico-jurídico que ofrece. Al mismo tiempo que hace referencia a la historia política del momento, muestra el desarrollo de un proceso en época primitiva y, por tanto, es un valioso testimonio en la época primigenia de las *legis actiones*.

Otra conclusión alcanzada en este trabajo atañe a la existencia de la *causa liberalis* en época decenviral. Su presencia queda constatada no sólo por un caso como el de *Virginia*, sino por algunas de las reglas de este proceso que las fuentes refieren a las XII Tablas, como son las *vindiciae secundum libertatem*, la intervención del *adsertor libertatis* o la *summa sacramenti*.

Por otro lado, parece evidente que la *causa liberalis* adopta la forma de una acción de ley sacramental y que el supuesto de Virginia se trata de una *vindicatio in servitutem*. Este episodio se desarrolla exclusivamente en la fase *in iure*, de modo que nuestra investigación se ha centrado en este momento procesal. Hemos observado que las reglas comunes de la *legis actio per sacramentum in rem* se aplican al procedimiento de la *causa liberalis*, si bien con varias excepciones:

En primer lugar, es necesario un *adsertor libertatis*. Cuando se discute el *status libertatis* de una persona, cualquier ciudadano puede reclamar su libertad. A la afirmación de la propiedad por parte del presunto *dominus* se opone la afirmación de la libertad por parte del *adsertor libertatis*. Por consiguiente, la presencia del *adsertor libertatis* es necesaria para obtener la declaración de libertad de la persona cuyo *status libertatis* se cuestiona, tanto en la *vindicatio in libertatem* como en la *vindiciatio in servitutem*. No

---

377. Son muchos los que ven en este texto una muestra de la posición de la mujer en época arcaica. No sólo prima el honor y la pureza, sino que, en ningún momento, se hace constar la opinión de Virginia en todo este proceso. Sobre el

se configura ni como un *vindex* ni como un representante, puesto que su naturaleza y funciones le confieren personalidad propia.

Asimismo, la *summa sacramenti* se reduce a cincuenta ases. Dicha cantidad se establece con independencia del valor del esclavo con la finalidad de favorecer los procesos de libertad y no gravar en exceso a la persona que asume la condición de defensor de la libertad de una persona.

Un momento crucial del proceso tiene lugar con las *vindiciae* que son siempre *secundum libertatem*. La atribución provisional de la posesión por parte del magistrado debe hacerse a favor de la libertad y, por tanto, siempre a favor del *adsertor libertatis*.

Además, existe la posibilidad de repetir indefinidamente la *causa liberalis*, de modo que la pretensión puede ser planteada de nuevo si el *adsertor libertatis* no tiene éxito.

Por último, la competencia de juzgar corresponde a los *decemviri stilitibus iudicandis*, los cuales conocen exclusivamente de las controversias relativas al *status libertatis* en la fase *in iudicio*. Por su parte, los *decemviri legibus scribundis* habrían sido los magistrados encargados de la fase *in iure*.

Si entramos en el desarrollo de la *causa liberalis* la persona que asegura ser el dueño hace una *vindicatio in servitutem* en la que afirma que la persona es esclava. A esta *vindicatio* se opone una *contravindicatio*, que es la *vindicatio* o *adsertio in libertatem*, por otro ciudadano romano que desempeña el papel de *adsertor libetatis* y que afirma que la persona objeto de litigio es libre. Para que estas afirmaciones sean juzgadas, tiene lugar el *sacramentum* y el pretor remite a las partes ante el juez adjudicando la posesión provisional del supuesto esclavo a la persona que ha hecho la *adsertio in libertatem* (*dare vinidicias secundum libertatem*).

Al intentar identificar dichos actos procesales en el episodio de Virginia hemos encontrado ciertas dificultades como consecuencia de esas incongruencias y contradicciones antes apuntadas. No obstante, hemos podido identificar los siguientes actos procesales.

El episodio comienza con una *manus iniectio* en sentido amplio por parte de Marco Claudio y una citación no formal de Virginia ante el magistrado. Una vez presentes ante Apio Claudio, tiene lugar la *vindicatio* del cliente, pero no se designa un *adsertor libertatis* porque en este caso, tratándose de una *filia familias*, Apio solo puede aceptar a su *pater familias*. Esto provoca que Virginia se convierta en *res indefensa* y se decrete la atribución de la joven a su cliente. En ese momento entran en escena el tío materno y el prometido de Virginia que consiguen que Apio suspenda el decreto, acepte provisionalmente a Icilio como *adsertor libertatis* y posponga el juicio al día siguiente, exigiendo a Icilio que presente *praedes*. Al día siguiente, y a pesar de la presencia de Virginio, Apio decreta *vindiciae* sin observar las formalidades legales, lo que provoca la muerte de Virginia a manos de su padre.

Hemos comprobado que en este proceso existen dos reglas en torno a las cuales gira toda esta *causa liberalis*. Por un lado, la posesión provisional del supuesto esclavo debe concederse al *adsertor libertatis*, esto es, *vindiciae secundum libertatem*; por otro, sólo el *pater familias* puede ser *adsertor libertatis* en los casos de personas que están bajo potestad paterna, de ahí que la estrategia del decenviro se base en la ausencia del padre para reclamar a Virginia como esclava. Ambas reglas son obviadas en algún momento por Apio. La primera, se obvia tanto en el primer decreto como en el segundo. La segunda, no se tiene en cuenta cuando Apio acepta provisionalmente a Icilio como *adsertor libertatis* para evitar un levantamiento. Lo más probabe es que estos elementos irracionales sean consecuencia de la narración poética del relato que lleva a los historiadores a utilizar fantasías jurídicas que capten la atención del lector; fantasías que, por otro lado, son frecuentes en estos relatos históricos.

Por último, la muerte de Virginia a manos de su padre no debe entenderse como un caso de aplicación del *ius vitae ac necis*. Desde mi punto de vista hay indicios más que razonables para sostener que no estaríamos, en sentido técnico, ante un episodio de *vitae necisque potestas*, sino ante un acontecimiento extraordinario que se justifica, no tanto por la *patria potestas* de Virginio, que se pone en duda como consecuencia del decreto de Apio, sino por las circunstancias y por la desesperación de un padre ante una situación que le coloca entre la espada y la pared. De todos modos, y aunque no estamos ante un caso de *ius vitae ac necis*, sí me parece razonable que la *iusta causa* en este derecho pudiera incluir un caso como este donde se viera afectada la fama y el honor de la familia de cuya conservación es responsable el *pater familias*.

ÍNDICE DE FUENTES

FUENTES JURÍDICAS

FUENTES EPIGRÁFICAS

Corpus Inscriptionum Latinarum
1.38   94

FUENTES LITERARIAS

Ps. ASCONIUS
in Verrinam
2.1.115   63

ASCONIUS PEDIANUS
in Cornelianam
68   39, 67, 68, 92

BOETHIUS
ad Ciceronis Topica
3.5.28   61

CICERO
Brutus
14.54.1   19, 20
14.54.2   102
38.212   116

de domo sua
17.43   29
29.77   110
29.78   60, 67, 94, 110
77.10   123

de finibus
2.66   13, 31, 33, 39, 43
5.64   13, 31, 33

de legibus
2.10   33
3.3.6   94
3.19   124, 126

de republica
2.46   33

BIBLIOGRAFÍA

AGNATI, U., *Leges Duodecim Tabularum. Le tradizioni letteraria e giuridica. Tabulae I-VI*, Cagliari 2002.

ALBANESE, B., "Riflessioni in tema di *legis actiones*", *Studi in onore di E. Volterra*, vol. II, Milano, 1971, pp. 163 ss. (= *Scritti giuridici a cura di Matteo Marrone*, vol. III, Palermo 1991).

— *Il processo privato romano delle legis actiones*, Torino 1987.

— "Note sull'evoluzione storica del *ius vitae ac necis*", en *Scritti per la beatificazione di Contardo Ferrini*, vol. III, Milano 1948, pp. 343 ss. (= *Scritti giuridici a cura di Matteo Marrone*, vol. I, Palermo 1991).

AMUNATEGUI PERELLO, C. F., *Origen de los poderes del paterfamilias. El pater familias y la patria potestas*, Madrid 2009.

APPLETON, C., "Trois épisodes de l'histoire ancienne de Rome; les Sabines, Lucrèce, Virginie", en *RHD* 4. 3 (1924), pp. 592 ss.

ARANGIO RUIZ, V., *Storia del diritto romano*, Napoli 1968.

— *Istituzioni di diritto romano*, Napoli 1949.

ARIAS RAMOS, J., "La representación procesal en el Derecho romano", en *Boletín de la Universidad de Santiago de Compostela* 28 (abril-junio 1936), pp. 41 ss.

BAHR, U., *Die Geschichte der decemviri stilitibus iudicandis und der centumviri*, Greifswald 1919.

BALDUCCI, A., "Intorno al *iudicium domesticum*", en *AG* 191 (1976), pp. 69 ss.

BAYET, J., *Tite-Live. Histoire romaine, tome III, livre III*, Paris 1969.

BECHMANN, A., *Studie im Gebiete der legis actio sacramenti in rem. Festschrift zum Doctor-Jubiläum des B. Windscheid*, München 1889.

BEKKER, E. I., "Zu den Lehren von *L. A. sacramento*, dem *Utipossidetis* un der *possessio (Schultze-Dernburg-Brinz)*", en *ZSS* 5 (1884), pp. 137 ss.

BELOCH, J., *Römische Geschichte bis zum Beginn der punischen Kriege*, Berlin 1926.

BENVENISTE, E., "Le nom de l'esclave à Rome", en *REL* 10 (1932), pp. 429 ss.

BERETTA, A., *L'esecuzione contro il debitore nel diritto romano ed il nexum*, Udine 1937.

BERTOLINI, C., *Appunti didattici di diritto romano. Serie seconda. Il processo civile*, vol. I, Torino 1913.

BETTI, E., "La *vindicatio* romana primitiva e il suo svolgimento storico nel diritto romano e nel processo", en *Il Filangieri* 40.1 (1915), pp. 321 ss.

BETHMANN-HOLLWEG, M. A., *Der römische Civilprozess*. I. *Legis Actiones*, Bonn 1864.

BISCARDI, A., *Lezioni sul processo romano antico e classico*, Torino 1968.

BLASI, M., "Lucio Siccio (o Sicinio?) Dentato. L'Achille romano tra memoria e politica", en T. M. Lucchelli – E. Rohr Vio (a cura di), *Viri militares. Rappresentazione e propaganda tra Repubblica e Principato*, Trieste 2015, pp. 1 ss.

BONFANTE, P., *Storia del diritto romano*, vol. II, Milano 1959.

— *Corso di diritto romano. I. Diritto di famglia*, Milano 1963.

BRASSLOFF, S., "Die reform des Kollegiums der *decemviri stilitibus iudicandis* unter Claudius und das zweite Valerisch-Horazische Geset", en *ZSS* 29 (1908), pp. 170 ss.

BRAVO BOSCH, M. J., "El *iudicium domesticum*", en *Revista General de Derecho Romano*, 17 (2011), pp. 1 ss.

— *Mujeres y símbolos en la Roma republicana. Análisis jurídico-histórico de Lucrecia y Cornelia*, Madrid 2017.

BRETONE, M., *Storia del diritto romano*, Roma-Bari 1995.

BROUGHTON, T. R. S., *The magistrates of the Roman Republic. I. 509 B.C.-10 B.C.*, New York, 1951.

BUIGUES OLIVER, G., *La posición jurídica de la mujer en Roma. Presupuestos para un estudio de la capacidad negocial de la mujer*, Madrid 2014.

BURDESE, A., "*Decemviri*", en *Grande Dizionario Enciclopedico*, VI, Torino 1986, pp. 325 ss. (=*Scritti di diritto romano*, Milano 1973, pp. 1003 ss.).

CANNATA, A., *Per una storia della scienza giuridica europea. I. Dalle origini all'opera di Labeone*, Torino 1997.

CANTARELLA, E., *Pasado próximo, Mujeres romanas de Táctia a Sulpicia*, Madrid 1996.

— *Famiglia romana e demografía sociale*, en *Iura* 43 (1992), pp. 104 ss.

— *Dammi mille bacci. Vere uomini e vere donne nell'Antica romana*, Milano 2016.

— *Los suplicios capitales en Grecia y Roma. Orígenes y funciones de la pena de muerte en la antigüedad clásica*, Milano 1991.

CASCIONE, C., "Il contesto storico della legislazione decemvirale" en M. F. Cursi (a cura di), *XII Tabulae. Testo e comment*, vol. I, Napoli 2018, pp. 3 ss.

CASSOLA F. – LABRUNA L., *Linee di una storia delle istituzioni repubblicane*, Napoli 1979.

CASTELLO, C., *Studi sul diritto familiare e gentilizio romano*, Milano 1942.

CELS-SAINT-HILAIRE, J., "Virginie, la clièntele et la liberté plébéienne: le sens d'un procès", en *Revue des Études Anciennes* 93 (1991), n° 1-2, pp. 27 ss.

CLERICI, L., *Economia e finanza dei romani*, Bologna 1943.

COCCHIA, E., *Il tribunato della plebe e la sua autorità giudiziaria studiata in rapporto colla procedura civile*, Napoli 1917.

— "I *iudices decemviri* e la loro formazione giudiziaria", en *Rivista indo-gre-co-italica*, 5 (1921), pp. 26 y ss.

COLI, U., "*Decemviri*", en *Grande Dizionario Enciclopedico*, VI, Torino 1986, pp. 325 ss. (*Scritti di diritto romano*, Milano 1973, pp. 1003 ss.).

CORBO, C., *Genitori e figli: l'affidamento e le sue origini nell'esperienza giuridica romana*, en *SDHI* 77 (2011), pp. 65 ss.

CORNIL, G., "Contribution à l'étude de la *patria potestas*", en *RHD* 21 (1897), pp. 449 ss.

COSTA, E., *Storia del diritto romano pubblico*, Firenze 1906.

— *Profilo storico del processo civile romano*, Roma 1918.

CRIFÒ, G., "La legge delle XII Tavole. Osservazioni e problema", en *ANRW* 2 (1972), pp. 115 ss.

DE FRANCISCI, P., voz "*Decemviri (st)ilitibus iudicandis*", en *Enciclopedia Italiana*, 12 (1931), p. 458.

DE MARTINO, F., *Storia della costituzione romana*, vol. I (Napoli 1951) y II, (Napoli 1954).

— s.v. "*Famiglia*", en *NNDI* 7, Torino 1981, pp. 33 ss.

— "Intorno all'origine della schiavitù a Roma", en *Labeo* 20 (1974), pp. 163 ss.

DE SANCTIS, G., *Storia dei Romani. La conquista del primato in Italia*, vol. II, Torino 1907.

DE VISSCHER, F., "*De l'abandon du cadavre*", en *NRHD* 23 (1943), pp. 80 ss.

DONADIO, N., "*Iudicium domesticum,* riprovazione sociale e persecuzione pubblica di atti commessi da sottoposti alla *patria potestas*", en *Index* 40 (2012), pp. 175 ss.

DONALDSON, I., *The Rapes of Lucretia: A Mith and its Transformations*, Nueva York 1982.

DÜLL, R., "Vom *vindex* zum *iudex*", en *ZSS* 54 (1934), pp. 98 ss.

— "*Iudicium domesticum, abdicatio* und apoceryxis", en *ZSS* 63 (1943) pp. 55 ss.

DUREAU DE LA MALLE, M., *Économie politique des Romains*, vol. I, Paris 1840.

FADDA, C., *L'azione popolare: studio di diritto romano ed attuale, I. Parte storica-Diritto romano*, Roma 1972.

FAYER, C., *La familia romana. Aspetti giuridici ed antiquari*, Roma 1994.

FLACH, D. – VON DER LAHR, S., *Die Gesetze der frühen römischen Republik. Text und Kommentar*, Darmsadtt 1994.

FERENCZY, E., "Vom Ursprung der *decemviri stilitibus iudicandis*", in *ZSS* 89 (1972), pp. 338 ss.

— "*L'adsertor liberatis* nell'età della Repubblica romana arcaica", en *Studi in memoria di Donatuti*, vol. I, Milano 1973, pp. 387 ss.

FRANCIOSI, G., "Il processo di Virginia", en *Labeo* 7 (1961), pp. 20 ss. (= *Mnemeion S. Solazzi*, Nápoles 1964, pp. 154 ss.).

— *Il processo di libertà in diritto romano*, Napoli 1961.

— "Sui *decemviri stilitibus iudicandis*", en *Labeo* 9 (1963), pp. 163 ss.

FREUND, S., "*Pudicitia saltem in tuto sit*. Lucretia, Verginia und die Konstruktion eines Wertbegriffs bei Livius", en Hermes 136.3 (2008), pp. 308 ss.

FRANK, T., *Storia económica di Roma dalle origini alla fine della repubblica*, trad. it., Firenze 1924.

FUENTESECA, P., "Las *legis actiones* como etapas del proceso romano", en *AHDE* 34 (1964), pp. 209 ss.

GABBA, E., *Dionigi e la storia di Roma arcaica*, Bari 1996.

— *Introduzione alla storia di Roma*, Milano 1999.

GAGLIARDI L., «*Decemviri*» e «*centumviri*». *Origini e competenze*, Milano 2002.

— "I collegi giudicanti: *decemviri, centumviri, septemviri, recuperatores*. Idee vecchie e nuove su origini, competenze, aspetti procedurali", en *Il giudice privato nel processo civile romano. Omaggio ad Alberto Burdese*, vol. II, 2012, pp. 341 ss.

GAROFALO, F. P., "A Liv. III.55.7: sui *decemviri stilitibus iudicandis*", en *BIDR* 15 (1903), pp. 313 ss.

GIANNELLI, G., *La repubblica romana*, Milano 1955.

GIANNOZZI, E., "*Vitae necisque potestas* o *ius vitae ac necis:* una riflessione a partire dell'opera di Yah Thomas", en *Fundamentos Romanísticos del Derecho Contemporáneo. III. Derecho de familia*, 2 (2021), pp. 41 ss.

GIANPAOLO, U., *Cassio Dione e i magistrati: le origini della repubblica nei frammenti della Storia romana*, Milano 2005.

GIRARD, P. F., *Histoire de l'organisation judiciaire des Romains*, I, Paris 1901.

— "L'histoire des XII Tables", en *Mélanges de droit romain. I. Histoire des sources*, Paris 1912, pp. 3 ss. [=*RHD* 26 (1902), pp. 381 ss.].

— *Manuel elementaire de droit romain*, Paris 1918.

GIZEWSKI, C., voz "*Decemviri (st)ilitibus iudicandis*", en *Der Neue Pauly*, III, Stuttgart-Weimar 1997, p. 343.

GUARINO, A., *L'ordinamento giuridico romano*, Napoli 1990.

— "Il dossier di Lucrezia", en *Labeo* 5 (1959), pp. 211 ss.

HARRIS, W., "The Roman Father's Power of Life and Death", en R.S. BAGNALL et al. (eds.), *Studies in Roman Law in Memory of Arthur Schiller*, Leiden 1986, pp. 81 ss.

HEFFTER, A. G., *Gaii Iurisconsulti Institutionum commentarius quartus sive de actionibus*, Berolini 1827.

HERRMANN-OTTO, E., "*Causae liberales*", en *Index* 27 (1999), pp. 141 ss.

HERNÁNDEZ TEJERO, F., "Sobre el origen de los *decemviri stilitibus iudican-dis*", en *Revista de la Facultad de derecho de la Universidad de Madrid*, serie antigua, 8 (1964), pp. 415 ss.

HERRERO MEDINA, M., "La muerte de Lucrecia: una decisión de índole fami-liar", en *Anuario da Facultade de Dereito da Universidade da Coruña*, 25 (2021), pp. 50 ss.

HUMBERT, M., "La codificazione decemvirale: tentativo di interpretazione", en *Le Dodici Tavole. Dai Decemviri agli Umanisti*, Pavia 2005, pp. 3 ss.

HUSCHKE, P. E., *Die Verfassung des Königs Servius Tullius als Grundlage zu einer römischen Verfassungsgeschichte*, Heidelberg 1838.

INDRA, M., *'Status quaestio'. Studien zum Freiheitsprozess im klassischen rö-mischen Recht*, Berlin 2011.

JOBBÉ-DUVAL, E., *Études sur l'histoire de la procédure civile chez les romains. I. La procedure par le pari (agere per sponsionem)*, Paris 1896.

JOLOWIZC, H. F., *Historical Introduction to the Study of Roman Law*, Cam-bridge 1972.

KALNIN-MAGGIORI, H., "Une uirgo offerte aux dieux et à la libertas: Virginie, figure femenine silencieuse (Liv., 3.44-48)", en *Euphrosyne. Revista de fi-lología clássica* 34 (2006), pp. 289 ss.

KARLOWA, O., *Der römische Civilprozess zur Zeit der Legisactionen*, Berlin 1872.

— *Römische Rechtsgeschichte*, vol. II, Leipzig 1901.

KASER, M., *Das romische Privatrecht* I, München 1955.

— "Der Inhalt der *patria potestas*", en *ZSS* 58 (1938), pp. 62 ss.

— "Zur altrömischen Hausgewalt", en *ZSS* 67 (1950), pp. 474 ss.

KELLER, F. L. von, *Il processo civile romano e le azioni*, trad. it., Napoli 1872.

KRÜGER, H., *Geschichte der capitis deminutio. Erster Band. Zugleich eine Neu-bearbeitung des Legisactionsrechtes*, Breslau 1887.

KÜBLER, B., voz "Decemviri", en *PWRE*, 4.2, Stuttgart 1901, coll. 2256 ss.

KUNKEL, W., "Das Konsilium im Hausgericht", en *ZSS* 83 (1966), pp. 210-251 [= *Kleine Schriften zum römischen Strafverfahren und zur römischen Ver-fassungsgeschichte* (Weimar 1974), pp. 117 ss.].

LAMBERT, E., *L'histoire traditionnelle des XII Tables et les critères d'inauthen-ticité des traditions en usage dans l'écoles de Mommsen. Annales de l'Uni-versité de Lyon. Mélanges Ch. Appleton*, Lyon 1903.

LA ROSA F., "*Decemviri e centumviri*", en *LABEO* 4 (1958), pp. 14 ss.

LATTES, E., *L'ambasciata dei Romani per le XII tavole*, Milano 1884.

LAURIA, M., "*Iurisdictio*", en *Studi in onore di Pietro Bonfante nel XL anno di insegnamento*, XI (Milano 1930).

LEFÈVRE, E., *Du rôle des tribuns de la plèbe en procédure civile*, Paris 1910.

LEMOSSE, M., "Affranchissement, clientèle, droit de cité", en *RIDA* 3 (1949), pp. 37 ss.

LENEL, O., *Das 'Edictum perpetuum'. Ein Versuch zu dessen Wiederherstellung*, Leipzig 1927.

LEONHARD, R., *voz "adsertor"*, en *Paulys Realencyclopädie der classischen Altertumswissenschaft*, I (1894), pp. 42 ss.

LÉVY-BRUHL, H., "L'affranchissement par la *vindicta"*, en *Studi in onore di Salvatore Riccobono*, 3 (Palermo 1936), pp 3 ss.

— *Recherches sur les actions de la loi*, Paris 1960.

LINDSAY, W. M., *Sexti Pompei Festi. De verborum significatu quae supersunt cum Pauli Epitome*, Leipzig 1933.

LUZZATTO, G. I., *Procedura civile romana. 2. Le legis actiones*, Bologna 1948.

MARRONE, M., "L'efficacia pregiudiziale della sentenza nel processo civile romano", en *AUPA* 24 (1955), pp. 5.

MASCHKE, R., *Freibeitsprozess im klassischen Altertum, insbesorende der Prozess um Verginia*, Berlin 1888.

MASTROCINQUE, A., "La cacciata di Tarquinio il Superbo: tradizione romana e letteratura greca", en *Athenaeum* 62 (1984), pp. 210 ss.

MEYLAN, P., "De deux traits peu remarqués de l'*in jure cessio*", en *RIDA* 6 (1951), pp. 105 s.

MCGINN, THOMAS A. J., *La familia e i poteri del pater*, en M. F. Cursi (a cura di), *XII Tabulae. Testo e comment*, vol. I, Napoli 2018.

MITTEIS, L., *Die Lehre von der Stellvertretung nach römischen Recht mit Berücksichtigung des österreichisten Rechts*, Wien 1885.

MOMMSEN, T., *Römische Geschichte,* vol. II, Berlin 1856.

— *Die römische Cronologie bis auf Caesar,* Berlin 1859.

— *Geschichte des römischen Münzwesens,* Berlin 1860.

— *Römische Forschungen,* vol. I, Berlin 1864.

— *Gesammelte Schriften,* vol. III, Berlin 1907.

MONTEVERDI, D., "Le XII tavole e la questione dell'ambasceria", en *Iura* 66 (2018), pp. 392 ss.

MUSTAKALLIO, K., "Death and Disgrace. Capital Penalties and *Post Mortem* Sanctions in Early Roman Historiography", en *Annales Academiae Scientiarum Fennicae. Dissertationes humanarum littetarum*, 27, Helsinki 1994.

NICCOLINI, G., *Il tribunato della plebe*, Milano 1932.

NICOLAU, M., *Causa liberalis. Ètude historique et comparative du procès de liberté dans les législations anciennes*, Paris 1933.

NLCOLET, C., *L'ordre équestre à l'époque républicaine (312-43 av. J.-C). I. Définitions juridiques et structures sociales*, Paris 1966.

NIEBUHR, B. G., *Römische Geschichte*, vol. III, Berlin 1836.

NITZSCH, K. W., *Die römische Annalistik von ihren ersten Anflängen bis auf Valerius Antias*, Berlin 1873.

NOAILLES, P., "*Vindicta*", en *RHD* 19-20 (1940-1941) [= *Fas et ius. Études de droit romain* (Paris 1948)].

— "Le procès de Virginie", en *REL* 20 (1942), pp. 106 ss. (= *Fas et ius. Études de droit romain*, Paris 1948, pp. 188 ss.).

— *Du Droit sacré au Droit civil*, Paris 1949.

OGILVIE, R. M., *A commentary on Livy, books I -V*, Oxford 1965.

— "The Maid of Ardea", en *Latomus* 21 (1962), pp. 477 ss.

PAIS, E., *Storia di Roma: dalle origini all'inizio delle Guerre Puniche*, I. *Le fonti-l'età mitica*, Roma 1926.

— *Ricerche sulla storia e sul diritto pubblico di Roma*, vol. I, Roma 1915.

— *Ancient Legends of Roman History*, New York 1905.

PARETI, L., *Storia di Roma e del mondo romano. I. L'Italia e Roma avanti il conflitto con Taranto (1000 C.-281 av. Cr.)*, Torino 1952.

PEROZZI, S., *Istituzioni di diritto romano*, vol. I, Roma 1928.

POMA, G., *Tra legislatori e tiranni. Problemi storici e storiografici sull'età delle XII Tavole*, Bologna 1984.

PUGLIESE, G., *Il processo formulare*, I, *Introduzione. Nozioni fondamentali*

— *I soggetti del processo*, Torino 1948.

PUNTSCHART, V., *Der Prozess der Verginia*, Wien 1860.

RABELLO, A., *Effetti personali della patria potestas. I. Dalle origini al periodo degli Antonini*, Milano 1979.

RANOUIL, P. C., *Recherches sur le patriciat (509-366 av. J.-C.)*, Paris 1975.

REGGI, R., "La *vindicatio in libertatem* e l'*assertor libertatis*", en *Studi in memoria di Guido Donatuti*, vol. II, Milano 1973, pp. 1005 ss.

RIZZELLI, G., *Le donne nell'esperienza giuridica di Roma antica*, Lecce 2000.

— *Lex Iulia de adulteriis. Studi sulla disciplina di adulterium, lenocinium, stuprum*, Lecce 1997.

RÖMER, F., "Zum Aufbau der Exemplasammlung des Valerius Maximus", en *Wiener Studien*, 103 (1990), pp. 99 ss.

ROTONDI, G., *Leges publicae populi Romani,* Hildesheim 1962.

RUGGIERO, A., "Nuovi riflessioni in tema di tribunale domestico", en *Sodalitas, Scritti in onore di Antonio Guarino* 4 (1984), pp. 1593 ss.

RUSSO RUGGIERO, C., "Ancora in tema di *iudicium domesticum*", en *Iuris Antiqui Historia. An International Journal on Ancient Law* 2 (2010), pp. 51 ss.

RUSSO, A., "Note sull *adsertor libertatis*", en *Φιλία. Scritti per G. Franciosi, a cura di F. M. D'Ippolito*, vol. IV, Napoli 2007, pp. 2363 ss.

SACHERS, E., *Potestas patria*, en *RE* 43 (Halbband 1953), cols. 1081 ss.

SCHLOSSMANN, S., "Über di *proclamatio in libertatem*", en *ZSS* 13 (1892), pp. 225 ss.

SCHMIDT, A., "Der Prozess um Freiheit der Virginia", en *ZGRW* 14 (1848), pp. 71 ss.

SCHWARZ, voz *"Diodorus"*, en *PWRE* 5 (1900), coll. 692 ss.

SCIORTINO, S., *Studi sulle liti di libertà nel diritto romano*, Torino 2010.

SIGWART, G., "Römische Fasten und Annalen bei Diodor. Ein Beitrag zur Kritik der älteren Republikanischen Verfassungsgeschichte", en *Klio. Beiträge zur Alten Geschichte*, 6 (Jan. 1, 1906), pp. 351 ss.

SOLAZZI, S., "La questione dell'autenticità delle Dodici tavole", en *Scritti di diritto romano*, vol. I, Napoli 1955, pp. 83 ss.

SOLTAU, W., "Der dezemvirat in Sage und Geschichte", en *ZSS* 38 (1917), pp. 1 ss.

SPINA, A., "Giudicato e cause di libertà", en *Res iudicata a cura di Luigi Garofalo*, I (Napoli 2015), pp. 257 ss.

STELLA MARANCA, F., *Il tribunato della plebe dalla Lex Hortensia alla Lex Cornelia*, Lanciano 1901.

STIEGLER, H., voz "*Decemviri stilitibus iudicandis*", en *Der Kleine Pauly*, I, Stuttgart 1964, col. 1406.

TAUBENSCHLAG, R., "*Le procès de Virginie, étude historique et juridique*", en *Rozprawy Akademji Umiejetnosci*, Wydzial Histor. filozof., 60 (Cracovie 1917), pp. 118 ss.

TÄUBLER, E., *Untersuchungen zur Geschichte des Decemvirats und der Zwölftafeln*, Berlin 1921.

THOMAS, Y., "*Vitae necisque potestas. Le père, la cité, la mort*", en *Actes de la Table ronde «Du châtiment dans la cité. Supplices corporels et peine de mort dans le monde antique» (Rome, 9-11 novembre 1982)*. Collection de l'École franfaise de Rome 79, Rome 1984, pp. 499 ss.

C. St. TOMULESCU, "*Sur le maxime Vindiciae <sunt> secundum libertatem*", en *Iura* 22.1 (1971), pp. 141 ss.

VAN OVEN, J. C., "Le procès de Virginie de après le récit de Tite Live", en *TR* 18 (1950), pp. 159 ss.

VOCI, P., "Storia della *patria potestas* da Augusto a Diocleciano", en *Iura* 31 (1980), pp. 37 ss.

VOIGT, M., *Die XII Tafeln. Geschichte und System des Civil -und Criminalrechtes wie- Processes der XII Tafeln nebst deren Fragmenten. Erster Band. Geschichte und Allgemeine Juristische Lehrbegriffe der XII Tafeln nebst deren Fragmenten*, Leipzig 1883.

— "Über die *centumviri, iudices decemviri* und *decemviri stilitibus iudicandis*", en *Studi giuridici in onore di C. Fadda pel 25 anno del suo insegnamento*, vol. I, Napoli 1906, pp. 149 ss.

VOLTERRA, E., "Sui *mores* della familia romana", *en Rediconti dell´Accademia Nazionale dei Lincei* serie VIII.4 (1949), pp. 521 ss.

— "Sul diritto familiare di Ardea nel V secolo a. C.", en *Studi A. Segni*, vol. IV, Milán 1966, pp. 659 ss.

— "Il preteso tribunal domestico in diritto romano", en *Scritti Giuridici*, vol. II, Napoli 1995, pp. 243 ss.

WALLON, H., *Histoire de l'esclavage dans l'antiquité*, vol. II, Paris 1879.

WATSON, A., *Rome of the XII Tables. Persons and Property*, New Jersey 1975.

WIEACKER, F., "Die XII Tafeln in Ihrem Jahrhundert", en *Les origines de la République Romaine. Entretiens sur l'antiquité classique*, 13 (Genève 1963), pp. 330 ss.

— *Römische Rechtsgeschichte*, vol. I, München 1988.

WLASSAK, M., *Römische Prozessgesetze*, vol. I, Leipzig 1888.

WOLF, J. G., "Die XII Tafeln und die Magna Graecia", en Id., *Recht im frühen Rom. Gesammelte Aufsätze*, Berlin 2015, pp. 9 ss.

YARON, R., "*Vita Necisque Potestas*", en *Tijdschrift voor Rechtsgeschiedenis* 30 (1962), pp. 243 ss.